# Tu seras un homme féministe mon fils

# 나의 아들은 페미니스트로 자랄 것이다

오렐리아 블랑
허원 옮김

b.read

**일러두기**

- 국내에 소개된 작품명은 번역된 제목을 따랐고, 그렇지 않은 경우는 원어 제목을 우리말로 옮기거나 독음으로 적었다.
- 책 제목, 영화 제목, 텔레비전 프로그램, 신문 및 잡지명은 〈 〉으로 표시했다.
  단, .fr 등이 붙은 인터넷판 잡지인 경우에는 〈 〉을 생략했다.
- 부가 설명과 옮긴이 주는 괄호 안에 적었고, 각주는 번호를 달아 책 뒤에 실었다.
- 각주의 참고 문헌은 원어로 표기하고, 괄호 안에 뜻을 적었다.
- 원서에 소개된 프랑스 현지 참고 자료 및 안내 전화 등은 한국어판에서 생략했다.

서문
한국의 독자들에게


　　내가 쓴 책이 외국어로 번역되어 새로운 독자들과 만난다니 작가에게 이보다 기쁜 일은 없겠다. 책을 쓸 당시만 해도 이 결과물이 이렇게 많은 독자들과 만날 줄은 상상도 못했다. 하지만 개인적인 설렘과 기쁨과는 별개로, 이 책이 한국어로까지 번역되었다는 점은 시사하는 바가 크다. 1만 킬로미터나 떨어져 있는 프랑스와 한국은 물리적인 거리만큼이나 문화도 많이 다르지만 비슷한 문제점이 존재한다. 이 책의 한국어판 출간은 우연이 아니다. 파리이건 서울이건, 여자로 산다는 것은 길거리 성희롱, 여자에게만 강요되는 획일화된 미적 기준, 가정 내 불평등, 직장에서의 차별 혹은 성적인 폭력으로 고통 받는다는 것을 의미한다. 이는 어린 시절부터 따라온 성차별로 얼룩진 일상을 마주한다는 뜻이기도 하다. 여성들은 더 이상 이를 용납하지 않는다. 이 책의 출간과 책에 대한 독자들의 관심은 변화를 향한 의지와 희망이다.

　　흔히 성차별의 피해자는 여성이라고 생각한다. 실제로 가부장제에서 혜택을 누리는 사회 집단은 남성이다. 사회 전반적으로 권력을 가진 이의 대다수는 남자이고, 부도 대부분 남자들이 장악하며, 여자들이 하는 가사 일의 혜택 역시 남자들이 더 많이 누린다. 또한 특정 성별로 태어났다는 이유만으로 공격을 받거나 모욕적인 일을 당할 위험 없이 공공장소를 마음껏 다닐 수 있는 쪽도, 오로지 성별 때문에 강간을 당하거나 상해를 입거나 살해당할 위협을 피부로 느끼지 않으며 살아갈 수 있는 쪽 역시 남자들이다.

가부장제에 대해 의문을 갖기 시작할 때 우리는 비로소 사회 질서를 새로이 정비할 수 있다. 여자들에게 주어진 상황을 개선해 가며, 결과적으로 남자들의 처지도 발전시킬 수 있다. 가부장제에서 벗어나면 남자들이 진정 자유롭고 행복하게 살 수 있다. 사회 질서를 재정비하다 보면 필연적으로 어떤 사람들은 기존의 (경제적, 사회적, 성별에 따른, 가정 내에서의) 권한을 잃을 수 있다. 쉬운 예로 집안일을 제대로 나누다 보면 남자들에게 더 많은 가사일과 부모 역할이 돌아올 것이다. 하지만 이를 통해 얻는 것 또한 있다. 가부장제는 남자들에게 남자다워야 한다는(강하고 무덤덤하며 냉철해 보여야 하고, 항상 '가진 자'임을, 이기는 편임을 입증해야 한다는) 고정 관념을 강요했다. 또한 타고난 성격 중에 소위 '여성스럽다'고 여겨질 특징이나 활동은 거부하도록 했다. 그들이 짜놓은 이상적인 남성상에 순응하지 않는 이들은 종종 사회 조직 안에서 대가를 치렀다. 가부장제는 여성과 어린이(그중 반은 남자아이라는 점도 기억해야 한다.)를 향한 폭력만 정당화하는 것이 아니다. 가부장제는 많은 남성들의 고통의 원천이기도 하다. 이 성차별적인 제도와 두 성별 사이의 계층 구분을 끝내는 일은, 분명 여자아이들과 여성 해방을 위해 싸우는 일인 동시에 소년들이 남자다워야 한다는 고정 관념과 시대착오적인 발상에서 벗어나 자유롭게 자라도록 해주는 길이기도 하다.

페미니즘이란 우리가 살고 있는 성차별적 사회와 가부장제에 맞선 여성 해방 운동이다. 오늘날 제법 많은 사람들이 이제 페미니즘은 굳이 필요 없다는 섣부른 결론을 내린다. 여성도 남성과 똑같이 동등한 사람이고 완벽하게 자유로울 거라 생각하기 때문이다. 물론 현실 세계는 이와 사뭇 다르다. 설령 현실이 이와 다르지 않더라도 페미니즘은 아직 분명히 필요하다.

프랑스를 비롯한 유럽에는 다양한 페미니즘의 흐름이 있다. 여성 해방이라는 목표는 같지만, 이를 이루는 방법은 좀처럼 일치하지 않는다. 그래서 가끔 어떤 문제에 대해서는 과격한 의견 대립이 나타나기도 하고, 대립을 넘어선 뒤 각자 활동하는 현장도 다양하다. 이는 한국의 페미니즘도 마찬가지일 거라 생각한다. 프랑스의 예를 들자면, 불의에 저항하기 위해 공공장소에서 시위를 이끌어온 바르브<sup>la Barbe</sup>(양성간 동등한 처우를 주장하는 시위 등을 이끈다.)나 페멘<sup>les Femen</sup>(대표적으로 성폭력 반대 시위를 이끌었다.) 같은 여성 활동가 단체(가끔 남성 활동가가 참여하기도 한다.) 등이 있다. 공공기관과 협력하여 체계적으로 움직이는 활동가들도 있다. 가정 폭력 피해자인 여성과 어린이에게 쉼터를 제공하고 운영하는 국립여성연대협회<sup>Fédération Nationale Solidarité Femmes</sup>가 한 예다. 어떤 이들은 페미니스트 간행물을 만들거나 SNS에 여성들의 목소리를 낼 공간을 열기도 한다. 예를 들어 타 팡세 아<sup>T'as pensé à?</sup> 라는 단체는 여성이 감당해야 하는 심적 스트레스를 규탄하고, 인스타그램 계정 보르델 데 메르<sup>Bordel des mères</sup>에서는 어머니와 모성에게만 부과되는 책임의 무게에 대한 이야기를 나눈다. 최근 몇 년 사이에 새로운 젊은 세대 페미니스트들이 등장했다는 사실은 눈여겨볼 만하다. 이 여성들은 사적 영역(성생활, 모성, 연인 관계, 육체적 폭력)에서의 문제들을 재빨리 간파했고, 공론화하는 데 성공했다. 실로 근사한 일이다. 조금 더 알려지긴 했지만 페미니즘이라는 단어는 여전히 많은 사람들에게 '금기어'이고, 놀림을 받거나 욕 먹기 좋은 주제다. 페미니스트 활동가들은 SNS에서 특히 가열차게 공격을 받는다. 페미니스트로 하루하루 살아가는 것은 쉽지가 않다! 최근 한국 사회에서 일어난 N번 방이나 아동 포르노 사이트 같은 성 착취 사건은 그 규모로 보나 사건의 본질로 보나 몹시 충격적이었다. 꼬리에 꼬리를 물고 궁금증이 일었다. 이 사건의 법적인 책임은 누구에게 있는가?

이런 범죄에는 어느 정도의 구형이 내려질 것인가? 사회는 진정으로 이런 불의에 맞서 싸울 준비가 된 것일까? 법 집행 문제를 차치하고, 일단 온라인 상에서 벌어진 이 성폭력 사건의 규모에 크게 놀랐다. 이 사건에 관련된 남성 수가 10만 명이 넘는다고 한다. 이처럼 많은 남성이 문자 그대로 여성들의 고통을 즐겼다는 것이다. 여성과 어린이들이 약탈, 착취의 실제 대상이 된 것이다. 아무런 저항도 못 하고 말이다. 그런데 이 엄청난 사건이 진짜로 놀라운가? 사건은 끔찍하지만 사실 그리 놀랍지도 않다. 오늘날 전 세계적으로 (대부분 남성에 의해 이루어지는) 여성과 아동 대상 성 착취는 국제 범죄 조직의 주요 수입원이다. 이런 사건과 맞서 싸우는 일과 그런 사이트를 만들어낸 자들이 유죄 판결을 받기 힘든 법조계 현실을 보자니, 우리가 바라는 정의는 아직 이루어지지 못했다는 생각이 든다.

온라인에서의 성폭력 문제는 심각하다. 부모 된 처지에서 아이들을 보호할 방법에 대해 걱정하고, 어떻게 하면 아이들 관련 문제에 대해 효과적으로 이야기할 수 있을까 고민한다. 온라인에서의 성폭력은 이미 어마어마하게 퍼져 있다. 여기에 오프라인에서의 성폭력까지 더하면 더욱 심각하다. 다른 성폭력과 마찬가지로 온라인 성폭력 역시 확연하게 한쪽 성에 치우쳐 있다. 피해자 중 여성이 압도적이다.(많은 수가 여자아이들이기도 하다.) 그리고 거의 모든 가해자가 남성이라 해도 과언이 아니다. 온라인 성폭력은 어디에나 존재하기 때문에 비록 직접적인 피해자는 아니더라도 우리 모두 어쩔 수 없이 목격자가 되기도 한다. 호기심에 클릭한 포르노 사이트, 무심코 따라간 광고, 흔한 대중 문화 사이트를 열다가…… 언제 어디서 마주쳐도 놀랍지 않다. 온라인 성폭력에 관한 실상을 보며 여성으로 살아가는 것이 어떤 일인지를 새삼 깨닫는다. 그리고 이런 상황은 우리가 아무리 조심을 해도,

남자아이들뿐 아니라 여자아이들의 정신 세계에도 영향을 끼칠 것이다.

이 문제는 남성들과 직접적으로 관련 있다. 그러므로 이런 현실을 치유하기 위해서는 남성과 여성이 함께 노력해야 한다. 우리 앞에 놓인 이러한 문제에 반응하고 행동하는 것은 우리 사회 전체의 책임이다. 엄격한 도덕관념의 잣대를 기준으로 그저 비판만 할 것이 아니라(이런 반응도 조금 걱정스럽다.) 이제라도 성적 착취라는 악을 뿌리 뽑아야 한다. 더 이상 섹스 산업(포르노 등)과 성적 착취를 혼동해서도 안 된다. 이 둘은 마치 하나의 운명인 양 혼동되고, 심지어 규범처럼 사람들의 머릿속에 자리 잡으려는 경향이 있는데 절대 안 될 말이다.

이 책이 한국 독자들이 당면한 문제와 일상 생활에 울림을 일으키고 도움이 되었으면 한다. 비록 세상을 바꿀 획기적인 처방을 제공하지는 못하더라도, 적어도 일상 속에서 영감과 성찰을 이끌어내기를 바란다. 왜냐하면 우리가 치르는 이 전쟁은 일상에서 벌어지기 때문이다. 가정 내 불평등에 관한 투쟁, 직장 내 차별을 비롯하여 여성을 향한 크고 작은 모욕과 욕설, 가까운 사이에서의 폭력과 같은 싸움 하나하나가 우리 일상 속 전쟁이니까. 한국 독자들께 이 책을 헌정하며, 우리가 함께 더욱 정의롭고 평등하며 더 자유로운 세상을 만들기를 희망한다. 우리의 딸들…… 그리고 아들들을 위해 더 나은 세상을 만들기를 희망한다.

# 아들에게

이 책은 한 가지 질문에서 시작되었다. 페미니스트 소녀가
자라 어머니가 되어가는 문턱에서 던진 질문. 그 질문이, 그러한 인식이
언제 생겼는지 지금은 기억도 나지 않는다. 길을 걷는데 낯선 사람이 헤픈
여자 보듯 곁눈질을 하며 불어댄 휘파람 소리를 듣기 시작한 열두 살
때부터였을까. 아니면 알고 지내던 남자아이가 내게 몸을 밀착하며 우리
나이에 남자랑 자본 여자애들은 죄다 창녀라고 떠드는 걸 들었던 열다섯
살 때부터였는지도 모르겠다. 아버지뻘은 되고도 남을 나이 지긋한 남자가
지하철에서 내 엉덩이에 손을 댔던 열일곱 살 때였을까. 어쩌면 남자들이
자기 환상 속 여자들을 암캐에 비유하는 것을 들었던 열여덟 살 때였을 수도
있다. 혹은 길거리에서 일면식도 없는 한 남자가, 자위하는 것을 쳐다봐 주면
10유로를 주겠다고 제안했던 스무 살 때였을까. 이 모든 사건 하나하나가
여자로 산다는 게 어떤 의미인지 깨닫게 해주었다.

이런 경험들은 사실 큰일도 아니다. 내가 겪었던 일상 속 폭력과 정의롭지
못한 사건들은 모든 여성의 일상이고 운명이다. 정도 차이는 있겠지만
우리는 모든 종류의 모욕, 여성 혐오, 성차별적인 모멸감과 성폭력을
경험한다. 이런 폭력은 때와 장소를 가리지 않고 계속된다. 연인 사이에서,
가정에서, 직장에서, 길에서, 혹은 학교에서나 친구 사이에서, 서비스
업종에서, 스포츠 클럽에서…… 이런 폭력은 우리 삶 구석구석까지
파고든다. 텔레비전 프로그램에서도 우리 상상 세계마저 왜곡해 가며 그
세력을 떨쳐 나간다. 크건 작건, 극적이고 흥미진진한 이야기이건 슬픈

신파이건 간에 여성을 향한 폭력은 서로 밀접하게 연결되어 있다. 심지어 얽히고설켜 탄탄하게 이어지기까지 한다.

분명 성차별적인 농담이나 장난, 길거리 성희롱, 부부 사이 학대나 집단적인 여성 살해(여아 낙태. - 옮긴이) 같은 문제는 그 심각한 정도가 다르다. 하지만 알고 보면 이는 모두 한 제도의 서로 다른 얼굴들이다. 가부장제. 바로 남성에게만 권력이 주어진 사회 집단의 유지 방식이다. 8,000년도 더 지난 옛 예술 작품에서부터 가부장제는 성차별적인 이데올로기를 보여준다. 남자들이 먹을 것을 제공하고, 남자에 비해 열등한 여자들은 대가로 다른 역할을 맡아야만 한다는 개념 말이다. 여성을 향한 남성의 폭력을 합법화하고 유지해 온 이 집단의식은 심각한 사회적, 경제적 그리고 정치적 불평등에서 시작되었다. 프랑스에서도 1944년에야 허용된 여성 참정권 같은 것은 언급할 필요도 없이, 내가 이 책을 쓰고 있는 2017년에도 여성 총리는 오로지 16명, 전 세계 지도자의 8.3%밖에 되지 않는다. 그럼에도 여성은 전체 노동의 66%를, 식량 생산량의 50%를 담당하고 있다. 하지만 소득은 고작 10%, 소유 재산은 1%에 지나지 않는다. 당연한 결과로, 여성은 지구상 빈곤 인구의 대략 70%를 차지한다. 성차별은 분명 권력의 문제다.

남자라고 누구나 권력을 누리며 모두가 여성을 억압한다고 말하지는 않겠다. 이미 성별에 따른 불평등이나 성폭력은 화제에 올라 있으니 #모든남자가그런건아니야라는 구호를 외치는 것 또한 무의미하다. 너무나 다행스럽게도 모든 남자가 추행범은 아니며, 모든 남자가 강간범도 아니다. 여기서 문제가 되는 것은 개인으로의 남성이 아니라 사회 집단으로서의 남성이다. 조금 자세히 이야기하자면 남자들 사이에서도 피부색이나 성 정체성, 빈곤 정도, 장애 유무에 따라 사회 격차가 존재하는 것 또한 사실이다. 이와 반대로 여성이라고 해서 모두가 성차별적인 생각이나 행동으로부터 자유로운 것도 아니다. 다시 말해, '착한 편'과 '나쁜 편'이 따로 없다. 그저 가부장적 사회에서 살아가는 남성과 여성이 있을 뿐이다. 가부장제가 우리를 길들이고, 우리 행동 양식에 영향을 주고, 인간 관계를 지배한다. 개개인 모두가 자신이 속한 사회 계층에서, 스스로는 의식하지도 못한 채 남성 지배 체제의 형성에 기여하고 있다. 이 책을 쓰고 있는 나도 그렇고, 읽고 있는 여러분도 그러하다. 우리가 그것을 끝낼 수 있다는 사실을 깨닫기 전까지는 말이다.

페미니스트가 된다는 것은, 남성 지배의 실재를 깨닫는 데에서 시작한다. 그리고 남성 지배 사회가 피할 수 없는 운명이 아니란 걸 이해하는 일이기도 하다. 남성 지배 사회란 사회적 세뇌의 결실이며 오랜 세월을 거쳐 완성된 제도지만 불변의 존재도 아니다. 이런 성차별적 시스템의 얽힌 실타래를 하나하나 풀어 나가야 진정 평등한 세상을 만들 수 있다. 이는 성별에 상관없이 우리가 서로 동등한 존재라는 뜻이기도 하다. 평등이라는 것은 비슷하다는 뜻이 아니다. 오히려 실제로 존재하건, 존재 여부가 미심쩍건 간에 남녀의 차이점을 불평등과 차별, 폭력의 근거로 삼는 것을 거부한다는 뜻이다. 페미니스트가 된다는 것은 평등을 갈망한다는 뜻이다. 법률에서뿐만 아니라 모든 일상 터전에서 실질적인 평등을 원한다는 뜻이다. 그렇다, 프랑스 여성이 참정권을 얻고 교육받을 권리를 쟁취했다고 해서 불평등이 마법처럼 사라지지는 않았다. 침실에서, 의사당 의석에서, 놀이터에서, 혹은 텔레비전 프로그램에서 여성은 여전히 유구한 가부장제의 대가를 치르고 있다. 엄청난 발전에도 불구하고, 여성은 자신의 목소리를 누군가 듣고 존중하고 인정하게 하기 위해서는 투쟁을 해야 한다. 우리가 어떤 선택을 하든 이 투쟁은 계속되어야 한다.

페미니즘이라는 거대한 바다에 처음 뛰어들었을 때만 해도, 나는 남성 지배 사회의 막강한 힘을 깨닫지 못했다. 또한 '페미니스트'란 존재하지 않는다는 사실도 그 무렵 깨달았다. '성별 간의 전쟁'을 일으키려 한다고 폄하되던 페미니스트, 혹은 '히스테리컬한 심술쟁이'나 '성 불감증 환자'로 치부되던 페미니스트는 여성의 입장을 하나의 목소리로 대변하기엔 부족함이 많았다. 여성 운동은 남성과 여성의 평등을 옹호한다는 입장이지만, 하나의 큰 세력을 이루지는 못했다. 정치적으로 민감한 사안에 길이 막히기도 하고, 입장이 다양한 여성들(혹은 남성들)로 구성되다 보니 목표로 가는 길이 쉽지만은 않았다. 유럽에서 페미니스트 운동을 이끄는 큰 단체들 사이에서도 성매매, 대리모 출산 혹은 이슬람교 여성의 히잡 착용처럼 예민한 문제에서 입장이 미묘하게 엇갈린다. 내가 바라는 페미니즘은 모든 것을 포용하는 너그러운 페미니즘이다. 저마다의 처지를 이해하는 개성 있는 페미니즘(모든 여성은 각기 다른 인생 여정을 거쳐왔고 경제적 수준이 서로 다르며 신체 조건도, 피부 색상도, 종교도 제각각이다.)이고 여성 개개인의 자주적 결정을 인정하는 줏대 있는 페미니즘이다. '여성 해방이라는 이름 아래' 여성이 다른 여성에게 어떻게 처신하라든가 어떤 옷을 입으라는 등의 조언을 하는 것은 당연히 상상도 못 할 일이다. 내게 있어 페미니즘은 어떤 존재인가. 1970년대 여성 운동의 등대 같은 역할을 했던 구호가 대신 말해 준다. "내 몸에 관한 선택은 내가 한다." 나는 언젠가 여성에 대한 불평등과 폭력이 사라지길 바라는 만큼이나, 이 구호가 살아남아 귀에 들리는 그대로 실현되기를 갈망한다. 모든 이가 비난도 차별도 폭력도 가하는 일 없이 자기 본연의 모습으로 살기를 꿈꾸며, 그런 날이 오기를 갈망한다.

엄마가 되어서도 나의 페미니즘은 멈추지 않았다. 페미니즘의 가치야말로
내가 오늘날 아이들에게 반드시 전해 주고 싶은 유산이다. 구체적으로
말하자면, 바로 내 아들에게 말이다. 우리가 진정으로 평등한 관점에서
다음 세대를 교육하지 않는다면 성차별을 어떻게 끝낼 수 있겠는가? 그래서
나는 이렇게 말한다. 나는 내 아들을 페미니스트 소년으로 키우고 싶다.
좀 더 자라서는 여자를 비난하지도 않고, 직장이나 길거리에서 여자들에게
추근거리거나 귀찮게 하지 않을 그런 남자로 키우고 싶다. 절대 여성에게
성관계를 강요하지 않고 여자를 때리거나 차별하지 않는 남자로 키우고
싶다. 그와 동시에 엄연히 존재하는 성차별을 인식하는 남자로 키워내고
싶다.(우리 아이가 자랄 때까지 성차별이 사라질 것 같지 않아 하는 말이다.) 더 욕심을
내자면 부디 아주 작은 차별과 불의에도 드러내어 반대할 용기 있는
남자가 되어주기 바란다. 어쩌면 내 아들은 가정과 직장 모두에서 진정한
평등주의자 남자로 자랄 수도 있지 않을까. 쉽게 말해 남성 지배 사회에
맞서 싸울 수 있는 남자, 그 혁명에는 집안일을 함께 하고, 육아 휴직을 하고,
아이를 데리러 학교에 가는 등의 일이 포함된다는 것을 온전히 이해하는
남자로 자라게 하는 것이 나의 목표이다.
지금까지의 이야기는 이론일 뿐이다. 그렇다면 성차별적인 사회에서
성차별에 반대하는 소년은 구체적으로 어떻게 교육해야 할까? 미래의
남자들이 제대로 사리를 분간하도록 능력을 키워주려면 어떻게 접근해야
하는가? 그 미래의 남자들이란 문자 그대로 페미니스트적 관점에서
보자면 남성 지배 사회에서 얻을 것이 훨씬 많은 사람들이다. 이는 나를
오래도록 괴롭혀온 문제라, 이 방면에서 제대로 인도해 줄 수 있는 책과
자료를 한참 찾아 헤맸다. 하지만 기가 막히게도, 아무것도 찾을 수가

없었다. 성차별적이지 않은 교육을 권장하는 책들은 대개가 여자아이, 혹은 여자아이를 둔 부모들을 대상으로 했다. 마치 여자아이들만이 양성평등을 향한 길을 닦아 나가야 한다는 듯이 말이다. 여성, 남성 간 차별이나 여성을 향한 비난, 성적인 폭력은 여자아이들이 걱정할 문제이고, 그 아이들의 남자 형제들과는 상관없다는 식이다. 지난 10년 동안 우리는 여자아이들의 교육에 대해서만 집중적으로 의문을 제기하고 걱정해 왔다.(사실 '그것만 해도 어디인가!'라는 위안이 있긴 하다.) 하지만 남자아이들을 위한 교육은 그런 획기적인 발전을 겪지 못했다. 우리가 여자아이들에게 고정 관념을 버리라 격려하고, 양성 평등을 위해 노력하라 부추기는 동안에도, 남자아이들은 여전히 뿌리 깊은 차별적 규율 안에서 키웠다.

그렇다면 이런 현실은 어떻게 바꿀 것인가? 어디에서부터 시작해야 할까? 참고할 기본 설명서도 없이 문제의 답을 찾아 절망적으로 헤맨 끝에, 나는 내가 가장 잘 아는 방법으로 시작했다. 직접 정보를 캐러 다니기 시작한 것이다. 학자, 보건 전문가, 교육 전문가, 페미니스트 성향의 다른 부모들까지 만나보며 내 방식으로 취재에 나섰다. 이 긴긴 질문의 여정을 거쳐오며, 어째서 성별에 관한 고정 관념이 아이들에게 판단의 잣대로 고착되었는지, 남녀 모두를 위해 어떻게 하면 이런 고정 관념으로부터 벗어날 수 있을지 알고 싶었다. 어째서 우리 사회에서 남자아이들은 그처럼 위험한 사고인 '남자다움'에 집착하도록 키워지는지, 어떻게 하면 남자아이들을 그 갑갑한 틀에서 벗어나게 해 줄지 알고 싶었다. 이토록 차별적이면서 성적인 면이 강조되는 사회에서 자라나는 우리 아들들이 어떻게 해야 타인과 서로 존중하며 성숙하게 자랄 수 있을지 알아내고 싶었다. 거기에 더해 페미니즘을 비난하고 남성 지배 사회를 견고히 하기 위해 노력하는 남자들이 어떻게 교육받고 자라왔는지에 대해서도 알고 싶었다.

이 책은 바로 그 취재의 결실이다. 미래의 페미니스트를 실패 없이 확실하게 교육하는 비법은 나오지 않는다. 하지만 이 책은 일상에서 구체적인 도움이 되도록 주변을 돌아보게 해주고, 현명하게 나이 들 수 있도록 도와줄 것이다. 지나치게 철저하려고 애쓰지 않더라도 진정한 평등을 가르칠 수 있는 기초 공사가 되어줄 것이다. 그리고 페미니즘이 소녀뿐 아니라 소년들에게도 얼마나 좋은 기회인지 보여줄 것이다.

실제로 남성 지배가 남자들에게 몇 가지 사회적인 특권을 주었다 하더라도, 여기에는 사실 남자아이들을 노리는 함정 또한 존재한다. 아주 어린 시절부터 남자아이들은 '제발, 남자답게' 행동하라는 말을 얼마나 많이 들을까. 이 남자다운 행동이라는 것이 분명 일생 동안 얼마나 남자다운지를 보여주는 지표가 될 테니 말이다! 왜냐하면 사회 구성원들이 남자들에게 강하고 거칠 것을 (물론 '페미니스트가 아니기를' 도!) 기대하기 때문에 당연한 결과로 그들의 연약할 권리와 섬세할 권리는 거부당하는 것이다. 강력한 금기에 갇혀버린 우리 소년들은 자신들의 감정을 제대로 표현하지도 못하게 제약받고, '여성스럽다'고 비난받을까 걱정되어 많은 영역의 활동을 포기하기도 한다. 빡빡한 규범에 얽매인 남성적인 시각은 여성에게만 폭력을 가하는 것이 아니다. 남성 또한 이로 인해 큰 고통을 겪는다. 한편에서는 같은 이유로 더욱 다양한 형태의 남성상을 선호하고 남자다움이라는 지상 명령을 청산한 남자들, 그 덕에 마음이 훨씬 평온한 남자들은 그 고리타분한 사고방식을 타파하는 데 몰두하게 된다.

페미니스트 교육법은 결코 남자아이들을 엄격한 기치 아래 훈련시키자는 것이 아니다. 오히려 그와 반대로, 남자아이들에게 그들만의 엉뚱함과

기발함을 발전시킬 기회를 주는 것이며, 진정한 자유를 키워 나가도록 하는 것이다. 남녀 모두 자신이 소망하는 것을 지키고, 그 뒷일을 도모해 나갈 자유를!

목차

Part 1         아들 엄마가        된다는 것

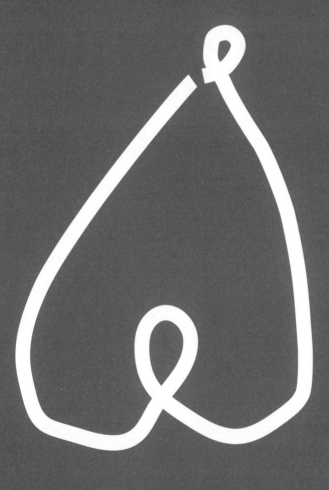

아직도 그날의 나와 파트너의 모습이 선명하게 떠오른다. 우리는 좁은 초음파 검사실에서 멍하게 서로를 쳐다보며 말했다. "아…… 기분 탓일까요. 아니면 방금 성별을 알아버린 걸까요?" 이런 젠장. 우리는 임신 중기 정기 검진을 위해 집을 나서며, 절대 아이 성별은 물어보지 '말자고' 굳게 다짐했다. 정말 알고 싶지 않았다.(그 생각은 지금도 변함이 없다.) 우리는 아이에게 고환이 있을지 질이 있을지 마지막 순간까지 알고 싶지 않았다. 우리는 동시에 조산사 (프랑스에서는 조산사가 병원과 보건소에 근무한다. 응급 출산을 제외한 진료, 처방, 분만, 임신 중절 등의 권한이 있다. - 옮긴이) 를 향해 몸을 돌리며 걱정스러운 눈빛을 보냈다. 다행히도 조산사는 우리를 안심시켜주었다. "아니요, 아무것도 알아낸 게 없으니 안심하세요." 절대 안 될 일이다. 고맙게도 조산사는 85%에 달하는 다른 프랑스 부모와 달리[1] 우리가 그 신비로운 비밀을 마지막까지 간직하고 싶어 한다는 것을 기억해주었다.

나는 임신을 하기 전부터 확고했다. 예정일을 알려 하지 않았고 '그날'도 운명에 맡기기로 했다. 모든 것을 미리 알기보다 닥치는 그대로 맞이하는 편이 훨씬 좋았다. 내 안에는 도박꾼 기질이 잠자고 있었던 모양이다. 성별이 무엇이든 행복한 마음으로 아이를 반길 것이 분명했으니 말이다. 내 파트너는 기본적으로 나와 같은 생각이었다. 다만 그만의 걱정과 약간의 궁금증을 가지고 있을 뿐이었다. '과연 이 호기심을 끝까지 참아낼 수 있을까?', '마지막 순간까지 비밀을 지키고 아이가 태어나는 순간 아빠 노릇에 온전히 뛰어들 수 있을까?' 이런 걱정에도 우리는 전적으로 서로의 의견에 동의했고, 미지의 세계를 향해 도약할 준비를 해 나갔다.

그럼에도 임신 몇 주가 지나니 한 가지 생각이 머릿속을 떠나지 않았다. 배 속의 아이는 남자아이라는 직감이었다. 가까운 지인, 길에서 만나는 낯선 사람 할 것 없이 다들 내 배 모양이나 먹는 것을 보고 아이의 성별을 알 수 있다고 확신했지만 그들과 달리 나는 아무 근거 없이 그냥 알 수 있었다. 순수하게 본능적이고 동물적인 직감이었다. 너무나도 강렬해서 확신이 되어버린 느낌을 떨쳐낼 수가 없었다. '내가 작은 남자를 세상에 내놓게 되겠구나.' 나는 혼란스러웠고, 이후의 상황을 제대로 상상하기조차 어려울 지경이었다.

딸이건 아들이건 뭐 그리 대수겠는가. 사람들은 여전히 남자아이에게, 그리고 여자아이에게 각각 고정적인 성 역할을 부여하지만 그러면 그럴수록 우리는 그런 고정 관념에서 벗어나야겠다고 생각했다. 성별에 따른 역할 구분이라니, 참으로 매력 없다. 우리는 성차별에 맞서 투쟁하고 성별에 따른 역할 분담과 몸가짐, 태도, 행동 방식에 분노하는 페미니스트 아닌가. 따라서 어떤 논리로 설명하더라도 내 아이가 타고날 성별 따위는 나에게 아무런 상관이 없었다. 하지만 곧 남자아이의 엄마가 될 것이 거의 확실하다는 느낌이 들자 나는 그만 맥이 빠져버리고 말았다. 비록 길지 않은 시간이었지만 마음이 무거웠다. 아이가 태어나지도 않았는데 벌써 이 아이의 엄마가 될 자격이 없는 게 아닌가 하는 근거 없는 죄의식에 영혼을 뜯겼다. 그러나 딸이건 아들이건 간에, 솔직히 배 속 아이 입장에서는 별문제도 아닌 일일지 모른다. 오히려 내 고민에 무게를 더한 것은 아들을 둔 엄마가 된다는 것이 나에게 어떤 변화를 가져올까 하는 점이었다. 실제로 아들 엄마가 되는 것은 적지 않은 변화를 가져왔다.

나도 모르는 사이에 나는 항상, 언젠가 딸을 낳을 거라 믿어왔다. 왜 그랬을까. 내면의 소망이 투사된 것일 수도 있고 지나친 자기애가 드러난 것일 수도, 가족의 소망이 깃든 것일 수도 있고 사회적 기대가 반영된 것일 수도 있다. 하지만 무엇보다도 딸에게는 무엇을 전수해 주고, 함께 무엇을 하고 무슨 말을 해줄지 알 수 있다는 막연한 기대를 품었던 것 같다. 아이가 자유롭고 독립적인 여성으로 자라 자기 자신과 자신이 원하는 바를 확실히 알고, 이 불평등한 세상을 과감하게 헤쳐 나갈 수 있는 인간이 되게 하려면 어떤 무기를 쥐어주고 어떤 롤 모델을 제시해 주어야 할지 본능적으로 알 것 같았다. 쉽게 말해 나는 나의 페미니스트적 가치관과 관련해서는 어떤 산을 목표로 올라야 할지 (적어도 이론상으로는) 잘 알고 있었다. 하지만 아들이라니, 완전히 다른 세계의 다른 문제였다.

이 상황은 그야말로 혼돈 그 자체였다. 내 아들은 어떤 남자로 자랄까? 우리가 키운 아들이 어느 화창한 날 공원에서 지나가는 여자를 상대로 "어이, 거기 예쁜이…… 우리 한번 할까?" 같은 말이나 던지는 인간이 되어버리는 것은 아닐까? 내 아들도 혹시나 자라서는 '여자애들이나 하는 일'을 비난하며 시간을 낭비하면 어쩌나? 내 아들도 결국엔 집안일의 3분의 2는 상대방에게 떠넘기는[2] 그런 남자가 되어버리는 건 아닐까? 과연 같은 일을 하고 여자 동료보다 많은 돈을 받으면서도 아무 일도 아닌 듯 시치미를 뗄 것인가? 아니면 세상을 바꾸는 사람 중 하나가 될 것인가? 별안간 너무나 많은 질문이 튀어나왔고, 단 하나의 답도 구하지 못했다.

# 1
# 페미니스트
# 부모는
# 무슨 생각을
# 할까

## 기왕이면 딸보다 아들

부모들은 대체로 아들을 선호한다. 학교에서 그렇게 배우지 않았던가. 지구상 대부분의 나라에서 인간은 '약한 성별 (아들을 뜻함. - 옮긴이)'이 멸종하는 것을 막기 위해 무슨 일이든 할 태세가 되어 있다고. 엄격한 식이요법, 우스꽝스러울 정도로 창의적인 성관계 포즈, 종교적 순례, 여기에 집안에서 전해 내려오는 비법까지도 등장한다. 오늘날에도 여전히 이런 방법이 남아 출생 수를 끌어올리는 데 열심히 활용되고 있다. 과학 기술의 발달로 태어날 아이의 성별을 고르는 일도 가능하다. (태국이나 미국 등에서는 시험관 아기에 한해 태아의 성별 선택을 허용한다.) "태아 성별에 따른 선택적 임신 중절은 중국과 인도에서는 제법 흔하다. 유럽 일부 지역에서도 그렇다."라고 2014년 유럽평의회는 경고[3]했다. 이런 현상은 오로지 여자아이의 출생에만 영향을 끼친다. 전 세계 그 어디에서도 남성 태아를 향한 잔인한 차별이 행해진다는 얘기는 들어본 바가 없다. 국립인구문제연구소[INED]의 최신 연구가 보여주듯이 대략 30년 전부터 '출생의 남성화 경향'[4]이 나타나는 것도 남아 선호 때문이다.

앞서 언급한 성별에 따른 선택적 임신 중절은 우리 눈에 보이는 것보다 실제로는 더 많이 일어나며 최근 수십 년 동안 전 세계 몇몇 국가에서는 남아 출생 비율이 비정상적으로 증가하고 있다. 평균적으로 여아 100명당 남아 105명이 태어난다. 하지만 태아의 성별 선택이 흔한 나라에서는 여아 100명당 남아 110명이 태어나기도 하며, 아제르바이잔이나 중국 같은 곳에서는 여아 100명당 남아 출생 비율이 115명에 달한 적도 있다. 달리 말하면 우리가 사는 이 행성에 여성의 수가 남성에 비해 꽤 적다는 뜻이기도 하다. 2010년에는 여아 100명당 남아 116명까지 기록하기도 했다. 남녀 인구 비율의 균형이 깨진 것은 남아 선호라는 문화 현상의 직접적 결과라는 뜻이다.

서구 사회에서는 성별에 따른 선택적 임신 중절이 극히 드물다. 그렇다고 해서 조그만 남자 인간에 대한 서구인의 편애가 완전히 사라진 것은 아니다. 1990년 중반 프랑스에서는 다음과 같은 질문을 던진 연구[5]가 있었다. "자녀를 하나 혹은 동성으로 둘만 가져야 한다면 어느 성별을 원합니까?" 대다수가 여자아이(27%)에 비해 남자아이(37%)를 원한다고 답변했다. 거의 20년이 지난 지금도 꾸준한 질문이다. 특히 상업적인 육아 전문 매체에서 좋아하는 설문 주제다. 예를 들어 2013년 미국의 할인 쿠폰 사이트 쿠폰코드포유CouponCode4You가 같은 주제로 2000명이 넘는 사람들에게 설문 조사를 했다. 그 결과 응답자 중 47%가 남자아이를 선호한다고 답했고, 여자아이를 원한다는 응답자는 21%에 불과했다.[6] 왜 그럴까? 아주 단순하게 보면 이 부모들은 남자아이의 경우 '앞일이 훨씬 덜 힘들' 테지만 여자아이는 '형제자매를 돌보느라 바쁠 것'이고 '결혼하면 성을 바꿀 수도 있다'는 사실도 너무나 잘 알기 때문이다. 의심할 바 없이 같은 이유로, 태어날 아이가 남자라는 것을 알았을 때 쏟아지는 축하 인사 역시 열광적이다. "어머, 아들이라뇨!" 이 말의 숨은 뜻은 이렇다. "기왕이면 딸보다는 아들이 낫지요."

하지만 이 질문으로 생겨난 소동을 진지하게 들여다보면 우리는 이것이
단순히 딸보다 아들이 좋다는 막연한 취향 문제가 아님을 알 수 있다.
아들과 딸 중 어느 쪽을 얼마만큼 좋아하는지가 응답자의 성별이나 사회적
지위에 따라 달라지기 때문이다. 이는 프랑스평생수명연구학회[ELFE]의
대규모 설문 조사에서도 밝혀졌고, 국립인구문제연구소와
국립보건의학연구소[INSERM]가 주도한 설문 조사 역시 비슷한 결과를 냈다.
이 연구는 비록 대중에게 발표되지는 않았지만 2011년에 프랑스 대도시에서
태어난 어린이 2만 명의 인생 여정을 추적했고, 이를 위해 모든 분야의
연구자를 동원했다. 연구 대상자 중 다수가 부모의 성별이나 사회적 지위에
따라 예측 가능한 답변을 내놓았다.

그렇다면 그들은 특정 성별을 유별나게 기다렸던 걸까? 그들 중 대다수
(60%)는 그렇지 않다고 답했다. 하지만 그렇다고 응답한 경우 그들은
전반적으로 남자아이를 선호했다. 아버지 그룹에서 이런 경향이 두드러졌다.
아버지의 25.5%가 아들을, 15%가 딸을 선호한다고 응답했다. 여성 응답자
그룹의 결과는 이보다는 균형이 있었다. 20%가 딸을 원하고, 21%가 아들을
희망한다고 답했다. 그리고 두 경우 모두 한 가지 현상을 확인해 주었다.
부모의 학력이 높을수록 딸을 원하는 비율이 높아진다는 점이다.


### 페미니스트 부모는 대부분 딸을 원한다

통계에 나타나지는 않지만 다른 부모 그룹이 있다. 이들은
아들을 원하는 사람만큼이나 간절하게 '제2의 성'을 선호한다. 바로
페미니스트다. 페미니스트 부모의 이 소박한 소망은 아주 가볍게라도

다뤄진 적이 없었다. 언론 매체, 연구자, 현장에서 투쟁하는 활동가 등 누구도 언급하지 않았지만 어느 날 이 문제가 표면으로 올라왔다. 2017년 프랑스에서 잡지 〈슬레이트 Slate〉의 칼럼니스트이자 수학과 교수인 토마 메시아 Thomas Messias가 문제를 제기했다. 당시 그가 쓴 글은 이를 논의 대상으로 거론한 최초 사례라 해도 무방하다. 페미니스트 아버지로서의 고민이었다. 그의 가설은 "부모가 되고자 하는 성인 페미니스트는 종종 딸을 원하고, 또한 그 딸을 자신의 권리를 잘 아는 여성으로 키우고 싶어 한다"[7] 였다.

얼핏 보기엔 남성 지배 사회의 문제점을 인식하고 있는 부모일수록 불평등이나 성폭력을 당할 일이 적은 아들을 키움으로써 어느 정도 안도할 거라고 생각할 수 있다. 하지만 틀렸다. 여성 혐오로 얼룩진 사회에서 딸을 키운다는 것은 결국 불의와 불평등에 맞서 싸우겠다고 마음 먹는다는 뜻이다. 선한 쪽에 선다는 말이다. 또 가부장적인 세상에서 남자아이를 교육한다는 것은 자신의 후손이 문제 많은 사회의 일원이 될 수도 있다는 위험을 의미한다. 토마 메시아가 농담처럼 한 "다윗이 골리앗을 무너뜨리도록 유도하는 편이, 골리앗이 통제 불능 괴물로 변하는 것을 막는 일보다 가능해 보이지 않나요?"라는 말에는 과장된 면이 있다. 하지만 너무나 맞는 말이다.

그 칼럼을 읽은 날 아침, 나는 큰 위안을 받았다. 세상 어디엔가 나 말고 다른 부모도 어떻게 하면 아들을 성차별적이지 않은 꼬마 페미니스트로 가르쳐 나갈지 고민하고 있었던 것이다.

## 아들과 어떻게 시작해야 할까

우리와 같은 고민을 하는 부모는 얼마나 될까? 사랑스러운 우리 아이가 자라서 끔찍한 성차별의 앞잡이가 되지 않을까 걱정하는 부모가 몇이나 될까? 이 문제에 관한 어떤 연구도 없었기 때문에 무어라 말하기 조심스럽다. 하지만 짬을 내 유명한 '페미니스트 부모'의 의견을 들어보면 이 문제의 중요성을 깨달을 수 있다. 이런 일을 계기로 우리의 불안감이 구체적 형체를 띠기 시작한다면 차라리 다행이다. 페미니스트 부모들의 페이스북 그룹에서 경험담을 들으며 깨달았다. 그들과 연락을 주고받으며 혹시라도 아들을 낳으면서 페미니스트로서의 신념이 흔들리지 않았는지 물었다. 불과 몇 시간 동안 열 개가 넘는 답변을 받았다. 우연인지 몰라도 가장 먼저 확고한 입장을 밝힌 이들은 여성이었다. 모두가 같은 대답을 하지는 않았다. 어떤 여성은 평온한 마음을 유지하면서 자신이 믿고 지지하며 아들에게까지 물려줄 가치에 대한 희망을 잃지 않았다. 하지만 이 모든 것에도 불구하고 '의문'과 '두려움', 그리고 '고뇌'라는 단어가 많은 이의 답변에 지속적으로 등장해 적잖이 충격이었다. 게다가 '임신을 한 이래로'라는 표현도 수없이 나와 참으로 놀라웠다.

엘리자베트(28세, 브뤼셀 거주)의 말이 생생히 기억난다. 그는 첫아이가 아들인 것을 알고 비탄에 빠져 있다고 했다. 나에게 답변을 보낼 당시 그는 "가족에게 둘러싸여 있지만 고립된 듯한 기분이 들어 두렵다"고 했다. 엘리자베트는 "사랑하는 남자조차도 제 경험을 이해하지 못할 거라는 느낌이 종종 들어요. 여자만이 겪는 그 경험이 내 안에 잠자는 큰 외로움을 깨운다는 사실도 그는 절대 이해하지 못할 거예요. 딸을 낳는다면, 서로를 이해하는, 의사소통이 잘되는 동지가 생기는 거라고 상상해 왔거든요."라고 털어놓았다.

응답자 모두 남성 지배, 성폭력 문제에 있어 경중은 다르지만 힘든 여정을 겪었기에 많은 페미니스트 어머니들이 이런 불안감을 느낀다고 답했다. 심지어 마음속에 아무 상처가 없는 경우에도 그들 모두 공통된 문제 하나를 눈앞에 두고 있었다. 바로 '아들과는 어떻게 시작해야 할지 모르겠다'는 두려움이었다. "교육적 관점에서만 보자면 강하고 독립적인 여성상을 보여주며 딸을 키울 수 있을 테지만 기득권을 가지고 태어난 아들에게 그 사회를 부정하지 않으면서도 남자로서 누리는 것들에 대해 회의하도록 가르치는 것이 쉽지는 않거든요."라고 엘리자베트는 단호하게 말했다.

또 다른 부모들은 이런 의심과 걱정이 시간이 흐를수록 계속 부메랑처럼 돌아온다고 말했다. 엘렌(42세, 세일즈 매니저, 오를레앙 거주)은 세 아이의 엄마인데 다섯 살 난 막내가 아들이다. "처음에는 아들이라는 사실이 좋았어요. 딸이 이미 둘이나 있었으니까요. 아기 예수님처럼 큰 환영을 받았지요. 당시만 해도 이런 문제에 대한 경각심이 전혀 없었어요."라고 엘렌은 회상한다. 하지만 경각심은 점차 공포가 되었고 공포는 조금씩 커졌다. 성차별적 사회 분위기 속에서 흐름을 거스르며 아들을 키우는 건 그리 녹록지 않은 일이었다. 점점 불안감은 커졌고 시간이 가도 가시지 않았다. "아이가 어릴 때는 우리가 영향을 줍니다. 하지만 아이가 자라면서 부모의 영향력은 점점 미미해지거든요. 우리 아이가 자라서 여성을 집요하게 괴롭히고 공격하는 폭력 문화를 이어가거나 우리가 가르친 모든 걸 모독하는 모습을 볼 수도 있다는 것만으로도 견디기 힘들어요. 남녀 차별 없이 아이를 키우는 게 힘든 일이잖아요."

엘로디(44세, 교사, 몽트뢰유 거주)는 시련이 이토록 크고 다양할 줄은 예상하지 못했다. 그는 열한 살과 아홉 살, 두 아들의 엄마다. 아이들이 태어날 당시에만 해도 아들의 출생은 일종의 안도감을 안겨주었다. 친정어머니와의 복잡하고도 미묘한 관계로 고생한 탓에 두 아들의 엄마가 되는 것은 잘된 일 같았다. 하지만 한 해 한 해 지나면서 많은 문제점이 턱밑까지 밀려왔다. 가장 근본적인 어려움은 바로 고정 관념으로 인한 부담감과 아이들이 남성우월주의에 곧 순응하리라는 예상이었다. 엘로디는 "사회에서, 학교에서, 세계 어디에서도 사람들은 '남자는 울어서는 안 된다', '여자아이는 수동적이다', '남자아이는 축구를 좋아한다'를 전제해요. 아이들이 태어나고 나서야 나는 이 고정 관념이 지닌 어마어마한 위력을 깨달았고요!"라고 털어놓았다.

### 매뉴얼도, 롤 모델도 없이

솔직히 말해 페미니스트 부모의 과업은 어마어마하다. 게다가 아직 체계가 잡혀 있지 않다 보니 이런 목소리를 행동으로 옮기는 것은 더욱 어렵고 부담스럽다. 그래서 나는 '풀레 로티크 Poulet Rotique'라는 블로그를 운영하는 페미니스트 언론인이자 작가인 클라랑스 에드가로사 Clarence Edgard-Rosa를 주목하였다.[8] 그는 스물아홉 살에 첫아이를 낳았다. 아들이었다. 줄곧 자신이 딸을 낳을 것이라 굳게 믿었기 때문에 아들의 엄마가 된다는 것은 한 번도 머릿속에 그려보지 않았다. "의사가 그 사실을 알려주면서 성차별적인 말을 하더라고요. '녀석, 아주 활동적인걸요. 진짜 남자답네요!' 저는 무척 황당했어요. 내 아이의 성별을 알게 된 순간부터 성가시고 곤란한 일이 계속 펼쳐졌죠."
그 후로 그는 짧은 영상이나 영화를 보거나 노래를 들을 때마다 같은

질문이 귀신처럼 줄곧 따라붙었다. 내 아들은 자라면서 어떤 남성성을
띠게 될 것인가? 어떤 긍정적인 롤 모델을 보고 배우며 자라게 할 것인가.
"페미니스트 부모에겐 아들을 키우며 맞닥뜨리는 심란한 요소가 몇 가지
있어요." 이 사회의 사다리 앞에는 진정 도움이 되는 롤 모델이 부족하다.
누가 봐도 언젠가는 페미니스트가 될 것이 확실한 남자, 남성성의 의미에
대해 성찰할 수 있는 남자, 그리고 약간 쿨하기도 한 그런 남자 말이다.
소년이 저 사람처럼 되고 싶다고 바랄 만한 그런 남자……. 적어도
프랑스에서는 그런 남자를 본 적이 없다. 그리고 이건 비단 프랑스만의
문제는 아니다.

여자아이의 경우 다양한 모델이 존재하기 때문에 페미니스트들이 딸을
키우기가 훨씬 수월해졌다. 하지만 성차별적 시각과 현상은 우리 사회에
강하게 남아 있다. "사회 전반적으로 사람들은 여전히, 주도권을 쥔
사람으로 자라라고 소년들을 격려하지요. 힘의 논리로 봐도 그렇고 권력의
논리, 경쟁의 논리로 봐도 말이 된다, 그렇게 생각하는 거예요. 당장은
남자들에게도 그 편이 덜 해로워 보여요. 하지만 전체적인 그림을 놓고
보자면 이제는 여자아이들에게 '너희는 그저 예쁘기만 하면 돼.'라고 말하는
시대는 지나갔다는 것을 알잖아요."라고 클라랑스 에드가로사는 강조한다.

페미니스트 부모가 점점 늘고 있다. 주변 사람들과 대화를 해보면 비슷한
경험담을 많이 듣고, 우리와 비슷한 의문을 가진 사람이 의외로 많다. 하지만
확신하지 않는 이들도 많다. 도대체 성차별 없는 교육을 어떻게 해야 할까.
이 사회의 남자 만들기에 문제를 제기하려면 구체적으로 어떻게 해야 할까.
아직도 이런 움직임에 대한 저항이 강하다. 일단 우리 자신과 싸워야 한다.
가끔은 사랑하는 가족과 싸워야 하기도 한다. 그걸 참고 버텨야 평등이

찾아온다는 것을 보여주려면 우리가 싸워야 한다.

그리고 역설적 상황도 존재한다. 우리가 옳다고 믿는 것에 동의하는 사람은 늘어났지만 우리는 여전히 때때로 외롭다. 친구나 아이를 가진 부모와 의논할 수도 있지만 일상에서 우리는 동떨어진 존재, 외로운 존재다. 야간 전투에서 길을 잃은 병사처럼 우리는 없는 길을 찾아내려 애쓰고 있다. 매뉴얼도 없고, 롤 모델도 없이 말이다.


# 2
# 전 세대
# 페미니스트 어머니들은
# 아들을 위해
# 무엇을 했는가


## 엄마는 페미니스트 괴물

나는 종종 전 세대의 페미니스트 어머니들의 아들 교육에 관한 질문을 받는다. 특히 세컨드 웨이브 페미니즘 Second Wave Feminism 시대를 온몸으로 살아내고, 그 높은 문턱을 넘어선 선배 어머니들의 경험에 대해 많이 묻는다. 세컨드 웨이브 페미니즘이란 1960년대 말 서구 사회를 주도한 여성 해방 운동이다. 그 시대를 거치며 다양한 여성 민권(참정권이나 교육권 등)이 확보되었고, 1970년대 페미니스트는 세컨드 웨이브 페미니즘의 불꽃을 활발히 불태웠다. 그들은 자기 몸의 주인이 될 권리(피임, 낙태, 성 해방)

를 지켜내고, 가정과 커플의 가부장적 위계에 의문을 던지며 가정 폭력과 성폭력에 이의를 제기했다. '개인의 법적 권리가 바로 정치다'라는 슬로건 아래 몸을 던져 싸운 것 또한 그 시대 활동가다. 이런 맥락에서 볼 때 자녀에 관한 문제는 어느 정도 위치에 있었을까. 여성 해방 운동을 주도한 소그룹으로 모성과 페미니즘의 관계에 대해 목소리를 높였다고 해도 실제로 자녀를 어떻게 교육하는지에 관한 토론도 했을까? 〈레뷰 당 파스 La Revue D'en Face〉나 〈카이에 뒤 그리프 Les Cahier du Grif〉 같은 페미니즘 잡지는 남녀 간 섹스, 가사 분담, 혹은 가정 폭력을 다루듯 다음 세대의 교육에 관해 다룬 적이 있을까.

안타깝게도 그렇지 못했다. 이 사안에 대한 논의는 소극적이었고, 교육에 관한 언급 자체가 많지 않았다. 1990년대 초 사회학자 사빈 포르티노 Sabine Fortino가 이에 주목했다. 그는 차세대 교육에 대해 '고민한 흔적도, 계획도 없는' 데다 그 누구도 이에 대해 '언급조차 하지 않는' 놀라운 현실을 지적했다.[9] 사나운 (인용일 뿐이지만 독자 여러분의 양해를 구한다.) 페미니스트가 천성적으로 아이를 싫어할 거라는 이유 때문만은 아니었다. 당시 여성들은 순수하게 여성 해방에 집중했을 뿐이다. 그들이 모성에 대해 이야기할 때에도 여성과 관련한 경험만을 다루었다. 그리고 교육 문제의 대상은 늘 여자아이였다. 눈앞의 여러 가지 문제로 남자아이의 교육은 논쟁거리조차 되지 못했다.

그 여성들이 오늘날 우리 어머니 혹은 할머니들인데, 그들도 아들은 있었다. 그들은 아들과의 곤란한 상황을 어떻게 극복했을까? 그때까지 사회를 지배하던 남자아이의 규범과 교육에 대해 어떤 방법으로 문제를 제기했을까? 그들은 어떤 부모였을까? 이에 대한 기록은 전혀 남아 있지 않다. 놀랍게도 그들에 관한 이미지가 그리 유쾌하거나 긍정적이지 않다는 것은 확실하다. "네 엄마, 페미니스트야? 젠장, 망했네!" 지어낸 말이 아니다. 정말 자주 들었다. 너무나 아무렇지도 않게 딱한 마음 반, 두려움 반에서 이렇게들 말하곤 했다. 내 나이대 (나는 1980년대생이다.) 에서 페미니스트 부모를 둔 자녀라는 점은 일단 절대로 멋진 일이 아니었다는 것을 알아두어야 한다. 청소년 사이에서는 마치 부끄러운 비밀이나 도시 괴담이라도 되는 듯한 주제였다. 나조차도 한동안 그런 어머니들을 늑대 인간쯤으로 여기던 시절이었으니 말이다. 용감하지만 위협적이고 불길한 존재, 그리고 실제 상황에서는 절대 본 적 없는 존재, (하느님, 감사합니다!) 하지만 '친구의 친구'가 본 적 있다고 하니 실재하는 사람들. 페미니스트 부모라는 존재가 눈에 띄게 늘어난 적은 없으니 그 또한 다 맞는 말이다. "있잖아, 내 친구 마리우스 알지. 글쎄 걔네 어머니가 페미니스트라는 거야. 진짜로. 그 녀석 솔직히 완전 충격 받은 건 말할 것도 없고." 최근 남자인 한 친구가 내게 말했다. 아, 그래, 그분이 거세 콤플렉스를 일으키는 나치 같은 페미니스트라도 된다는 말이지. 이런 일들은 오랫동안 있었다.

오랜 기간 자문했다. 우리가 머릿속으로 그리는 페미니스트의 이미지는 얼마나 변화했는가? 별로 놀랍지도 않을 그런 이미지 말이다. 페미니스트는 종종 히스테리컬한 괴물, 성적으로 억압된 레즈비언, 혹은 성욕을 해소하지 못한 여성, 거세 콤플렉스를 일으키는 남성 혐오자 (혹은 이 모두) 등으로 폄하되었다. 그럼에도 끊임없이 괴물 취급을 받는 전 세대 페미니스트 어머니를 둔 덕분에 나는 스스로에게 물을 수 있었다. 그들의 비난 속에 진실이 있는가? 그들 말대로라면 결국 페미니스트 어머니가 된다는 것은? 글쎄, 그것만은 아니라고 생각하고 싶다!

## 페미니스트 어머니들의 자기 검열

전 세대 페미니스트 어머니들의 양육법을 좋게 보는 사람은 많지 않다. 그러나 사회학자 카미유 마스클레 Camille Masclet 는 이를 긍정적으로 보았다. 프랑스에서 유일하게 이 문제를 파고들었고, 세컨드 웨이브 페미니즘 활동가들이 어떻게 페미니즘의 정신적 유산을 자녀에게 전수하는가를 8년간 연구했다. 그는 논문[10]을 쓰기 위해 1970년부터 1984년까지 리용과 그르노블에서 투쟁의 선봉에 나섰던 여성 42명과 그들의 자녀 15명을 만났다. 마스클레는 그들이 자신의 과거를 되새김질하는 '늙은 활동가'가 되고 싶어하지 않는다는 것을 알게 됐다. "그들은 대부분 세컨드 웨이브 페미니즘 당시 한 일에 대해 자녀에게 별 이야기를 하지 않았어요. 자신의 투쟁사가 자녀에게 짐이 되는 것을 원하지 않았던 거지요." 선술집에서 그가 털어놓은 이야기다.

그럼에도 마스클레가 살펴본 바에 따르면 이전 세대 활동가들의 신념 (배우자들도 대체로 신념을 공유했다.) 은 그들의 가정 생활에 영향을 끼쳤다. 페미니스트의 정신적 유산은 그들의 결혼 생활 방식이나 양육 방식 속에서 막연하게나마 이어졌다. 하지만 이런 정신적 유산 역시 아들보다 딸에게 훨씬 잘 계승되었다. 딸은 주저 없이 페미니스트 가치관에 동화되었다. 반면 아들은 더 신중하게 접근하며 시종일관 엇갈린 애증을 보였다. "전 세대 활동가 한 분은 '나는 첫딸을 낳았고, 활동하기 훨씬 쉽다고 생각했어요. 아직 상황을 신중하게 따져보는 단계였기 때문이지요. 그 뒤로 아들을 낳았는데 내가 기득권자의 행동을 방해하게 될 거라는 것을 깨달았지요. 복잡미묘해요.'라고 했어요. 페미니스트 어머니들이 느끼기에 페미니스트가 아들을 키우는 것은 딸보다 조심스럽고, 뭐라고 단정 짓기가 어렵다는 거지요." 마스클레는 당시를 떠올리며 이를 페미니스트 어머니의 '자기 검열 효과'라고 설명했다.

그들이 왕년에 페미니스트였다는 사실은 이제 아무 의미가 없다. 그들이 항상 경계해 온 것은 '너무 지나치게' 가지 않는 것이었으니까. "남자아이가 '연약하다'는 얘기는 항상 반복되었어요. 이 역시 어떤 거대한 무의식에서 비롯되었어요. 여성 페미니스트 또한 알게 모르게 사회에 동화되어 있었으니까요. 페미니스트 어머니들 역시 아들을 아주 전통적인 방식으로 키웠던 거지요." 그는 이렇게 분석한다. 그리고 오늘날 이 페미니스트 어머니들은 아들 양육 방식을 두고 양가감정과 죄책감을 느낀다. 지나치게 페미니스트적인 방식으로 양육하는 것을 두려워한 나머지 충분히 페미니스트적인 관점에서 키우지 못했다는 것이다.

### 집안일 분담과 비폭력이라는 성과

이런 갈등으로 세컨드 웨이브 페미니즘 활동가들은 아들 교육에 혁신적 변화를 이끌어내지 못했다. 전통적인 롤 모델을 산산조각 내거나 자신들이 깨친 교육 원칙을 전적으로 실행하지도 못했다. 하지만 이전 세대 성 역할에 대한 고정 관념과 맞서 싸우고 다음 세대 교육의 큰 틀을 세워가면서 배우자와 함께 제법 혁신적인 교육 방안을 실전에 응용했다. 이들은 아들에게 두 가지 측면에서 모범을 보였다. 하나는 집안일 분담이다. 그것만으로도 작은 혁명이라 할 만했다! "그 세대에서는 아들이 자발적으로 자기 몫의 집안일을 하도록 키우는 것만 해도 큰일이었거든요."라고 그는 강조한다. 두 번째는 폭력 문제다. 세컨드 웨이브 페미니즘 활동가들은 아들이 공격적인 사람으로 자라는 것을 달가워하지 않았다. 그래서 아들에게 전쟁과 싸움에 관한 장난감을 사 주지 않았다. 또 폭력에 있어 딸과 아들에게 다른 입장을 취했다. 딸에게는 스스로를 지킬 수 있도록 장려했고, 아들에게는 싸우지 말라고 가르쳤다. "비폭력을 소리 높여 주장한 이들 중엔 남자들도 꽤 많았어요. 조금이라도 거친 행동을 하면 지나칠 정도로 경계하는 분위기도 있었죠."라고 덧붙인다.

전 세대 페미니스트 부모들은 지침서나 집단적 연대도 없이 자신의 방식으로 아이를 키웠다. 다른 나라와 비교하더라도 그전 세대보다 조금 더 평등한 사고를 하고, 덜 차별적인 아이로 키워냈다.[11] 그 아이가 자라 부모가 될 나이가 되었다. 이 페미니즘의 새싹들은 차례가 되자 스스로에게 묻는다. 가부장제라는 안락한 담요 속으로 들어가라고 부추기는 이 세상에서 어떻게 하면 남자아이를 성차별적이지 않게 키울 수 있는지를.


3
페미니스트
아들로
키우기


**아들을 위한 페미니즘은 없었다**

우리가 장차 아들을 키우리라는 것을 알았을 때 많은 질문이 떠올랐다. 애석하게도 우리는 아직 남자아이들을 성차별주의로부터 지켜낼 방법을 찾지 못했다. 사람들의 의도와 달리 이 문제는 점점 심각해지고 있다.

밤이면 긴 불면의 시간 동안 (아, 임신의 기쁨이란 이런 것이지. 고단한데 잠은 오지 않는 불면의 연속……) 이 질문으로 되돌아오곤 했다. 어린 아들을 페미니스트적 관점으로 키운다면 어떤 미래가 펼쳐질까? 교육에 실패하지 않는 방법이나 내 가정에서 어린 마초가 나타나지 않게 하는 비법 같은 것이 있을까?

위기 상황에서 나는 누구나 할 법한 방법을 택했다. 그것은 인터넷 검색. 나의 지고토<sup>Zygoto</sup> (괴짜, 엉뚱한 아이라는 뜻. 저자가 아들을 부르는 별칭. - 옮긴이), 이 꼬마 괴짜가 내 자궁에 자리를 잡은 동안 나는 오랜 친구인 구글 검색창에 '페미니스트 소년', '성차별적이지 않은 아들 교육하기' 등을 입력했다. 거대한 인터넷의 바다에서는 인간이 상상할 수 있는 거의 모든 아이디어를 찾는 것이 가능하기에 클릭 두 번이면 대략적인 답이 나오리라 확신했다. 하지만 환상은 깨졌다. 인터넷을 샅샅이 뒤졌지만 아무것도 찾을 수가 없었다. 전혀! 한두 가지 블로그 글을 건졌지만 길지 않았다. 아, 이런! '페미니즘 교육을 위한 열 가지 제안'이라…… 멋지구나, 드디어 찾았어. 하지만 클릭해 보면 딸에 관한 이야기였다. 왜냐하면 남자아이는 논의거리가 되지 못했기 때문이다.

인터넷 순례는 아무 수확을 거두지 못했고, 나는 다시 한번 책에 운을 걸었다. 우리 회사 바로 앞에 파리 유일의 페미니즘·동성애·젠더 서적 전문 서점 '비올레트&Co'가 있다. 거기에서라면 분명 행복을 찾을 수 있을 것 같았다! 2월의 어느 아름다운 저녁, 나는 큰 기대를 안고 서점에 들어섰다. 기대는 여지없이 무너졌다. 찾고 또 찾아보았지만 아무것도 발견하지 못했다. 심지어 청소년 문학 코너에서조차 전무했다. 페미니스트 교육서는 모두 딸을 둔 부모 대상이었다. 지푸라기라도 잡는 심정으로 직원에게 부탁해 둘이 찾고 또 찾았으나 역시 아무런 수확이 없었다. 서점 직원은

"진짜 누군가가 써야 할 책이네요."라고 결론을 내리듯 말했지만 그도 그리 확신에 차 보이지는 않았다. 집으로 돌아오는 길에 나는 결심했다. 상황이 이렇다면 그 책을 내가 직접 써야겠다고.

그날 이후 나는 도움이 될 만한 것이라면 무엇이든 모으기 시작했다. 대학 교재, 개인의 경험담, 기사 등 형태와 상관 없이 중요했다. 당시는 2017년 초반이었고 페미니즘 관점에서든 교육 관점에서든 남자아이에 대해 다룬 것은 너무나 부족했다. 페미니스트 교육에 관한 질문이 있을 때마다 사람들은 여자아이 문제로 국한시켰고, 오로지 여자아이와 관련이 있다고 생각했다. 내가 이 프로젝트를 시작하던 즈음 나이지리아 작가 치마만다 응고지 아디치에Chimamanda Ngozi Adichie가 〈이제아웰레에게, 혹은 페미니스트 교육을 위한 선언서Dear Ijeawele, or A Feminist Manifesto in Fifteen Suggestions〉[12] (국내에서 〈엄마는 페미니스트〉라는 제목으로 출간.-옮긴이)를 출간했다. 작가는 딸에게 어떤 가르침을 주어야 할지 고민하는 젊은 엄마이자 친구인 이제아웰레에게 편지 형식을 빌려 답을 준다. 이 책이 서점이라는 거대한 상자 속에서 이런 주제를 처음으로 다룬 것은 아니다. 1973년 이탈리아 교육자 엘레나 자니니 벨로티Elena Gianini Belotti가 쓴 〈여자아이들 편에 서서Dalla Parte Delle Bambine〉는 프랑스에서 25만 부가 팔렸다.[13] 저자는 사회학자의 설문을 기초로 여자아이 교육을 다시 생각하도록 호소했다. 이보다 60년 전인 1914년, 프랑스 심리학자 마들렌 펠레티에Madeleine Pelletier는 〈여자아이들을 위한 페미니스트 교육L'Education féministe des filles〉을 냈다. 이 책은 페미니스트 부모를 위한 첫 번째 실용서였다.

이제 여자아이의 해방을 지지하는 책은 도서관에 한자리를 잡고 있다. 부모는 딸에게 남녀평등이 가능하다는 것을 보여주기 위해 게임이나 영화

등을 활용하며, 원한다면 어떤 사람이든 될 수 있고 무엇이든 할 수 있다는 사실을 다양한 방법을 통해 알려줄 수 있다. 이를 불평하자는 뜻은 절대 아니다. 이 정도까지 온 것도 대단한 일이니까. 수십 년에 걸쳐 여성은 기본권을 확보해 왔고, 이제야 원하던 것의 문턱에서 자유를 획득하기 시작했다. 지금까지의 교육 내용을 되돌아보았다는 데 의의가 있다. 그러니 아무 발전 없이 제자리걸음만 한 것은 아니다.

오늘날 반드시 깨달아야 할 것은 우리가 남자아이에게도 같은 내용을 가르쳐야 한다는 사실을 잊었다는 점이다. 남자아이의 교육은 근본적으로 바뀐 것이 없다. 적어도 오늘날까진. "저는 우리 사회가 여자아이를 남자아이와 같은 방식으로 키운다는 점에서 아주 행복해요. 하지만 남자아이를 여자아이처럼 키울 정도까지는 가지 않을 거예요." 2015년 미국의 페미니스트 글로리아 스타이넘 Gloria Steinem 이 한 유명한 말이다. 그렇게 여자아이의 교육은 진정한 변혁을 한 번 겪었다. 하지만 그녀의 남자 형제들의 교육은 지금껏 그대로다.


### 나의 아들은 페미니스트로 자랄 것이다

배가 불러오면서 세상이 조금씩 달라지고 있음을 느꼈다. 2017년 〈뉴욕 타임스 The New York Times〉에 다음과 같은 기사가 실렸다. '어떻게 하면 페미니스트 아들을 키울 수 있는가?' 오래도록 화제가 된 이 기사는 결국 하나의 질문을 남겨놓았다. 바로 임신 초반부터 나를 끊임없이 고뇌하게 만든 그 질문. 나는 기뻐서 눈물이 날 것 같았다! 그로부터 한 달 뒤 프랑스 주간지 〈누벨 옵세르바퇴르 Le Nouvel Observateur〉에 드디어 '어떻게 하면 아들을 성차별적이지 않은 사람으로 키울 수 있을까'라는 제목의 기사가 실렸다. 무려 36만 명이 이 기사를 공유했다! 남자답다는 것은 어떤 것인가? 남자들의 힘에 대한 숭배! 성 역할에 관한 고정 관념, 남녀 간의 상호 동의……. 여기저기에서 남자아이를 가르치는 방식에 대해 고민하기 시작했다. 그리고 어떤 이들은 이제 망했다고 생각했겠지.

기다려야 했다. 젖병을 물고 있던 꼬맹이가 이전 세대와 확연히 다른 생각을 하는 부모가 될 때까지 기다려야 했다. 불가능은 없다고 배운 소녀는 성인이 되었고, 어머니가 되기도 했다. 그리고 남녀가 평등하다고 배운 소년은 아버지가 되었다. 하지만 그 작은 세계의 남녀는 현실에서 남녀평등이 이루어지지 않았음을 깨달았다. 아직도 어마어마하게 많은 여성이 모욕적인 희롱과 괴롭힘, 성폭력, 가정 폭력을 당하며, 직장 내 여성의 위치는 항상 불안정하고 남자보다 급여가 낮으며, 능력을 인정받는 데도 훨씬 긴 세월이 걸린다는 것을 알았다.[14] 그리고 여전히 대부분의 여성이 집안일을 하고 아이를 돌보고 가정을 운영한다는 점도 알았다.[15] 지난 30년간의 논쟁과 남녀평등을 위한 정치적 노력에도 불구하고 아직 개선할 점이 많다. 우리는 남자의 사고를 변화시키지 않고서는 여성의 위치를 바꿀 수 없다는 것을 알았다.

하지만 '하비 와인스타인 Harvey Weinstein 사건'이 아니었더라면 남자아이들의 교육에 그렇게까지 관심과 반향이 일어나지 못했을 수도 있다. 2017년 10월 〈뉴욕 타임스〉와 〈뉴요커 The New Yorker〉에 할리우드 거물 프로듀서 하비 와인스타인이 성희롱, 성폭행, 그리고 강간 혐의로 12명의 여성으로부터 고소당했다는 기사가 실렸다. 전에 없던 스캔들로 사람들은 충격에 휩싸였다. 이 사건의 뒤를 이어 전 세계에서 동시에 '#미투'가 시작됐고, 여성들의 외침은 커졌다. 대서양 양쪽(심지어 더 멀리에서도)에서 수만 명의 여성이 직장에서, 거리에서, 가정이나 친구들 사이에서 겪은 성희롱과 성폭력에 대해 이야기했다. 프랑스에서는 '#돼지(성폭력 가해자)를고발하라'는 구호를 외쳤다. 칸 국제 영화제에서 '돼지'라는 별명이 붙은 하비 와인스타인을 빗대어 생겨난 표현이다. 단 며칠 만에 이 키워드가 20만 번 넘게 언급됐다. '여성들이 외침의 자유를 얻었다'는 말이 사방에서 들렸다. 여성이 목소리를 낸 지는 제법 오래되었다. 다만 이제야 세상이 여성의 말을 귀담아듣기 시작했을 뿐이다. 21세기 초 서구 사회는 페미니스트의 목소리를 듣기 시작했고 여성으로 산다는 것이 어떤 것을 의미하는지 자각하기 시작했다. 그리고 우리는 성폭력 가해자가 그늘 속에 숨어 사는 괴물이 아니라는 것도 알았다. 그들은 평소 우리의 동료고 친구이자 형제, 심지어 아들일 수도 있다. 그렇다. 우리 아들일 수도 있는 것이다. 2017년 〈엘르Elle〉 12월호에 '남자아이를 어떻게 가르칠 것인가? 그리고 #가해자돼지로키우지않으려면'이라는 기사가 실렸다. 그보다 몇 주 전 〈허핑턴 포스트The Huffington Post〉는 '여자아이에게 스스로 보호하는 법을 가르치기에 앞서 남자아이에게 존중하는 법을 가르치자'라는 취지의 기사를 내보냈다. 2018년 3월 〈뉴욕 매거진New York Magazine〉은 두 가지 질문을 담아 '남자아이는 어떻게 키워야 하나?'라는 기사를 실었다. 그로부터 두 달 뒤 스위스 일간지 〈르 탕Le Temps〉은 '아들아, 너는 페미니스트가 될 것이다'라는 기사를 실었다. 짧은 시간에 남자아이 교육이 진지한 논의거리로 떠오른 것이다. 캐나다 총리 쥐스탱 트뤼도Justin Trudeau 까지도 '나는 왜 아이들을 페미니스트로 키우는가?'[16]라는 짧은 글을 기고했다.

오늘날 우리는 남녀 할 것 없이 '내일을 위해 어떤 남자를 키우고 싶은가?'라고 빈번히 질문한다. 여성을 강간하지 않고 폄하하지도 않으며,

당연한 이야기지만 때리지 않는 남자로 키워야 하지 않겠는가. 하지만 나는 동시에, 남녀 간 힘의 역학 관계를 최소한이라도 이해하는 소년, 그리고 자기 위치에서나마 조금이라도 세상을 바꿀 수 있는 소년으로 키우기를 소망한다. 그렇다, 우리에게는 성차별적이지 않은 아들, 페미니스트 아들을 키워내겠다는 야망이 있다. 이것을 어떻게 시작할지가 과제다.

Part 2

아들 혹은 딸,
과도한 성별 집착

배가 불러올수록 나는 얼굴도 모르는 존재와 사랑에 빠졌다. 그리고
몇 달 뒤 5분에 한 번꼴로 내 배에 대해 이야기하는 사람을 마주쳤다.
대부분 친절했고, 가끔 분위기를 썰렁하게 만드는 얘기도 했다. 하지만
언제나 두 가지 질문은 빠지지 않았다. "곧 예정일이죠?" (아뇨, 아직 넉 달이나
남았는데요.) 그러고는 기계적으로 바로 다음 질문으로 넘어간다. "딸인가요,
아들인가요?" 이 질문을 받을 때마다 나는 한결같이 이렇게 대답한다.
"모르겠어요, 마지막 순간까지 비밀로 남겨두고 싶거든요!"
우리는 진작부터 아이 성별을 미리 알지 않겠다고 굳게 결심했다. 하지만
많은 이들이 이를 당황스럽고 이상하게 여겼다. 가까운 지인 중에는 우리가
아이 성별을 알지만 너무 예민한 주제라 수선스럽게 굴지 않으려고 밝히지
않는다고 생각하는 이도 있었다.(한동안 그렇게 할까 생각하기도 했다.) 어떤 이들은
우리의 장래 계획에 대해서까지 걱정해 주었다. "배내옷은 어떤 색을 살
거예요?" "성별을 모르면 친구들이 아기 선물은 어떻게 고르겠어요?" "아기
방조차 준비 못 하는 상황 아닌가요?" 아, 좀 그만! 아이 성별을 모르는 것이
얼마나 다행이던지! 성별을 모른다는 사실이 번잡한 소동으로부터 우리를
구해준 셈이었다.
그 기간은 어쩌면 더 멀리 뛰기 위해 도움닫기를 하는 단계였다. 그동안
약간의 시간을 벌었으니 말이다. 원하건 원하지 않건 간에 인간이란
그런 질문에 판단력이 흐려진다. 비슷한 집착으로, 단호하게 아이 성별을
점치기도 한다. "치즈가 먹고 싶나요? 그렇다면 확실해요. 아들이에요."
"아기가 배 속에서 활발히 움직이나요? 어머나, 아들이 분명해요. 장래 권투
선수감이네요!" 뭐, 충분히 그렇게 말할 수도 있다. 여성 염색체를 가진
태아는 많이 움직이지 않고, 현명하게 자궁 한쪽 구석에 차분하고 곱게 자리

잡은 채 분홍색 의상과 달콤한 것을 좋아하니 말이다. 진지하게 말하자면, 태어나지 않은 아이가 우리 중 누구를 닮을지 상상해 보는 것은 충분히 있을 수 있는 일이다. 자연스럽고 당연한 호기심이라 생각한다. 하지만 그 호기심의 대상이 오로지 아이의 성별이라는 사실이 놀랍고 실망스럽다. 사람들은 쉴 새 없이 태어날 아이의 성별을 점치지만 아이의 눈 색깔이나 머리 색깔을 궁금해하는 경우는 거의 없다. 웃어넘길 일이 아니다. 이는 우리 사회에서 한 인간의 자아를 최초로 규정하는 요소가 성별이라는 뜻이다. 시간이 지나며 나이나 성품 같은 것이 영향을 끼치겠지만 공동체 안에서 한 인간의 위치와 역할을 최초로 결정하는 것은 성별이다. 이런 이유로 성별에 관한 질문은 우리를 집요하게 따라다닌다. 아이의 성별을 밝히는 것은 단지 성별이 아니라 장래에 그 아이를 위해 짜인 프로그램을 발표한다는 의미다. 우리는 이처럼 아이가 첫 숨을 내쉬기도 전부터 아이를 받아들이고 상상하는 주변의 방식에 영향을 받는다. 그 상황은 아이가 세상에 나오기 무섭게 성별에 따라 어떻게 아이를 대할지 강요할 것이다. 우리는 일단 아이의 성별에 따라 교감하고 대화하며 이끌어주는 방식을 달리한다. 바로 그 기준이 우리 아이의 환경을 결정하고, 세상을 바라보는 아이의 관점도 결정할 것이다. 이 시대에도 우리는 스스로 인지하지 못하는 사이에 아이의 자아와 미래를 성별에 따라 규정하고 있다.

# 1
## 성차별적 반응을
## 보이지 않는다고
## 확신할 수 있을까


**존재하지도 않는 차이점을 애써 찾다**

지고토가 태어나고 며칠 되지 않았을 때 일이다. (이 괴짜가 아들이라고 이미 밝혔다.) 나는 이 작은 아이가 얼마나 많은 '독특한 점'을 보이며, 벌써 '얼마나 먹성이 좋은지'를 알게 됐다. 흔한 일이라고 했다. "남자아이는 정말 많이 먹어요!" 왜 안 그렇겠는가. 다른 남자아이들처럼 지고토 역시 드러나는 특징들이 있었다. 식욕이 어마어마했고 고압적인 태도를 보였으며 자신이 원하는 것이 무엇인지 정확하게 알았다. 하지만 나는 그 결론이 실질적인 관찰이 아니라 오래된 편견에서 비롯했다는 것을 깨달았다. 먹이고 재우는 것만으로도 너무 바빴기 때문에 사실 그 문제에 관해 진지하게 고민할 시간도, 마음의 여유도 없었다. 하지만 마음속에서는 은밀히 나 자신에게 묻고 있었다. 무엇이든 분류하고야 마는 본능이 움직이기 시작했고, 내 생각은 거의 확실했다. 우리 집 괴짜는 내 배에서 빠져나오자마자 곧바로 여자아이와는 다른 모습을 보였을까? 아니면 어른들이 줄곧 스스로 받아들여 온 생각을 아이에게 투사한 것일까? 사회과학자들은 오래전부터 이 문제에 관심을 보였다. 가장 먼저 사회심리학 분야에서 연구를 시작했다. 1974년 이래 미국 학자 3명이 부모가 신생아를 이해하는 방식과 고정 관념의 영향을 관찰했다.[1] 그들은 24시간

내에 첫아이를 낳은 서른 쌍의 부모를 인터뷰했다. 몸무게, 키, 반사신경 등 비슷한 특징을 보이는 갓난아기들의 부모가 대상이었다. 재미 삼아 맞혀보자. 부모들은 자기 아이에 대한 첫인상을 어떻게 표현했을까? 그들은 여자아이를 '작고' '귀엽고' '이목구비가 섬세하다'고 했다. 반면 남자아이는 '크고' '탄탄하고' '이목구비가 또렷하다'고 답변했다. (이봐요, 아니거든요!) 〈미국 교정 정신의학 저널 American Journal of Orthopsychiatry〉에 발표된 이 연구 결과는 논란의 여지없이 이런 뜻이다. 아기가 태어나는 순간부터 부모는 고정 관념에 따라 기대를 하고, 그 방식은 아이를 키우고 아이와 상호작용하는 데 지속적으로 영향을 끼친다.

2년 뒤, 미국 코넬 대학교 과학자 2명이 조금 다른 실험을 했다.[2] 이번에는 한 무리 학생에게 9개월 된 아이들이 놀고 있는 영상을 보여주었다. 관찰 대상의 반은 남자아이, 나머지 반은 여자아이였다. 실험 참가자들은 어떤 의심도 없이 여자아이가 우는 건 '무서워서'이고, 남자아이가 우는 이유는 '화가 나서'라고 생각했다. 같은 상황, 같은 행동을 하는 아이들을 보고 응답한 결과였음에도!

그 이후로 성별에 따른 고정 관념의 영향력에 대한 연구가 활발하게 이루어졌다. 연구 결과의 교훈은 대체로 이렇다. 태어나는 순간부터 남자아이와 여자아이는 다른 대우를 받는다. 각각 분류되어 칸칸이 나뉜 상자 속에서 지내고, 우리는 그 상자 안에서 존재하지도 않는 차이점을 반드시 찾아야 한다고 믿는다.


### 고정 관념으로 아이에게 필요한 것을 놓친다

그로부터 40년이 지났고, 상황은 변했다고 생각할지도 모르겠다. 스스로 페미니스트라 여기는 우리도 고정 관념에 휘둘리지 않는다고 자부해 왔으나 이제 정신을 차려야 한다! 2016년 파리사클레 대학교 과학자들이 아이의 울음을 받아들이는 방법에 대해 연구했고, '부모들이 남자 아기의 울음을 덜 날카롭다 생각한다'는 결론을 내렸다.[3] 물론 사실과 다른데 부모들은 그렇게 느낀다. "어른들은 남자아이의 목소리는 여자아이에 비해 낮아야 한다고 생각하고, 그 생각을 3개월 된 아기의 울음소리에도 적용하는 거예요. 그러나 사실은 또래 여자 아기의 울음소리는 남자 아기에 비해 더 날카롭지 않아요!" 이 프로젝트에 참가한 연구원 니콜라 마테봉과 플로랑스 레브레로가 몇 가지 실험 끝에 내린 결론이다. 재미있는 점은 다른 사회심리학 실험 결과와 마찬가지로 남자들이 성 역할 고정 관념에 더 사로잡혔다는 사실이었다. 예를 들어 이번 실험에서 남자들은 남자아이의 울음소리가 여자아이의 울음소리보다 더 듣기 불편하다고 답했다. 남자아이는 정당한 이유가 있을 때 운다고 생각한다는 말이다. "그렇다면 남자들은 남자아이는 정말로 많이 아플 때만 운다고 생각하는 건가요? 여자아이는 별것 아닌 일에도 울고요?" 연구자들은 묻는다. 그리고 결론을 내리기 전에 이렇게 덧붙인다. "어른의 사고방식을 어린아이에게 그대로 적용하는 거예요. 아이의 울음을 편견을 가지고 바라보면 아이에게 정작 필요한 것을 놓치는 수도 있어요."

사람들은 성 역할 고정 관념을 통해 아이의 울음을 해석한다. 그 고정 관념은 부모가 아이에게 말하는 방식, 아이를 안아주는 방식, 아이와 놀아주고 교감하는 방식에까지 영향을 미친다. 우리 스스로도 다음과 같은 경향이 있는 것은 아닌지 생각해 보자.

* 남자아이는 생후 몇 개월간 주로 신체 접촉을 통해 부모와 교감한다. 팔로 안아주고 손동작으로 아이의 주의를 끄는 일이 확실히 많지 않은가. 비슷한 상황에서 여자아이와는 주로 목소리와 시선으로 교감한다.[4]

* 남자아이와 소통할 때는 동작이나 복장, 표정 등을 동원한다. 여자아이와는 훨씬 효과적이고 감정적인 언어를 사용한다.[5]

* 남자아이가 울면 바로 달래주지 않는다. 남자아이에겐 눈물을 흘리지 말고 '강한 모습'을 보이라고 권한다. 여자아이에게는 감정을 표현하라고 권장한다.

* 남자아이에겐 어른에게 덜 의존하도록 성취와 독립성을 칭찬하고, 여자아이에겐 순종적이고[6] 수동적인 태도를 취하도록 권한다. 그 결과, 놀이 중에도 신체적으로 어른의 도움을 받는 경우가 많다.[7]

일일이 열거하자면 끝이 없다. 이런 식으로 우리도 모르는 사이에 은근하지만 확실하게 남녀 사이의 크고 작은 차이점을 고착시킨다. 이런 구분과 차별을 하게 된 데에는 교육학자들도 지대한 영향을 미쳤다.


### 아동 전문가들조차 진부한 생각을 가지고 있다

구글에서 '아들 키우는 법'에 대해 검색해 본 적이 있는가. 맨 위에 뜨는 결과는 '교육: 여자아이는 남자아이와 다르다'라는 잡지 〈사이콜로지Psychologie〉 기사다. 세상에나! 기사를 보면 3명의 심리 치료사가 남자아이와 여자아이 사이에는 극복할 수 없는 세 가지 내면의 차이점이 있다고 설명하며 이를 염두에 두고 키워야 한다고 강조한다. 그들 역시 말로는 "부모들은 남녀평등과 직장에서 남자만큼 인정받을 여성의 권리에 대해 생각하지 않을 수가 없어요."라고 하지만 그들이 권하는 자녀 교육 방법을 들여다보면 현실보다 성차별적이다. 만약 여러분의 아들이 "여자애들은 정말 형편없어." 같은 말을 한다면 아들을 위로해 주어야 한다고 그들은 가르친다. "많은 부모가 이렇게 대답하고 싶어 할 거예요. '바보 같은 소리야. 남자나 여자나 똑같다고!' 하지만 그보다는 이렇게 말하는 편이 나을 것 같네요. '참 씩씩하기도 하지. 다행히 이렇게 튼튼하니까 여자아이를 보호해 줄 수가 있잖니.' 남자아이에게는 스스로가 활동적이고 도전적이며 호전적이라는 생각이 각인되어 있어요." 이것이 교육 전문가들의 조언이다. 그들의 글을 읽다 보면 1950년대로 돌아간 기분이다. 이런 시대착오적 발언을 해도 업계에서 전문가 대우를 받으며 상담을 의뢰하는 가족에게 조언을 해주고 있다는 사실이 믿기지 않는다. 하지만 나쁘다고만 할 수 없다. 그들의 조언이 그리 신뢰할 만하지 못하다는 점을 알게 되었으니 말이다.

육아, 아동 관련 대부분의 전문가가 성차별적 고정 관념을 지지하는 것은 아니지만 체계적으로 세분화한 고정 관념의 상자를 여과 없이 받아들이고, 아이들을 그 안에 자연스럽게 넣는다. 유치원 교사는 대개 남자아이에게 더 많이 질문하고 더 오래 이야기를 나눈다.[8]

2012년 사회사업감찰국IGAS은 유아 교육 종사자의 평등 의식에 관한 연구[9]를 발표했다. 설문 조사에서 보육업계 종사자 92%가 남아와 여아를 대하는 태도에 차이가 없다고 답변했다. 하지만 현실은 완전히 다르다. 방과 후 교사는 쥘리앵이 분홍색 배낭을 메고 나타나면 깜짝 놀랄 것이다. 육아 도우미는 쉴 새 없이 '남자아이가 얼마나 돈이 많이 드는지' 이야기할 것이다.

어린이집 보육 교사는 생후 8개월 된 잔의 크고 푸른 눈동자에 어린이집의 모든 남자아이가 반했다고 확신하고, 두 돌 된 엘렌이 원피스 자락을 빙그르르 돌리는 것을 보며 '천생 여자아이'라며 칭찬한다. 미처 의식하지 못하는 사이에 아이들의 교육, 보육 종사자는 여자아이와 남자아이를 다른 방식으로 대한다. "일단 자신의 모습이 어른의 시선을 끌기 때문에 여자아이는 단체 행동에서 확실히 소극적이에요. 반면 남자아이들은 운동 기능, 이동 능력, 공간 인지 능력 등 신체 활동에 대한 관심이 훨씬 명확하게 드러나요."라고 연구자들은 밝혔다. 같은 맥락으로 어른들은 여자아이에게 하듯 남자아이와 감정에 대해 이야기하는 법이 거의 없다. 보고서에 따르면 남자아이들 사이에서 유일하게 인정되는 감정은 '분노'다.

상황이 달라질 수는 없을까. 인격 발달 과정에서 성별에 대한 유아 교육 종사자의 감수성은 '전무하다'라고밖에 할 말이 없다. 안타깝다. 교사 역시 다른 사람과 똑같은 인간일 뿐이다. 어찌 보면 그들도 나름대로는 최선을 다해, 요령껏 행동하고 있는 것이다.


## 나도 모르게 튀어나오는 성차별

여러분은 성차별적 편견이 전혀 없다고 확신할 수 있을까. 영국 BBC 방송국은 최근 네티즌을 대상으로 간단한 테스트를 했다. 인터넷에서 널리 알려진 동영상을 보여주는 실험으로, 영상에는 남아와 여아가 한 명씩 등장하는데 서로 옷을 바꿔 입고 있다. 실험 당시 여아 마르니는 '올리버'라고, 남아 에드워드는 '소피'라고 불렸다. 아기들 옆에 평소 가지고 놀던 것과 다른 장난감을 놓았다. 실험에 참가한 어른들은 본능적으로 소피(사실은 에드워드)에게 인형들을, 올리버(사실은 마르니)에겐 자동차와

로봇을 주었다. 제작진이 이미 아이들 옷을 바꿔 입혔다고 밝혔기 때문에 참가자들은 살짝 거북해하기는 했다. 제작진은 그들에게 아이들 성별은 의식하지 말고 내키는 대로 장난감을 주라고 요구했다. 실험에 참가한 한 여성은 "저는 무심코 가까이 있는 것을 집었어요. 하지만 어쩌면 무의식이 저를 지배한 결과일지도 몰라요. 아마 고정 관념 때문인 것 같아요. 제가 선택하고도 너무 놀란 게, 저는 항상 제가 열린 사고를 하는 사람이라고 생각해 왔거든요."라고 말했다. 그녀는 분명 열린 사람이다. 그리고 결국 같은 문제로 돌아온다. 아무리 좋은 의도라 하더라도 우리 사회에 만연한 성차별적 행동을 막기란 쉽지 않다.

아들과 딸을 같은 방식으로 키우고 싶다면 우선 우리에게 '성차별적 편견'이 있다는 사실을 인정해야 한다. 이를 받아들여야만 누구를 롤 모델로 삼을지 알 수 있을 뿐 아니라 아이의 성격과 욕구를 제대로 파악할 수 있다. 남자아이가 우는 건 남자라는 이유만으로 '화가 나서'가 아니다! 성 역할에 관한 고정 관념을 최소화하기 위해 일상 속 사소한 행동과 반응을 되돌아보기를 권한다.

* 나는 왜 자꾸 레오에게 '힘이 장사다'라고 말할까. 만약 딸아이가 의자를 번쩍 들어 올렸더라도 똑같은 말로 칭찬했을까.

* 나는 아들을 어떻게 칭찬하는가. 혹시라도 지속적으로 고정 관념에서 비롯한 칭찬을 한 것은 아닐까? 아이의 고운 성품이나 성실함, 노력 등 다른 장점은 없었을까.

* 아들의 옷차림에 대해 칭찬한 게 언제더라. 아들의 옷차림을 칭찬한 적이 있긴 했던가.

* 딸아이에게 하는 것과 같은 방식으로 아들과 이야기하는가. 기분이
  어떤지 아들에게 형식적으로 묻고 있지는 않은가.

* 아들이 흥분했을 때 딸에게 하듯 똑같이 대처하는가. 아들이 소리 지를
  때 좀 더 참지는 않는가. 딸아이가 욕실 사방으로 물을 튀겨놓으면
  야단치고, 아들이 그런 경우에는 투덜거리며 치우고는 팔자 탓만
  하지는 않는가.

* 아들에게 어떻게 애정 표현을 하는가. 왜 아들은 '그다지 애교가
  없다'고 생각할까. 딸아이에게 하듯 아들에게도 습관적으로 뽀뽀하고
  쓰다듬어주는가.

* 아들과는 야단법석을 떨며 놀지만 딸아이와는 그런 적이 없다. 이와
  반대로 딸과는 조용한 시간을 보내면서 아들에게는 한 번도 같이
  하자고 한 적이 없다. 왜일까.

* 왜 나는 딸아이가 배고플 때는 기다리라고 하면서 아들은 조금만 배가
  고파 보여도 식사 준비를 서두르는 걸까.


끊임없이 자문하며 무의식적으로 튀어나오는 행동을 자제해야 한다. 채워도
채워도 채워지지 않는 신화 속 다나이드의 술병 (다나이드는 그리스 신화에 나오는
다나우스 왕의 딸들이다. 다나우스에게는 딸이 50명 있었는데 어느 날 사위가 그를 죽일 것이라는
예언을 듣는다. 왕은 딸들을 시집보내며 결혼 다음 날 바로 남편을 죽이라고 명한다. 이에 1명을
제외한 49명이 모두 남편을 죽인다. 단테가 <신곡>에서 묘사한 바에 따르면 지옥에 간 다나이드는
결코 채워지지 않는 독에 물을 퍼 나르는 형벌을 받는다. 조각가 로댕이 '다나이드'라는 작품을
남겼다. - 옮긴이)처럼 끝없는 훈련이 필요하다. 하지만 여기에서 중요한 점은 그
먼 길 끝에는 결승점이 존재한다는 것이다.

## 2
## 지도를 잘 읽는
## 성별은
## 따로 없다


### 남자아이들도 화성에서 오지 않았다

얼마 전 카페에 앉아 있다가 우연히 옆 테이블 대화를 들었다. 열띤 토론의 주제는 남성과 여성의 타고난 차이점에 관한 것이었다. 남자 한 명이 자기 아들에 대해 이야기하고 있었다. "6개월 때 인형을 가지고 놀라고 줬더니 거부하는 거야. 애가 관심 있는 것은 오로지 공뿐이더라고. 그 앞에서 뭘 더 할 수가 있겠어?" 맞다. 나도 묻고 싶다. 자연의 힘 앞에서 무엇을 더 해보고 싶겠는가. 속으로 나는 웃음을 참을 수가 없었다. 여태까지 수많은 전문가가 이 문제에 관심을 가졌다. 성별에 따른 장난감 선택의 차이는 9개월에 사회적 행동의 차이는 만 두 살이 되어야 나타난다.[10] 결론은 둘 중 하나다. 옆 테이블 남자는 엄청나게 조숙한 아이를 키우든지 아니면 좀 과장하는 습관이 있든지.

혼자만의 생각이지만 이에 관한 나름의 이론이 하나 있다. 많은 이에게 공감을 얻는 이야기는 아니다. 그 남자가 과장해서 말했더라도 우리가 카페 드 코메르스 Café de Commerce (파리의 유서 깊은 카페. - 옮긴이) 에 앉아 있는 동안이든 언론 매체를 통해서든 늘 듣는 이야기를 확산하는 셈이다. 대다수 성인이 남자아이와 여자아이는 완전히 다른 두 세계에 속한다고 굳게 믿는다. 명백히 틀렸지만 안타깝게도 널리 공감되는 이야기다.

물론 두 성별에 따른 생물학적 차이점은 존재한다. 평균적으로 세계 어느 곳에서나 남자가 여자보다 키가 큰 편이고 근육도 더 발달했다. 생식 기관도 서로 다르다. 유전자 정보 역시 완벽하게 일치하지는 않는다. 남성은 여성의 유전자와 아주 살짝 다른 Y 염색체로 구분된다. 이는 대략 물려받은 전체 유전자의 0.1% 정도에 해당한다.[11] 그럼에도 아직 그 누구도 Y 염색체와 수학 학습 능력, 축구에 대한 열렬한 애정의 아리송한 관계는 밝혀내지 못했다! 남성과 여성은 호르몬의 종류도 양도 다르다. 도식적으로 보면 여성은 일단 여성 호르몬인 에스트로겐을 생산하고, 남성은 남성 호르몬인 테스토스테론을 만들어낸다. 이 두 가지 호르몬이 사춘기라는 신호를 보내면 소위 '2차 성징'이라 부르는 징후가 나타난다. 여기서 우리가 흔히 저지르는 실수는 많은 문제를 호르몬 탓으로 돌린다는 것이다. 그래서 잊을 만하면 한 번씩 남녀 청소년의 취향이나 행동이 다른 것은 호르몬 탓이라는 기사나 심리학 분석이 등장한다. 또 다른 예가 호르몬을 핑계로 여성은 집안일을 하도록 떠밀리고 남자는 굴러가는 것과 기술이 결부된 일에 애정을 쏟는다는 것이다.(두드러진 예외가 있는데 바로 유모차와 세탁기다.) 이 이론의 최고 대변인이라 할 인물이 베스트셀러 〈화성에서 온 남자 금성에서 온 여자〉의 저자인 미국 작가 존 그레이John Gray. 1992년 첫 책이 나온 이래로 이 '자기 계발'의 대가는 이 주제에 관해 적어도 책 열두 권을 써냈다. 매번 같은 내용의 반복이다. 만약 남성과 여성이 근원적으로 다르다면 이는 호르몬 탓일 수밖에 없다. 이렇게나 간단할 수가! 존 그레이는 한 가지 설명을 모든 상황에 적용하려 든다. 직장에서, 연인 사이에서, 가정에서, 식당에서 시작해 백화점에까지 "부인을 따라온 불쌍한 남자를 상상해 봅시다. 기다릴 만한 장소를 찾아야 한다는 문제만 해결하면 아무 문제 될 것이 없어요.

하지만 그의 눈에 비치는 아내는 끝없이 물건을 사는 거예요. (……) 남자는 곧바로 극도로 피곤해지고 의기소침해져요. 남성 호르몬이 너무 필요한데 만들어내지 못하는 거예요."[12] 라고 말이다.

존 그레이가 남성과 여성의 차이점을 과장되게 표현했다. (남성은 멀티태스킹이 불가능하고 항상 여자를 꼬시는 데 온 신경이 집중되어 있으며 야심에 가득 차 있다. 반면 여성은 온순하고 낭만적이기만 한 존재로 그려진다.) 특히 결혼 생활에 관한 작가의 조언에 아무런 과학적 근거가 없다. 우리의 행동이 호르몬의 지배를 받는다는 이 이론은 입증되지 않았다고 뉴욕 컬럼비아 대학교의 사회과학자 레베카 조던영Rebecca Jordan-Young이 최근 한 논문에서 밝혔다.[13] 또한 2014년 프랑스 학자 8명은 〈르 몽드 Le Monde〉 기사를 통해 "확실한 것은 존 그레이의 책을 읽은 독자 일부가 과학이라 믿었던 것이 결국엔 지어낸 이야기라는 것을 알게 된 거예요."[14]라고 말하기도 했다.

남녀가 본질적으로 다르다는 주장은 언론과 SNS를 통해 계속해서 퍼져 나간다. 어느 정도 믿을 만해 보이는 연구 자료조차도 남성과 여성의 차이에 대해 아주 단정적이고 자극적인 주장을 예사로 풀어놓는다. '여성의 두뇌는 이타심에 먼저 반응한다.'[15], '왜 여자는 남자보다 수다스러울까?'[16], '남자가 여자보다 지능이 높을까?'[17], '남자의 두뇌는 멀티태스킹에 취약하고 여자의 두뇌는 멀티태스킹이 가능하다.'[18] 등 수없이 많다.

이것이 현재 우리가 처한 현실이다. 만약 남아와 여아가 다르다면 그 이유가 서로 다른 두뇌 때문이라니! 뭐, 그리 새로운 주장도 아니다. 19세기의 유명 해부학자 폴 브로카Paul Broca 조차도 남자의 뇌가 여자의 뇌보다 더 크다는 이유로 남자가 지능적으로 우월하다는 것을 입증하려 했다. 이런 이유에서 남성이 여성보다 우월하게 타고났다는 주장이 나온 것이다. (백인과 흑인 간 불평등이나 부자와 가난한 자의 불평등을 정당화하는 것보다는 훨씬 더 그럴듯하게 들리는 설명이다.) 두 세기가 지난 지금도 그 주장은 유효하다. 한 가지 차이는 두 세기 동안 뇌 과학이 크게 발전했다는 것이다. 존 그레이에게는 실례가 되겠으나 남녀 할 것 없이 우리 아이들은 모두 같은 별에서 왔다.

우리 눈에 보이는 남녀의 행동 차이는 타고난 것일까, 아니면 교육과 문화의 산물일까. 영원히 끝나지 않을 이 질문, '선천적인가, 후천적인가'는 과학계에서도 오랜 논쟁거리다. 비록 현대 뇌 과학이 우리 뇌의 비밀을 전부 밝혀내지는 못하더라도, 적어도 한 가지만은 확실하게 알려주었다. 양성 간 다양성보다는 개인 간 다양성이 훨씬 우세하다는 것이다. 남녀 간 두뇌 차이보다 동성 사이에서 두뇌의 개인차가 훨씬 크다는 말이다. 프랑스 신경생리학자 카트린 비달Catherine Vidal 박사는 파리의 파스퇴르 연구소 명예 연구소장이자 퇴행성 뇌 질환 전문가로, 남녀의 뇌 구조 차이가 처음으로 거론되던 시절부터 이 이론을 맹렬히 비판했다. 남아와 여아는 태어날 때부터 두뇌 '회로' 자체가 다르게 구성되는 걸까. 절대 그렇지 않다고 비달 박사는 말한다. 남녀 사이에서 관찰되는 근본적 차이점은 생식 기능과 관련된 활동뿐이다. 남녀의 생식 기관은 명백히 다르다. 이를 제외한 남녀의 신체는 동일한 기관으로 이루어졌다. "인간의 두뇌에 대해 제대로 연구해 보면 여아와 남아의 이성적 사고 능력, 기억력, 집중력이 모두 같다는 것을 알게 됩니다."라고 그는 단언했다. 여아와 남아는 선천적으로 같은 잠재력이 있다.

세상에 나올 때 아기의 두뇌는 미완이다. 임신 기간 동안 엄마의 배 속에서 약 1000억 개의 뉴런이 만들어지고 뉴런은 계속 뉴런과 연결된다. 출생 시 전체 뉴런 중 10%만이 안정적으로 연결되어 있고, 나머지 수십억 개는 아이와 환경과의 상호 작용에 따라 점차 구축된다. 이것이 바로 '두뇌의 유연성' 혹은

'신경 가소성', 즉 뇌가 변화하는 성질이다. 오랜 기간 인간은 이 경이로운 두뇌의 유연성이 큰 사고를 겪은 뒤에나 특정 치료를 받은 경우처럼 극단적 상황에서만 드러난다고 생각했다. 그런데 약 15년 전 극단적 상황이 아닐 때에도 인간의 뇌는 가변적이라는 사실이 밝혀졌다. 작은 혁명이라 할 만큼 대단한 발견이었다. 인간의 몸에서 두뇌의 구조와 역할이 끊임없이 진화한다는 뜻이므로. "일생 동안 인간의 두뇌는 경험과 학습, 환경, 그리고 삶의 방식과 교류하며 변화를 멈추지 않는 거예요."라고 그는 말한다.

증거를 믿지 못하는 건가, 증거가 거짓인가.

아직도 한 가지 의문이 남는다. 남자와 여자가 선천적으로 같은 능력을 타고났다면 왜 남녀 간 차이를 강조하는 연구 결과는 하루가 멀다 하고 발표되는 걸까. 어쩌다가 전 세계적으로 남자가 수학 성적을 더 잘 받고, 우주 탐사에도 먼저 나서게 된 것일까.

이유는 여러 가지다. 첫 번째는 무척 단순해 여간해서는 언급조차 되지 않는다. 위와 같은 연구는 항상 성인이나 청소년을 대상으로 이루어진다. 즉 연구 대상자 개개인의 뇌 기능이 이미 학습에 의해 영향을 많이 받은 상태다. "만약 성인 남자와 남자아이가 우주 탐사에 더 나은 측면이 있다 하더라도 그들의 해마가 더 크기 때문이 아니에요. 어릴 때부터 축구를 하고, 밖으로 자주 나가고, 더 어릴 때부터 자동차에 관심을 갖게 하는 등 사회적, 문화적 환경의 영향이라 봐야지요." 비달의 말이다. 물론 자라면서 남자아이는 이런 분야에 더욱 많이 노출되고, 우리 역시 똑같은 방향으로 아이의 등을 떠미니 이런 결과가 놀랍지는 않다. 누군가 일부러 의도한 것은 아니지만, 거꾸로 약간의 연습과 학습을 통해 이 차이(수학과 관련한 편견 같은 것)는 줄어들고 사라지기 시작했다.

두 번째 이유는 종종 실험 대상으로 선정된 집단이 개개인을 대변하기에 턱없이 작다는 점이다. 그러다 보니 우스운 실험 결과가 일반화되기도 한다. 언젠가 이런 연구 결과가 발표된 적이 있다. '남성 호르몬인 테스토스테론은 여성이 다른 이의 감정을 이해하는 능력을 저하시킨다.' 선험적이라니, 재미있지 않은가. 이 실험의 대상은 고작 여성 16명이었다. 이 연구는 사람을 대상으로 하기라도 했으니 다행이라 할 수도 있다. 동물을 대상으로 실험하고 그 결과를 별다른 검토 없이 인간에게 확대 적용한 연구도 상당히 많다. 우리에게 제법 알려진 이론 중 이런 것도 있었다. 테스토스테론에 의한 남성 태아의 임신은 태아의 두뇌 구조와 발달에 결정적 영향을 끼친다고 한다. (그 때문에 남녀 간 행동이나 적성의 차이가 생긴다는 주장이다.) 이 연구는 50여 년 전 설치류를 대상으로 했다는 점을 밝혀둔다. 인간에게 적용될 내용을 끌어낼 수는 있겠지만 무턱대고 결론을 내리기는 망설여진다.

이처럼 과학 연구 결과가 항상 객관적인 것만은 아니다. 하지만 설령 연구 결과가 객관적이라 해도 당대의 논쟁과 이데올로기에서 완전히 자유롭기는 어렵다. 과학 연구도 결국은 인간이 하는 일이다. 그것도 대부분 남자들이 하고, 그 남자들은 사회에서 주로 높은 위치에 있다. 그래서 어떤 연구 주제를 택할지 어떤 방법을 이용할지 등 연구에 영향을 끼칠 수가 있다. 결국 과학도 여느 다른 분야와 마찬가지로 성차별적 접근에서 자유롭지 못하다. 심근경색 예방 약을 오랫동안 남자만을 대상으로 실험한 것도 비슷한 이유다. (안타깝게도 그 동안 여자들은 심혈관계 질환으로 죽어 나갔다.) 자궁내막증처럼 흔한 질병에 관한 연구가 이제야 시작된 것 또한 같은 이유다. (비아그라가 20년 전부터 시판된 것과 비교해 보자.) 남녀 간 차이에 관한 인식이 필요한 분야가 있다면 그건 아마도 의학계일 것이다.

## 소년들의 잠재력

알려진 것과 달리 남자아이가 딱히 태생적으로 지도를 잘 보는 것은 아니다. 여자아이가 설거지를 더 잘하도록 타고나지 않은 것과 마찬가지다. 이런 허튼소리는 쉽게 무시할 수 있지만 과학적으로는 아무 근거가 없는데도 결국 현실이 고정 관념을 따라간다는 점이 걱정스럽다. 바로 '고정 관념의 위협'이라 부르는 현상이다. 어떤 사람이 자신에 대한 비판을 들으면 그 이야기를 자꾸만 억누르려 한다. 이런 내면화는 개인의 역량을 떨어뜨린다. 일종의 피그말리온 효과라 할 수 있다. 1995년부터 미국 학자 클로드 스틸 Claude Steele 과 조슈아 에런슨 Joshua Aronson 은 소수 인종 그룹이 학업에 실패하는 이유를 연구했다. 애초에 의도한 연구 주제는 부정적 고정 관념이 공부에 미치는 영향이었다. 두 사람은 특히 미국 내 흑인 학생이 백인 학생에 비해 지적으로 열등하다는 상투적이고 확고한 편견에 대해 연구를 시작했다. 흑인 학생과 백인 학생 두 그룹으로 나누어 언어 능력 평가 시험을 보게 하면서, 스스로 열등하다고 인식하는 흑인 학생 그룹에는 지적 능력을 평가하는 시험이라고 말하고, 백인 학생 그룹에는 뇌 기능을 이해하기 위한 시험이라고 했다. 흑인 그룹의 시험 점수는 백인 그룹보다 낮았다. 그 후로 많은 학자가 '고정 관념의 위협'이라는 주제에 관심을 보였다. 2000년대 초 프랑스에서 11~13세 학생을 대상으로 복잡한 도형을 기억하게 한 후 다시 그려보는 실험을 했다. 기하학 시험을 치듯 실험했을 때는 남학생의 시험 점수가 더 높게 나왔다. 반면 미술 시험을 치듯 실험했을 때는 여학생의 성적이 더 우수했다. 이 연구는 고정 관념이 우리 역량을 저하시킨다는 사실을 다시 한번 입증했다.

고정 관념에 노출될 때 우리 뇌에 어떤 일이 일어날까. MRI로 이를 관찰한 학자들은 다음과 같은 결론을 얻었다. "남자아이는 사회적 지능이 부족해."라든가 "여자아이는 수학엔 꽝이야." 같은 부정적 메시지 앞에서 실험 참가자들은 자신감을 잃었고, 덩달아 '감정에 휩쓸려' 정상적으로 인지하기 힘들어 했으며, 추론 능력에 영향을 받았다. 이런 현상은 본인도 모르는 사이에 일어난다. 그리고 남자아이에게도 공평하게 영향을 미치기 때문에 그들도 고정 관념이라는 부담에 눌리면 나쁜 결과를 낸다.

아이의 재능을 제대로 발휘하지 못하게 하는 현실을 어떻게 해결해야 할까. 성 역할에 따른 고정 관념을 비롯한 사회 부조리와 맞서 싸우는 단체 '아데카시옹 Adéquation (일치, 합치라는 뜻. - 옮긴이)' 본부에서 이 문제를 담당하는 베네딕트 피케 Bénédicte Fiquet 는 다각도에서 해결 방법을 제안한다. 피케는 이제야 우리 사회가 남자아이와 여자아이에게 똑같은 장난감을 권하기 시작했다며 '남자아이한테 맞는 장난감일까?'가 아니라 '내 아이의 어떤 능력을 키워 줄 장난감일까'를 생각하며 물건을 골라야 한다고 말했다. 예를 들어 상징적인 놀이(가게 놀이, 인형 놀이, 주방 놀이 등)는 언어 영역을 발달시킨다. "따라서 아들이 딸보다 상징적인 놀이를 하며 잘 논다면 아마 그 아이는 다른 또래들보다 언어를 쉽게 배울 확률이 높지요. 왜냐하면 오늘날 초등학교에서 만 7세 과정 어린이를 평가해 보면 여자아이가 남자아이에 비해 이 영역에서 많이 앞서 있거든요." 피케의 관찰 결과다. 그래서 아이가 언어와 사회적 지능을 기를 수 있는 활동을 하도록 환경을 조성해 주어야 한다. 반면 바깥 놀이는 아이들의 시공간 감각을 자극할 뿐 아니라 협동 의식, 지지 않으려는 경쟁 의식 등을 길러준다.(이는 모두 성인 여성에게서 부족하다고 평가되는 부분인데 어릴 때부터 여자아이에게 얌전히 놀라고 권하기 때문이다.) 심지어 집 안에서 놀 때조차도 '남자아이용' 놀이는 대개 실질적이고 자존감을 고취한다. 만약 아이가 축구공을 가지고 놀다가 목표물을 맞추면 "와, 맞췄다!"라고 말할 것이다. 그런데 나무 블록을 가지고 놀다가는 "여기 와서 내가 만든 타워 좀 보세요!"라고 말할 수도 있다. 피케는 이 말이 "아빠, 엄마, 나 오늘 토마토를 팔았어요."보다 조금 수준 높다고 덧붙인다. 이런 이유로 아이는 다양한 놀이에 노출되어야 한다.

틀에 박힌 남자아이 놀이에서 벗어나게 해주어야 소년은 더 나은 사람으로 커 나갈 수 있다. "아이가 고정 관념에 얽매이지 않을수록 학교 생활은 더욱 성공적이에요."라고 피케는 말한다. 아이들은 더 많은 분야에 관심을 갖고 더욱 폭넓게 공감할 줄 알며 잠재적으로는 사회에 나가 고정 관념의 위협을 줄인다. 한마디로 훨씬 성숙한 인간으로 자란다는 뜻이다.

성별은 이원적인가. 딸인가 아들인가? 이 질문은 생각만큼 단순하지 않다. 국립과학연구원CNRS의 최근 연구 결과[19]가 말해주듯이, 오늘날 인류의 끝자리 유전자는 XX 염색체와 XY 염색체로 명백하게 구분되지 않는다. 프랑스에는 비정형적 유전자, 즉 5X, 4X, YYX, YY, XXY 등으로 끝나는 유전자를 가진 이들이 대략 40만 명 살고 있다. (그렇다고 모호한 성별이 보호받는 것도 아니다.)[20] 전 세계 출생 인구의 약 1~2% 비율로 나타나는 간성인 (인터섹스라고도 하는, 제3의 성을 가진 이들)은 생식 기관을 남성이나 여성으로 분류할 수가 없다. 간혹 염색체는 남자인 아이가 페니스 없이 태어난다든가 (자궁이 있는 경우도 있다.) 남성 호르몬인 테스토스테론 수치가 아주 높은 (생리는 하지 않는) 여자아이의 경우 간성인으로 설명할 수 있다.

# 3
# 여자아이나 하는
# 행동을
# 긍정하라

## 성차별의 원동력

'매사 남성을 우선으로 하는' 사회에서 잃을 게 많은 쪽이
여자이다 보니 성 역할 고정 관념이 소년에게 문제가 되지 않을 거라
생각하기 쉽다. 오랜 세월 동안 사람들은 여자를 지적이지 못하고, 연약하며,
눈물이 많고, 변덕이 심하다고 여겼다. 여자는 쓸고 닦고, 이불을 개며,
노인과 어린아이를 돌보는 손길을 타고난다고 생각하곤 한다. 그뿐
아니라 이 모든 일을 해내면서 사랑하는 이를 위해 아름다운 외모도
유지할 수 있다고 믿었다. 남자아이들은 이미 태어날 때부터 여자아이들은
들어서기조차 어려운 진입 장벽 안쪽 자리가 보장된다. 모두들 남자아이는
날 때부터 힘이 세고 끈기와 재치가 있으며 자유와 승리를 향한 의지를 갖고
있다고 생각한다. 공공장소, 권력 투쟁, 위대한 예술 작품, 역사의 한 페이지
등 중요한 것은 모두 남자아이에게 허락되었다.

사실 이런 역할 구분은 중요하지도 않고, 여자들이 폄하되고 오해받는 일이
달갑지는 않아도 크게 억울할 것은 없다. 더 근본적인 문제는 이런 차별적
역할 구분을 근간으로 성차별적 사회제도(가부장제라 부를 이도 있겠다.)가 자리
잡았다는 것이다. 그렇다. 성차별은 하나의 제도로 자리 잡았다. 우리는
이 점을 기억해야 한다. 길거리 성희롱, 급여 불평등, 여자를 장식용 꽃병

정도로 여기는 광고 같은 것은 시대의 흐름을 거스르는 몇몇 잡범의 소행이 아니다. 사회제도의 대대적인 선언이자 얼굴이다. 그리고 이 제도는 남성과 여성의 서로 다른 사회적 역할(알다시피 성 역할의 상호 보완성 같은 말로 설명하던 바로 그 개념이다.)과 남성과 여성 사이의 위계질서라는 두 가지 힘을 원천으로 수천 년간 작동됐다.

저명한 인류학자 프랑수아즈 에리티에<sup>Françoise Héritier</sup>는 이런 남녀 간 위계질서를 가리켜 '성차별의 원동력'이라 부른다. 우리 사회제도에서 두 성별은 서로 다른 가치를 지향한다. 그렇다면 여기에서 이익을 얻는 것은 어느 쪽일까. 당연히 남자다! 남성성에 관한 (혹은 여성성에 관한) 표현은 시대와 장소에 따라, 그리고 어느 문화권에 속하느냐에 따라 어느 정도 발전해 왔지만 여전히 변하지 않는 것이 한 가지 있다. 남자는 항상 사다리 윗자리를 차지한다는 사실이다. "어디를 가건, 어느 시대이건, 남자는 여자에 비해 우월하다는 생각이 지배적이에요."[21] 에리티에의 관찰 결과다. 남자이기만 하면 누구라도 상관없이 그렇다고 생각하는 것이 현실이다.

이러한 현상을 알리기 위해 에리티에는 종종 능동성과 수동성의 대립을 예로 든다. "우리 사회에서 능동적인 것은 항상 남성이고, 여성은 수동적이라고 해요. 섹스의 관점에서 볼 때 맞는 말이고, 정신분석적 해석으로도 맞는 말이에요. 남성의 활동은 사물이나 기술, 자연을 다루는 데 뛰어나요. 우리 문화권에서는 능동적 활력을 수동적인 것보다 항상 우월하게 여기고요. 하지만 이와 반대로 인도나 중국에서는 수동적인 것을 남성적으로 받아들이고, 능동적인 것을 여성스럽게 여깁니다. 남자란 응당 자신을 절제할 줄 알아야 하는 문화의 영향이지요. 이런 전제에서는 수동적인 것을 능동적인 것보다 우월하게 여깁니다. 여성의 능동성과 적극성을 다소 우스운 어조로 표현하지요."[22] 동전을 던져 뒷면이면 네가 이기고, 앞면이면 내가 지는 방식. 어떻게 해도 여자에게 불리한 이야기다. 이는 분야를 막론하고 모든 경우에 적용된다.

여성이 투표권과 피임약 복용 권리를 쟁취했다고 해서, 수천 년 된 성차별적 계급 사회가 끝난 것은 아니다. 마음속 저 깊은 곳에서 사람들은 여전히 남성은 여성을 지배하고 무시해도 된다고 여긴다. 심지어 여성 스스로도 이런 사고에서 자유롭지 못하다. 대학에 입학했을 때가 생각난다. 그 시절 나는 훗날 절친이 된 친구를 만났다. 우리는 몇 안 되는 여자 신입생이었고, 주로 남학생 그룹과 어울렸다. 우리는 몸에 꽉 끼고 밑위가 짧은 청바지보다는 헐렁한 배기팬츠를 좋아했고, 여학생끼리 모이는 파자마 파티보다는 남자아이들과 어울리는 떠들썩한 파티를 좋아했다. 또 화장에 반대하는 문화를 열렬히 지지했다. 우리 같은 애들은 마치 UFO처럼 이질적 존재로 여겨지던 시절이었다. 우리는 처음 만났을 때 몇 가지 새로운 사실을 알았다. 서로에게 같은 감탄사를 쏟아내기도 했다. "와, 진짜 여자애 같지 않은 여자애를 만나서 정말 좋다!" 사실 우리는 분명 '진짜 여자애'였다. 하지만 둘 다 소위 '쿨하다' 여겨지는 것, 그러니까 음악이나 파티, 혹은 야생에서의 캠핑 같은 것에 열광했고, 이런 것들은 당시 사고방식으로는 남자의 영역이었다. 아무리 다양한 관점으로 봐도 남자 그룹에 속했다는 사실에 우리는 특권의식 같은 것을 조금 느끼고 있었다. 다른 여자들과는 다를 뿐만 아니라 '승자들 곁의 한구석을 차지하기까지 했다'고 생각했기 때문이다. 그 시절 우리는 상황을 제대로 보지 못하고 있었다.

사람들은 이제 케케묵은 성차별에 의한 계급화는 사라졌다고 굳게 믿는다. 그런 사실을 생각조차 하지 않을 정도다. 하지만 무의식 속에서는 아직도 여자가 '남성의' 영역에 들어가는 것을 일종의 승진이나 출세로 받아들인다. 그리고 반대로 남자가 여성의 영역에 들어오면 퇴보했거나 추락했다고 생각한다. 바로 이런 이유 때문에 여자아이가 남성적인 활동, 즉 무술이라든가 뭔가를 만들고 고치는 활동, 그리고 과학 분야 등에 관심을 보이는 일은 허용, 아니 오히려 장려되어야 하는 것이다. 하지만 이와 동시에 남자아이가 재즈 수업을 듣거나 유치원 보육 교사로 경력을 쌓아간다고 했을 때 얼마나 지탄의 눈길을 보냈는지 생각해 보자. 여자아이가 기사 분장을 하는 것은 괜찮지만 남자아이가 공주 옷을 입는 것은 결사 반대하지 않았던가!

### 소년들이 누리는 혜택의 함정

바로 이것이 가부장제 사회에서 소년이 누리는 혜택의 함정이다. 소년은 사회에서 가장 좋은 위치를 배정받지만 거기에서 빠져나갈 권한은 없다. 우리는 평등이라는 이름으로 소녀를 억압하던 사슬을 풀고 '남자아이들을' 따라잡으라고 부추겼다.(거기까지는 진짜 좋았다!) 하지만 아무도 소년에게 여자아이들을 따라잡으라고 말하지 않았다. 2017년 말 미국의 퓨 연구센터Pew Research Center는 여아와 남아의 어린 시절 활동 차이에 관한 연구를 시작했다.[23] 조사 대상자의 77%가 소위 남성적인 활동에 적응하는 데 긍정적이라고 답변했다. 그리고 응답자의 35%는 그 반대, 즉 남아가 소위 여성적인 활동에 참여하는 것에 대해서는 긍정적으로 생각하지 않는다고 했다.(남성 응답자 그룹에서는 이 성향이 43%까지 올라간다.)
소년들은 강력한 금기에 갇혀 산다. 사다리 윗자리에 위치하지만 실상은 구석으로 몰린 것이다. 에갈리곤 연구소l'Institut EgaliGone 창립자 비올렌 뒤트롭부시노Violaine Dutrop-Voutsinos와 이야기를 나누던 중 이런 실상을 알았다. 그는 2010년부터 프랑스 론Rhône 지역에서 다소 민감한 주제인 평등주의 교육의 영향력에 대해 일반인을 대상으로 교육했다. 남자아이에 관한 주제라 반발이 거셌다. "남성성이란 여성성의 반대 의미로 구성된 거예요. 우리 사회에서 '여성스럽다'라고 규정된 모든 것은 퇴출되어야 해요. 아이들이 학교 운동장에서 듣곤 하는 '너는 여자아이처럼 노는구나.'라든가 '여자애처럼 울지 마.' 같은 지적도 그런 개념에서 나온 겁니다." 오랜 세월 연구 관찰한 그의 결론이다.

여기서 주목할 것은 성별에 따른 규범이 남자와 여자 관계만 지배하는 것이 아니라는 점이다. 이 규범은 남자아이들 사이에서도 작용한다. 그리고 이는 학교에서 시작된다. '계집애같이 굴지 좀 마!'라든가 심지어 '호모 자식!' 같은 거친 욕설로 다른 남자아이 위에 군림하는 아이들이 있다. "남자아이들은 극도로 엄격한 자기들만의 규율에 영향을 받아요. 겉보기엔 다 같은 남자아이라도 사고방식은 모두 제각각이잖아요. 어떤 아이에게는 그런 규율이 전혀 불편하지 않은 반면 어떤 아이에게는 너무나 불편할 수 있거든요. 이 아이들은 성별에 따른 규범에서 벗어나기 때문에 인기가 없죠. 이런 상황이 남자아이들 사이에서 계급 체계를 만들고, 차별받거나 괴롭힘 당하는 아이들도 생겨나요. 불이익을 받는 거예요."라고 그는 말을 이었다. 남자아이가 성별 규범을 거스르기란 아주 어렵다. 여자아이보다 훨씬 더. 또한 아이들은 때로는 금기를 극복하지만 어른이 먼저 아이를 놀리거나 창피하게 만들기도 한다. 2017년 크리스마스, F1의 스타 카레이서 루이스 해밀턴Lewis Hamilton이 인스타그램에 동영상을 올렸다. "아, 슬퍼라. 내 조카 좀 보세요." 이쯤 되면 우리는 뭔가 아주 극적인 상황, 혹은 뭔가 슬픈 일일 거라고 생각한다. 하지만 알고 보니 심각한 일이 아니었다. 동영상에는 공주 드레스를 입고 요술봉을 쥔 채, 꿈에 그리던 크리스마스 선물을 발견하고 누가 봐도 행복해하는 네 살 정도 된 소년이 나왔다. 소년의 챔피언 삼촌은 기쁨을 함께 나누기보다는 대놓고 조카를 놀린 것이다. 루이스 해밀턴 같은 유명인사가 크리스마스 정신은 온데간데없이 5,700만 구독자 앞에서 "남자는 공주 드레스 입는 거 아니야."라고 조카를 놀리다니. 그렇다. 공주 드레스, 그런 건 여자애나 입으니까. 다시 말해 아무짝에도 쓸모없고 무시받을 만한 옷, 호모나 좋아하는 옷, 멀쩡한 남자라면 절대로 입지 않을 옷이니까 말이다.


### 여자아이들이나 하는 모든 것은 멋지다

이런데도 남자아이들이 여자아이를 무시한다며 놀랄 수 있을까? 늘 그래왔다. 오래전부터 우리 사회는 남아가 소위 '여성스러운 것'에 관심을 보이면 크게 질책했다. 너희가 좋아할 만한 것이 아니라고, 그런 것들은 할 필요 없다고, 그보다 나은 것을 해야 한다고 남자아이들에게 말한다. 우리가 소년들에게 평등과 자유를 널리 퍼뜨리려면 이런 장벽부터 넘어야 한다. 일단 "그건 여자아이들이나……"라는 말부터 하지 말자. 어떤 활동은 남자아이들 영역이고, 다른 어떤 활동은 여자아이들 영역이라는 인식이 이미 너무 퍼져 있지 않은가. 이는 지나치게 단순하면서도 틀린 말이다. 이론상 아이들은 남녀 구분 없이 인간 세상의 모든 활동에 참여할 수 있다. 그런데 여자아이들의 활동은 덜 중요하며 딱히 필요도 없다고 생각한다. 광고에서 말하는 '키스쿨의 이중 작용'(1990년대 사탕 브랜드 키스쿨이 민트 캔디의 두 번째 효능을 광고에 등장시키며 생겨난 표현이다. '입 냄새를 상쾌하게 하는 데다 예상하지 못한 황홀한 두 번째 효능(=키스)으로 이어져요.'- 옮긴이)처럼, 여자아이의 활동에 발을 들였다가는 덤으로 뒤따르는 비난까지 얻는 것이다. '여자아이나 하는 것'이란 표현은 남자아이에게 부정적인 메시지를 보낸다.(물론 남는 여아가 좋아하는 모든 것이 하찮다고 여긴다.) 이는 여자아이에게도 부정적 영향을 미친다.('그런 건 별로 관심을 둘 만한 일이 아니야.'라는 말을 늘상 듣는다.) 이런 메시지는 양성 간 계층 구조를 견고히 하고, 성차별적 제도와 동성애 혐오의 근거가 된다.

소년들이 여성적인 세상에 접근하도록 내버려 두라. 소꿉놀이, 공주 놀이, 인형놀이……. '마미 쇼츠 Mommy Shorts'라는 블로그 주인이 모든 아이에게 권하는 놀이다. 2014년에 이 미국 어머니는 #소년처럼이라는 해시태그를 퍼뜨리기 시작했다. #소녀처럼이라는 미국 생리대 올웨이즈의 광고 문구에서 착안해 남아들이 분홍색 동물 인형을 안고 목걸이를 하고 손톱에 바른 매니큐어를 자랑하며 즐겁게 노는 모습을 사진으로 담았다. 여아들에게 과감하고 용감하게 놀라는 메시지를 전했던 올웨이즈 광고 사진의 소년 버전이다. 아이들은 신이 나고 밝아 보였다. 사회가 무어라 하든 소년들도 자신들이 즐거운 것을 하고 놀도록 해야 할 때가 되었다는 사실을 일깨우는 메시지다.

우리 아이들의 존재를 타인이 규정하도록 내버려 두지 말자. 공주 옷을 입은 소년을 앞에 두고 대부분은 루이스 해밀턴과 같은 반응을 보일 것이다. 그들은 어떤 의견이든 말할 권한이 있다고, 놀리고 조롱할 권한이 있다고 여긴다. "뭐냐, 쟤 정말 웃긴다! 영 아니올시다!" 하지만 전혀 웃기지도 않고, 그저 그런 의견과 조롱이 지겹고 성가실 뿐이다. 정말 짜증 나고 기분 나쁜 반응이다. 그런 상황을 피하기 위해서라도 소년들이 좋아하는 반짝이 장식 티셔츠를 입지 못하게 말리고 싶다. 하지만 그게 진정한 해결책일까?

이 다정한 꼬마들에게 너희가 하고 싶은 무엇을 하든 전혀 상관 없고, 논쟁은 이미 끝났다고 설명할 좋은 방법은 없는 것일까? 신랄한 네티즌의 비난 앞에 루이스 해밀턴은 결국 조카를 놀린 것을 사과했다.

이와 같은 편협하고 무례한 반응에 대비할 필요가 있다. 상대방에게 뭐라고 쏘아주고 싶을 때마다 크게 고민하지 않고 바로 내뱉을 수 있는 (젠장! 평화롭게 말이다.) 말 두세 가지 정도를 준비하면 도움이 될 것이다. 이 방면으로 참고할 만한, 부모를 위한 페이스북 그룹이 있다. '원만하게 생각하는 말썽쟁이 여자들 L'empêcheuses de penser en rond', '대답합시다 Répondons', 혹은 '여자친구들 Les Copines' 같은 페이스북 페이지에 가보면 우리 편을 만날 수 있다. 또한 우리에게 필요한 지지와 응원, 대답 아이디어 등도 찾을 수 있다. 예를 들면 이런 것들이다.

> \* 그건 남자애들 장난감인데!
> 이걸 가지고 놀려면 아이에게 페니스 같은 남성 생식 기관이 필요하다는 말씀인가요?²⁴ (만약 "네."라고 대답한다면, 어린이 장난감이 아니라는 뜻이다!)
> \* 파란색은 남자아이 색깔인데…….
> 맞아요, 맞아. 성모마리아, 신데렐라, 네페르타리(람세스 2세의 왕비. ─옮긴이)의 색깔이기도 하고 말이죠. 20세기 초반까지도 여자아이에게 파란 옷을 입혔다는 건 말 안 해도 아시죠?
> \* 내 아들이 인형을 갖고 노는 건 있을 수 없는 일이야!
> 어머, 아이가…… (아주 심각한 목소리로) 자라서 좋은 아빠가 되는 게 싫으신가 보네요!

아이들에게 알려 줄 만한 블로그가 있다. 호탕하고 개방적이며 성차별적이지 않은 어른 '마망, 로다르드! Maman, rodardes!'의 '궁금한 게 많은 어린이와 부모를 위한 블로그 Le Blog des enfants et des parents curieux'에 가면, 엄마이기도 한 그가 성차별적인 이론과 소년들을 억압하는 주장에 철퇴를 가하는 모습을 볼 수 있다. 그는 "아주 어릴 때부터 우리 아이는 손톱에 매니큐어 칠하는 걸 좋아했어요. 하지만 커가면서 자신을 바라보는 사람들의 시선에 신경을 쓰더라고요."라며 2017년 9월을 회상한다. 그는 이런 말에 대꾸하기 위해 한 가지 방법을 고안해 냈다. 성차별에 반대하는 자기방어용 질문과 응답을 기다란 띠 모양 종이에 적어 코팅을 하고, 아코디언처럼 접어서는 아들 책가방에 넣어주었다. 접힌 면마다 질문이 하나씩 적혀 있었다.

> * 남자아이도 화장을 할 수 있나요?
> * 남자아이도 꽃을 좋아할 수 있나요?
> * 남자아이도 장신구를 착용할 수 있나요?

그 종이에는 아기, 동성애, 분홍색 등 전부 열여섯 가지 주제가 적혀 있다. 질문 뒷면에는 예술가, 운동선수, 유명 정치인, 루이 14세, 예수까지 익숙한 인물이 등장해 한결같은 어조로 친절하게 답을 해 준다. 물론 모든 대답은 '네.'다. 남자아이 누구나 질문에서 언급한 모든 행동을 해도 된다! "제가 이상한 아이가 아니라는 증거를 주세요!"라는 기도에 대한 응답이라고나 할까. 작은 인쇄물 하나가 이런 효과를 발휘하다니! 유치원 5~6세 반의 가장 큰 공포인, 함부로 말하는 친구를 꼼짝 못 하게 할 비법이다.

4

남자아이도
분홍 옷을
입을 수 있다


## 장난감 카탈로그 소동

2015년 크리스마스 며칠 전, 거대한 지각 변동이 프랑스를
흔들었다. 유통 체인 U의 장난감 카탈로그에 인형을 가지고 노는
남자아이와 중장비 장난감을 가지고 노는 여자아이의 모습이 실렸다.
사람들은 공포를 느꼈다! 근거 없는 자기 확신과 만용의 아이콘이자
'프랑스를 위한 운동 Mouvement pour la France'을 창시한 필리프 드 빌리에 Philippe de
Villiers는 큰맘 먹고 이에 반대하는 의견을 트위터에 올렸다. "나는 성 역할을
뒤집은 광고 캠페인을 한 U 슈퍼마켓에서 물건을 사지 않겠다." SNS에서
사소한 논쟁이 산불처럼 번지는 것은 흔한 일이다. 한편에서는 언변 좋은
활동가가 '마니프 푸르 투 Manif pour Tous'(동성 결혼과 동성 커플의 입양을 지지하는
진보 단체. - 옮긴이)의 활동에 탄력을 받아 '젠더 이론'이나 '남녀 간 차이점을
거부'하는 주장을 펼치고, 다른 쪽에서는 진보 단체라면 일단 발끈하고
보는 네티즌이 그 주장에 맞서 반박하는 상황. 장난감 카탈로그 하나로 온
나라가 들끓었다. 이런 시끄러운 사건 이전에도 광고 업계는 미미하게나마
조금씩 진보해 왔다. 2012년 이미 남아와 여아의 구분 없이 중성적인
이미지의 광고 카탈로그가 나왔다.(동성 결혼에 관한 논쟁이 없는 시절이었다.)
이후 다른 유통 회사들도 변화했다. 이런 와중에도 필리프 드 빌리에에게

위안이 되는 이야기는 있다. 소박하게 나아가는 상황에도 젠더 혁명은 카탈로그까지만 영향을 끼쳤고, 장난감 가게 진열대는 달라진 게 없었다. 화제가 되었던 카탈로그만 보면 모든 차별적인 시각이 사라진 것처럼 보였다. 남아는 소꿉놀이를 하고, 여아는 광선 검을 휘두르고 있으니까. 물론 좋은 현상이다. 하지만 이 사진은 굉장히 특이하다. 아무 장난감 카탈로그나 하나 집어 펼쳐보자. 핑크색이 들어간 페이지는 항상 인형, 유모차, 그리고 공주 들이 차지하고 있다. 반면 파란색이 들어간 페이지는 항상 슈퍼 히어로와 자동차로 그득하다. 페이지 하나하나가 얼마나 강렬한 암시를 주는 광고판인가. 카탈로그는 아이들에게 (예전엔 아무도 그렇게 명확하게 전달한 적 없었다는 듯이) 어느 곳이 자기 자리인지를 알려주었다. 그 결과는? "여자아이들은 무엇보다 주방, 청소, 아기랑 관련 있는 것들을 집어 들어요. 게다가 아주 신기하게도 반짝이 장식이랑 〈겨울 왕국〉은 기가 막히게 찾아내죠. 이와는 정확히 반대로 남자아이들은 적을 정복하고 누가 더 센지 보여주는 데 관심을 보이는데, 이런 힘의 논리가 모두 자동차와 연관이 있다는 걸 기가 막히게 알아요."[25] 어린이의 성별에 따른 사회화에 대해 연구하는 모나 제가이 Mona Zegaï는 〈프랑스 블뢰 France Bleu〉와의 인터뷰에서 이렇게 밝혔다.

장난감 세상은 성차별의 작은 온상이다. 이런 경향은 푸른색과 분홍색으로 나뉜 '성별 마케팅'이 대세가 되며 한층 심해졌다.


## 성별을 구분해야 수익이 오른다

인류가 애초에 '여아 놀이'와 '남아 놀이'를 구분한 것은 아니다. 아니, 적어도 지금처럼 강박적으로 구분하지는 않았다. 성 역할 고정 관념에 따른 상황이 예전에 더 나았다니, 이게 말이나 되는 일인가. 하지만 1930년대 르 봉 마르셰 Le Bon Marché (프랑스에서 가장 오래된 백화점. - 옮긴이) 의 장난감 카탈로그를 예로 들어보자. 사진 속 여자아이는 곁에 서 있는 남자아이보다 자동차를 더 잘 운전할 수 있다는 사실을 온몸으로 보여주었다.[26] 1960년대에 출시된 미니 오트 쿠튀르 Mini Haute Couture 장난감 세트는 인형 옷을 바느질하도록 구성되었는데, 이 제품의 설명서에는 여아와 남아 모두에게 추천한다고 쓰여 있다.[27] 1980년대 중반 태생인 나는 오빠와 같은 자전거를 타고, 심지어 레고는 모든 사촌과 물려주고 물려받으며 가지고 놀았다. 그 시절이 오히려 앞서 있었던 것 같다.

시간이 조금 흘렀을 뿐인데 그 사이 여아를 대상으로 한 레고 프렌즈 라인이 등장했고(이 세상은 온통 분홍과 연보라이고 그 안에서는 여자아이들끼리 수다를 떨거나 동물을 돌본다.) 레고 테크닉이라는 남아용 라인이 따로 나와 있다.(이 세상은 온통 회색과 검은색이고, 우주를 정복하기 위해 엄청나게 복잡한 기계를 만든다.) 장난감 세상은 우리의 세계를 점점 더 양분하고 있다. 예전에는 분명 중성적이었던 장난감이 언제부턴가 여성의 세계와 남성의 세계로 갈리며 퇴화하고 있다. 이런 변화는 1990년대에 등장했다. 이는 장난감 시장이 마케팅 용어로 세분화되기 시작한 바로 그 시점이다. 그 이후로 장난감 제조사들은 두 세계 간 구분을 점점 뚜렷하게 만들었다. 너무나 간단한 단 한 가지 이유 때문이다. 이유는 당연히 돈이다! 딸에게 분홍색 자전거를 사준 부모는, 아들에게는 남자에게 더 적합하다고 사회적으로 인정받은 색깔 자전거를 새로 사주어야 한다는 의무감을 느낄 테니까. 여기서 20년을 더 과거로 돌아가 보면, 그때는 한 집 아이가 빨간 자전거를 타다가 다른 집 아이에게 물려주고는 했다. 단순하고 기본적이며 합리적이었다. 장난감 제조사는 어린 소비자의 성 역할에 따라

시장을 세분화하면서 같은 제품을 두 배로 팔고 이윤을 늘렸다.

한국 출신 아티스트 윤정미(1969년 서울 출생으로 서울대 서양화과, 홍익대 대학원, 뉴욕 스쿨 오브 비주얼 아트에서 사진으로 석사 학위를 받았다. - 옮긴이) 는 전 세계적으로 널리 퍼진 이런 현상을 완벽하게 잘 표현해 냈다. 그는 지난 2005년 성별 구분에 따른 마케팅의 영향력을 이해하기 위해 아이 방을 사진으로 찍기 시작했다. 윤정미의 작품은 워낙 거짓말 같아 믿기지 않을 지경이었다. 게다가 우리끼리 이야기지만, 암울하기까지 했다. 한쪽은 파란색, 파란색 그리고 피할 수 없이 또 파란색이었다. 다른 한쪽은 분홍색, 분홍색 그리고 산더미같이 쌓인 분홍색이었다. 사실 아주 놀라운 결과는 아니었다. 몇 년 더 있으면 슈퍼마켓 선반에 분홍색 과자 코너가 등장하는 게 아닐까 싶을 정도니까. 보드게임, 운동 기구, 책 등 해당하지 않는 항목이 하나도 없었다. 2015년 영국의 공학기술연구소 Institution of Engineering and Technology 에서 발표한 바에 따르면 흔히 여자아이 장난감이라고 분류하는 것의 89%는 분홍색이다. 여아들이 이 특정 색상에 끌리도록 타고난 것이 아니라, 오히려 장난감 회사들이 순전히 마케팅을 목적으로 어린아이들에게 아주 어릴 때부터 (혹은 태어나기도 전부터) 분홍색을 쏟아붓기 때문이다. 아주 끔찍하지만 효과적인 마케팅 전략이니, 소비자는 이를 잘 인지해야 한다. 이 게임의 승자는 바로 장난감 회사다. 그들은 분홍이 여자아이 색이라는 인식을 성공적으로 주입했다. 여기서 최악은, 우리가 그걸 믿는다는 사실이다.


### 분홍색을 좋아해도 괜찮아

소년들은 아주 어릴 때부터 분홍색 옷을 입으면 안 된다는 것을 안다. 분홍색 옷을 입을 권리가 없다고까지 말할 수 있을 것 같다. 유행이나 개인의 단순 취향 문제를 벗어나 이는 너무나 강력한 사회적 금기다. 세 아이의 엄마인 엘렌이 나에게 털어놓았다. "내가 아들에게 분홍색 구두를 신겼을 때 보모의 얼굴을 봤어야 해요. 대놓고 아이와 산책을 나가지 않겠다고 했다니까요. 아이의 구두 색상이 다른 어떤 것보다 더 중요하다는 뜻이지요. 2018년에 그런 생각을 했다니 문제가 심각하죠." 그는 사회적 압박에도 기죽지 않고 자기 주관을 지키려 애써왔다. 하지만 그런 상황을 피하기 위해 수많은 부모는 아들에게 분홍색을 안 입히고 마는 것이다. 마치 반대 입장을 열렬히 지지하기라도 하듯이 말이다.

2013년 '여성성에 대하여 Au Féminin/Womenology'라는 사이트에서 여성 1600명을 대상으로 남자아이에게 분홍 옷을 입히는 것에 대한 설문 조사를 실시했다. 61%는 이미 아들에게 분홍색 티셔츠를 입혀본 적이 있다고 응답했다. 하지만 분홍 바지를 사준 엄마는 응답자의 5%밖에 되지 않았다. 왜 그럴까? 아들이 웃음거리가 되는 것이 두렵다(84%)는 것이 주된 이유였고, 또 다른 이유는 아들의 성 정체성에 영향을 끼칠까 봐 걱정이 된다(21%)는 것이었다.[28] 남자아이가 분홍색 가방을 들거나 추리닝을 입었다고 게이로 자랄까? 놀랍게도, 전혀 그렇지 않다. 아이들 옷장은 아무 신통력이 없다. 우리가 아이 옷장에서 발견한 색상은 아이의 성 정체성에 대해 아무것도 알려주지 못할 뿐 아니라 아이에게 어떤 영향도 끼치지 않는다. 분홍색은 남자아이를 여자로 변형시킬 여성성과 관련이 없다. 분홍색은 우리 성격에 심오한 영향을 끼치는 불가항력이 아니다. 그저 여러 색상 중 하나일 뿐이다. 여성스럽지 않아도 분홍색을 얼마든지 좋아할 수 있다. 그리고 게이가 아니라도 얼마든지 여성스러울 수 있다. 분홍색을 아주 싫어하는 게이도 있다. 절대, 절대 분홍색이 남자아이를 게이로 만들지 않는다! 또한 기업가들이 분홍색은 바로 여성성의 상징이라고 무턱대고 믿게 만들었기 때문에 이런 편견이 생긴 것도 아니다. 게다가 분홍색은 오랫동안 남자아이들과 가까운 색상이었다! 2012년 미국의 역사학자 조 B. 파올라티Jo B. Paolatti는 저서[29]에서 미국의 소년, 소녀가 구체적으로 어떤 옷을 입었는지 알기 위해서 1940년대를 이해해야 한다고 말했다. 그 시대 사람들은 아이들에게 만 6세 무렵까지 전통적인 하얀 옷을 입혔고, 조금씩 커감에 따라 성별에 맞춰 옷 색깔을 바꿨다. 그 시기가 바로 파란색과 분홍색이 나뉘어 규범으로 자리 잡은 때다. 게다가 1차 세계 대전 막바지였고, 19세기 중반 서구인의 옷장에서는 분홍색과 파란색이 어느 한쪽 성별 전용으로 여겨지지 않았다. 분홍색이 항상 여아 전용은 아니었다. 심지어 중세 유럽에서는 남자에게만 분홍색을 허용한 적도 있었다. 밝은 톤의 붉은색 정도로 인식되었기 때문에 분홍색은 권력, 남성성과 동의어였다. 12세기에 성모마리아의 색으로 인식되었던 파란색은 부드러움과 순결을 상징했다. 이런 연유로 20세기 전반 우리가 아는 많은 동화의 주인공(잠자는 숲속의 공주, 신데렐라 등.)은 파란 옷을 입었다. 불과 얼마 전까지만 해도 파란색은 '여자아이' 색이었다. 19세기까지 긴 머리와 드레스가 남자들 몫이었던 것과 마찬가지로 말이다.

어처구니없을 정도로 남아와 여아를 구분하려는 의지는 성차별적 고정 관념을 더욱 굳건하게 한다. 그래서 우리는 지난 몇십 년 동안 고정 관념에서 벗어나라고 딸들을 독촉해 왔다. 하지만 지금은 그 길의 중간 지점에서 달성해야 할 목표가 하나 더 생겼다. 바로 소년들에게 성차별적 고정 관념에 갇혀 살지 말고 타고난 모습대로 살라고 용기를 불어넣는 것이다. 가끔은 신발 한 켤레를 고르는 것처럼 사소한 일에 용기를 주는 것도 포함해서! 특정 색상을 특별히 좋아하는 것은 지극히 자연스러운 일이다. 소년이

분홍색을 좋아한다 해서 외계인처럼 보지는 말자. 우리 자신의 반응을
다시 한번 돌아보고, 그런 얘기를 듣거나 상황을 보았을 때 놀라거나
빈정대지 말자. 남아가 여자아이 색상의 옷을 입을 경우 좀 더 적극적으로
지지 의사를 보내자. 그런 색상을 선택했다고 해서 나약하거나 열등하다는
뜻은 아니다. 오히려 그와 반대로, 여기저기에서 조롱하고 키득거리는데도
분홍색 티셔츠를 계속 입는다는 것은 줏대 있고 강인한 성격이라는 뜻이다.
막내아들이 산딸기색 티셔츠를 갖고 싶어 한다고? 붉은 보랏빛 우산을
절대 포기하려 들지 않는다면? 안 될 이유가 어디 있겠는가. 모든 소년에게
원하는 모든 색상을 허하라! 아이가 입고 싶을 때 무엇이든 입을 수 있는
환경을 만들어준다면 더욱 좋다. '분홍 옷을 입은 아들 Monfilsenrose.com'이라는
블로그를 운영하는 샤슈가 했던 방법이다. "여자아이처럼 보인다 해서 전혀
부끄러워할 필요가 없어요. 여자아이가 단지 여자라는 이유만으로 제약을
받아서는 안 되듯이, 그 원칙을 남자아이에게도 똑같이 적용해야 해요.
그래서 저는 아이가 입고 싶은 대로 입도록 부추기기도 하고, 그 상황을
즐기기도 해요. 해부학적 의미에서의 남녀이건 사회학적 의미의 남녀이건
간에 성별을 양분하는 흔적을 지워 나가고 있어요. 분홍색 반바지, 파란색
점프슈트, 소화하기 쉽지 않은 터키색 티셔츠, 회색 후드 티, 가발이 달린
머리핀 등 무엇이든 입고 싶은 대로 입고, 달고 싶은 대로 달게 해줘요."라고
그는 설명한다. 그리고 이렇게 덧붙인다. "내 아들이 분홍색 옷 입는 걸
아무렇지 않게 여기는 사회요? '핑크 파워 만세'라고 외치고 싶네요!"

5

인형을
가지고 논다고
게이가 되지
않는다


## 동성애에 대한 근거 없는 공포

얼마 전 한 친구가 자기 아들 이야기를 하며, 애송이 아빠로서의
고민을 털어놓았다. 친구의 아들은 당시 두 돌도 채 되지 않았는데, 집요하게
인형을 사달라고 울고 떼를 쓴다는 것이었다. 아이는 엄마 아빠가 자기를
산책시키듯이 자기도 '아가'를 산책시키고 싶을 뿐이었다. 내 친구인 아이
아빠는 비록 마초는 아니지만 열렬히 응원해 주고 싶은 심정 또한 아니었던
것. "얼마나 못나게 들릴지 잘 아는데 그래도 아들이 인형을 좋아하는
게 결코 달갑지 않아." 모닝 커피를 앞에 놓고 친구가 조심스럽게
말했다. 근데 왜? "글쎄, 아무리 그래도 인형이라니……. 너무 심각하게
여자아이스럽잖아. 진짜 '여자'가 된다는 건 아니지만 왜 있잖아……."
바게트 토스트에 버터를 바르며 친구는 말을 얼버무렸다. 절대 아니지, 절대
아니라고 나는 생각했다. 뭔지 알 듯했지만 모르는 척 계속 말을 시켰다.
응응, 알았어. "그런데 진짜 걱정되는 게 뭐야?"라고 나는 솔직하게 물었다.
"애가 게이가 될까 봐……? 진짜 무식한 말이긴 한데…… 응, 그게 두려운 것
같아." 친구는 당황하며 털어놓았다.
다행히도 이 아빠는 제대로 고민했고, 결국 생각을 바꿔 아들에게 인형을

선물했다.(덧붙이자면 아이는 분홍색 인형을 골랐다.) 하지만 내 친구와 같은 고민을 하는 부모는 흔하다.

기욤 샹포 Guillaume Champeau. 독자들이 이 이름을 기억할지 모르겠다. 2016년 12월, 그는 크리스마스 선물 리스트를 적던 중 네 살 된 아들이 받고 싶어 하는 인형이 있는데, 카탈로그 분홍 페이지에 있어 말도 꺼내지 못한다는 사실을 알았다. "어느 날 어린이집에 다녀온 아이가 저녁 식탁에서 기어 들어가는 목소리로 묻더라고요. '인형은 여자애들만 받을 수 있는 거지요?' 순간, 애가 인형을 갖고 싶은데 자기는 남자니까 안 된다는 인상을 받았다는 걸 알아챘죠. 그래서 아내랑 저는 아이에게 절대 그렇지 않다고 얘기해 줬어요. 인형은 모든 사람이 받을 수 있는 거라고, 네가 인형을 받고 싶으면 산타 할아버지에게 그렇게 편지를 쓰면 된다고 알려줬지요. '그래, 어떤 인형을 갖고 싶은데?'라고 물으니 아이는 안도하듯 웃고 두 눈을 반짝이며 〈겨울 왕국〉의 엘사나 레인보우 바비를 받고 싶다 하더라고요." 끝이 좋으면 다 좋은 거라 했다. 하지만 그게 끝이 아니었다. 이 일화를 인터넷에 올린 뒤 기욤 샹포는 자신과 아들을 향해 거침없이 쏟아지는 비난과 경멸을 감수해야 했다. "당신 자식은 호모예요." "부끄럽지도 않냐." "지 애비처럼 호모가 되겠구먼." 이 아버지는 100개가 넘는 혐오 메시지를 받았다. 이 모두가 그저 어린 소년이 인형을 갖고 놀고 싶다고 해서 일어난 소동이었다. 이런 비이성적인 공포 (종종 혐오까지 동반한다.) 는 구체적인 언어로 표현되지 않더라도 너무나 명확하게 전달된다. 소년들은 여성스러운 활동에 대한 금기, 남자아이를 나약하게 만들고 심지어 게이로 만들 수도 있다는 금기를 자연스럽게, 저절로 알게 된다.

## 성적 취향은 차림새와 무관하다

이제 명확하지 않은가. 꼬마 시절 인형을 가지고 놀았다고 해서 남자아이가 게이가 되지는 않는다는 것이. 어릴 적 바비 인형을 사랑했다는 사실이 장래의 성적 취향에는 그 어떤 영향도 끼치지 않음을 단언한다. 인형에 대한 극진한 사랑과 동성애적 성향 사이에는 아무런 관계가 없다는 걸 말이다. "혼란스러운 점은 분명 있어요. 젠더는 성적 성향과 다른 말이에요. 우리 사회 규범으로 보아도 거친 남성미를 분출하지 않고 완벽하게 이성애자인 소년이나 남자가 분명 존재할 수 있어요. 그럼에도 동성애에 대한 공포는 우리 주변에 여전히 강하게 남아 있거든요. 이는 전적으로 우리가 진화해 온 사회의 차별적인 지배 구조 탓이지요."라고 '아데카시옹'에서 활동하는 베네딕트 피케가 말했다.

이러한 동성애에 대한 공포는 우리 사회에 깊이 각인되어 있다. 여자아이의 경우는 동성 친구를 향한 보호 본능으로 포장되어 잘 발견되지 않는다는 사실을 여러분은 감지했을까? 이는 운명도, 우연도 아니다. 우리가 속한 성차별적 지배 시스템의 직접적인 결과이고, 이 시스템은 남성적인 것은 무엇이든 높이 평가하고 여성과 관련된 것은 폄하하고 비판한다. 남성의 동성애를 바라보는 우리 사회의 시선으로 볼 때, 양성 모두에게서 동성애는 일탈이자 공포의 대상이다. 그리고 이 공포는 섹스(생물학적 성별)와 젠더(사회적 성별) 그리고 성적 성향에 대한 오해의 합작품이다.

*섹스

개인의 생물학적 특성(예를 들어 남성과 여성 생식 기관, 혹은 두 가지 모두.)으로 구분하는 성별. 수술을 하지 않고는 성별을 바꿀 수 없다.

사회가 남성과 여성에게 으레 그럴 것이라 기대하는, 다시 말해 남녀에게

적합하다고 여겨지는 역할, 행동, 활동, 공헌의 사회적 구조. 이런

의미에서 젠더는 시대와 문화권에 따라 달라진다. 그리 머지않은 과거

프랑스에서는 바지를 입거나 의사가 되는 것은 여성스럽지 못한 일로

여겨졌다. 생물학적으로 주어진 성, 즉 섹스와는 구분되는 젠더는

문화적 진화 과정이다. 이는 일종의 계급 분류법으로, 다른 관점에서

보자면 여성에 비해 남성이 우월하다는 주장을 조직적으로 펼쳐간다.

*성적 성향

육체적, 성적 욕망에 해당하는 표현. 생물학적 성별과도, 사회적

의미에서의 젠더와도 다르다. 페니스가 있을 수도 있고, 검증된 여성적인

취향을 가진 동시에 이성애자일 수도 있다. 이와 반대로 흔히 말하는

남자다운 특성을 모두 보이거나 동성애 성향을 띠기도 한다.


## 작고 연약한 존재를 돌보는 놀이가 왜 해롭지

2018년, 인형을 가지고 놀고 싶다는 남자아이 이야기에 많은
사람이 눈살을 찌푸렸다는 사실이 나는 아직도 놀랍고 마음이 아프다.
이런 두려움에 이성적 근거는 전혀 없다. 그저 성차별적 사고방식과 동성애
혐오에서 오는 것일 뿐이다. 그리고 덧붙이자면, 남자아이가 인형을 가지고
논 역사는 생각보다 오래됐다![30] 인간을 본떠 만든 인형이 아이들을 즐겁게
해주지 않는다면 'G. I. 조' 같은 장난감은 무엇이란 말인가. 피규어 말이다.
다 같은 인형이다. 하지만 문제는 거기 있는 것이 아니다. 사람들이 진정

불편해하는 부분은 남자아이가 아기 인형을 가지고 노는 것이다.

자기보다 작고 연약한 존재를 돌보는 놀이가 왜 해롭다는 말인가. 아기를 달래고 먹을 것을 주고 산책시키며 돌보는 것이 무슨 문제가 된다는 말인가. 부모가 자기 아이들을 데리고 하는 행동과 똑같지 않은가. 인형이란 다른 장난감처럼, 주방 식기 세트를 본떠 만든 소꿉놀이 세트처럼, 그저 우리 삶을 축소해 놓은 일일 뿐이다. 더 많은 아빠들이 아기를 돌보는 시기가 오면, 아들이 아빠처럼 아기 보는 놀이를 하는 모습은 전혀 놀랍지 않을 것이다. 여기서 우리는 소년들에게 인형을 쥐어주자는 교훈을 얻을 수 있다. 인형을 가지고 노는 것은 건강에 좋다. 평등 의식을 키울 수 있다. 인형을 가지고 논다고 페니스가 떨어지거나 (이 부분이 걱정되는 이들을 위한 설명이다.) 동성애자가 되지 않는다. 남자아이들에게 끼칠 수도 있는 유일한 영향이라면, 자라서 헌신적인 아빠가 될 수 있다는 것! 어린이 성 역할에 따른 사회화 전문가이자 인류학 교수인 카트린 모노 Catherine Monnot 는 전화 인터뷰를 통해서 "여러분의 아들도 언젠가 아빠나 삼촌이 되고, 아이를 같이 돌보고, 가족을 위해 식사를 준비하고 양말을 빨아야 하는 처지가 되겠지요. 어느 시점이 되면 이 모든 걸 아주 자연스럽게 수행해 내야 할 거예요. 청소년기 여자아이에게 전동 드릴 사용법을 알려주어야 하는 것과 마찬가지로, 남자아이에게 요리를 가르치고 현실 세계에서 제 몫을 할 수 있도록 키우는 것 또한 중요해요."라고 확인해 주었다. 따라서 남자아이 방에 인형을 넣어주는 것은 우리의 몫이다. 먼 길을 돌아가는 것은 이제 그만두자.

많은 부모가 인형 그 자체에는 전혀 반감이 없지만, 크리스마스 당일 온 가족이 모인 자리에서 아들이 인형 선물을 뜯는 것에는 주저하는 면이 있다. 혹은 아이가 꿈꾸던 인형을 사주고 싶어도 선물 상자를 열면서 아이가 부끄러워할까 봐 걱정하기도 한다. 소년이 인형 놀이를 하는 모습은 어떤 이들에게는 세상의 종말인 것이다. 하지만 사회적 압박을 살짝 비껴 아이에게 원하는 장난감을 쥐여줄 방법이 있다. 카트린 모노가 직접 해본 방법이다. "우리 아들은 여자 형제도, 여자 사촌도 없었기 때문에 남들 시선을 끌 만한 '규범에서 벗어난' 장난감은 중고로 싸게 사서 안겨주었어요. 크리스마스나 생일이 가까워지면 주변의 야드 세일<sup>yard sale</sup>(개인 주택 마당에서 사용하던 물건을 파는 것.-옮긴이)을 유심히 보고 다녔지요." 이렇게 해서 잡음을 막아버리는 것이다. 이런 장난감은 정문이 아닌 옆문으로 들어와서 결국 아들 방에 무사히 도착했다. 그리고 아이는 원하는 모든 장난감을 가지고 놀 수 있었다.


6
성차별적인 말에
웃으면서
대꾸하는 법


의도 없이 성차별에 참여한다

지고토가 태어난 후 나는 고정 관념과의 전쟁이 길고 길 것이라 실감했다. 물론 그 길은 멀고 험할 것이다. 확고한 제도적 성차별이 내 아들에게 영향을 끼치지 못하도록 경계를 늦추지 않고, 아이에게 정확한 설명을 해주고, 가끔은 권모술수가 필요하다는 것을 알았다. 하지만 지금 생각해보니 그러한 과정에서 느낄 감정은 예측하지 못했다. 성별이 남자인 친구들과 벌이는 격한 논쟁은 이미 습관이 되어버렸고 마르셀 삼촌의 가시 돋친 말투도 이젠 익숙하다. 하지만 사랑하는 할머니가 계속해서 "남자는 인형 가지고 노는 거 아니야."라고 말한다면 우리는 무어라 대답할 것인가. 혹은 '장래의 여자 킬러'라는 문구가 새겨진 아기 옷을 (또!) 선물한다면 우리는 어떻게 반응할 것인가?

물론 악의가 없다는 것을 안다. 우리는 지금 마리 뒤뤼벨라 <sup>Marie Duru-Bellat</sup>라는 학자가 '기권에 의한 성차별주의'[31]라 부르는 상황에 놓인 것이다. 다시 말해 우리 모두는 현재 성차별적인 사회에서 진화하는 중이고, 자발적으로 참여하지 않더라도 성차별적인 규범을 재생산하고 있다는 것이다. 물론 의도는 선하기 그지없지만 말이다.

에갈리곤 연구소의 창립자 비올렌 뒤트롭부시노가 전화로 자세히 설명해 주었다. "성별에 의한 위계, 더 나아가 성차별적 사회를 재생산하는 질서는 대부분 호의에서 시작돼요. 그래서 관용의 자세가 반드시 필요합니다. 스스로를 위해서나 남을 위해 모두요. 일단 무기력해지지 않기 위해 현 상황을 파악하는 것이 최우선이고요. 성차별적 사회에서 예전에는 어땠는지, 그리고 지금 우리는 어느 위치에 있는지, 또 예전에는 어떻게 대처했고 앞으로는 어떻게 의사를 표시하고 행동해야 할지 알아두어야 해요. 모두가 같은 성찰 단계에 있지는 않거든요. 현실을 제대로 파악하는 것이 중요합니다. 그래야 안정감이 생기거든요." 그녀와 이야기를 나누며 나는 한 가지 사실을 깨달았다. 어른들이 성차별을 체계화하고 재생산하는 것은 호의에서 시작한다. 어른들이 우리 아들들에게 '사내 녀석'이라고 하거나 (또!) 파란 장난감 자동차를 권하는 것은 우리를 무기력하게 만들기 위해서가 아니다. 나름으로는 잘해주려는 것이다. (물론, 원래 문제가 있던 가족의 경우는 제외하고 말이다.) 사소한 실수 하나를 두고 반박해 봐야 아무 소용 없다. 항상 더 높은 톤으로 강하게 페미니즘을 옹호해 오다 보니 늘상 '페미니스트 쌈닭'이었던 나는 말투와 전략을 바꾸기로 했다. 항상 맨 앞으로 뛰어나가 정면으로 승부하는 것은 아무 도움이 되지 않았다. 기운은 완전히 소진되기 직전이었고, 내 방법은 별 소용이 없었다. 결국 도움이 된 방법은, 끝나지 않을 분쟁의 주제를 끌어내는 것이 아니라 가능한 한 일상에서 벌어지는 성차별을 회피하는 것이었다. 그리고 이를 위해서는 조금 더 섬세한 기술이 필요했다.

### 호의 가득한 성차별에 대응하기

아이가 어렸을 때 보모를 구하느라 애쓰던 시기가 있었다. 할렐루야! 드디어 아이를 맡길 만한 좋은 사람을 찾았다. 금세 연락이 닿았다. 얼마 전 이혼한, 사춘기 딸을 하나 둔 어머니였는데 우리는 만나자마자 그분이 좋았다. 아이를 돌봐주는 데 필요한 몇 가지 규칙과 세부 사항을 논의하던 중 그분 말씀이, 자신은 여지껏 여자아이만 돌봐왔다는 것이다. 즉 지고토는 자신의 집에서 돌보는 첫 번째 남자아이라는 뜻이다. 우리는 그분이 맡은 일을 제대로 해내고 싶어 한다는 것을 느낄 수 있었다. 그분이 "집에 자동차를 사두어야겠네요!"라고 입가에 미소를 머금고 말하는 순간, 내 머릿속의 모든 신호등에 빨간불이 들어왔다. 우리가 어떻게 얼버무렸는지는 기억이 나지도 않지만 그 자리에서 그분과 작별 인사를 나누었다. 말로만 듣던 '호의 가득한 성차별' 때문에 머리가 이상해진 탓인지 나는 그분의 '티 나게 친절한' 말투에 더 당황했었다.

그 후로 나는 종종 생각한다. 어떻게 하면 사람들의 이런 태도를 유치하지 않게 저지할 수 있을까? 꼬마들이 주로 시간을 보내는 곳은 학교와 유치원, 어린이집이다. 따라서 아이들이 성 역할에 따른 고정 관념, 규범, 젠더에 따른 행동 방식을 익히고 습득하는 장소이기도 하다. 당연한 결과로, 사회가 아이에게 요구하는 행동 양식을 습득하고 사회 지배층의 자격 요건인 남성성을 배우는 곳 또한 학교다. 우리가 주변에서 자주 목격하는 성차별에 대해 유쾌하면서 확실한 어조로 대답할 수만 있다면 유아 교육 종사자들의 부담은 훨씬 줄어들 것이다. 성차별적 태도를 지녔다는 말을 좋아할 사람이 어디 있겠는가. 또 자신의 직업 전문성에 누군가 이의를 제기하는 것 역시 달갑지 않을 것이다. 이 모든 이유에도 불구하고 내가 만나본 사람들은 한 가지 문제에는 전적으로 동의해 주었다. 성차별적 상황에 맞닥뜨렸거나 그런 말을 들었을 땐 반드시 반응해야 한다는 것이다. 어떻게 대처할지 생각해 두자. 그 방면에 마법의 명약이란 절대 존재하지 않는다. 하지만 내가 믿고 따르는 전문가 비올렌 뒤트롭부시노에겐 검증된 테크닉이 있다. 호의로 가득한 성차별에 똑같이 호의로 대처하는 것이다. 우리 주장을 남들이 듣게 하려면 긍정적인 표현이 가장 효과적이다.(심지어 맹수같이 울부짖고 싶을 때조차도 긍정적인 표현법을 권한다.) "이 문제에 접근하기 위해서는 사회 젠더 규범에 순응하지 않으면서도 가능한 모든 방법을 동원하고 모든 기회를 이용해야 해요."라고 비올렌은 조언한다. 보모가 장난감 자동차를 사야겠다고 말하면 이렇게 대답하며 원하는 것을 얻을 수 있다. "어머, 너무 좋아요. 그러면 장난감 종류가 훨씬 많아지겠군요. 하지만 여자아이가 갖고 노는 장난감도 우리 애한테 꼭 권해주시면 좋겠어요. 그러면 다양한 장난감을 다 가지고 놀 수 있잖아요." 이런 방법이라면 호의에서 비롯된 성차별을 즐겁게 해결할 수 있다. 사실 그 보모는 여자아이가 장난감 자동차를 가지고 놀 거라고 생각해 본 적이 한 번도 없을 수 있다.

호의 가득한 성차별에 얼굴 찌푸리지 않고 원만하게 변화를 이끌어 나가는 일은 결코 쉽지 않을 것이다. 살다 보면 이러한 지혜를 모아야 할 순간이 많다. 내가 아무리 노력한다 한들 어리석고 성차별적인 말을 들을 때마다 (무척 자주) 과연 상냥한 미소를 유지할 수 있을지 조금 걱정스럽다. 결국 권위나 규범에 따라야 하기 때문에 호의적인 자세를 취해야 한다는 뜻은 아니다. 여태까지 해오던 방법에서 벗어나 조금 창의적으로 생각해 볼 시점이 되었다.

나는 벌써부터 지고토가 어느 날 학교에서 돌아와 하루 일을 들려주면서 남자애들은 나뭇잎을 파란색으로, 여자애들은 분홍색으로 그렸다는 이야기를 하는 모습을 상상한다.(맞다, 아직도 학교에선 그런 식으로 그림을 그린다.) 혹은 그날 학교에서 선생님이 중세에 대해 가르치면서 남자아이들은 칼을 만들고 여자아이들은 왕관을 만들어보자고 하는 상황도 상상한다.(이 또한 실제 있었던 일이다.) 그런 날이 오면 나는 호흡을 가다듬고 짜증을 내지 않으며 초등학교 교과과정의 문제에 접근할 적절한 방법, 물론 호의적인 방법을 찾아내야 한다.

비올렌은 이 문제에 조금 다른 방법으로 접근해 보라고 제안했다. 평등이나 성차별에 관해 장황하게 늘어놓기보다 아이에게 가장 도움이 되는 방법을 제안하라는 것이다. "우리는 학교에서 일어나는 일에 대해 물어볼 권리가 있어요. 아이를 키우는 부모와 교육 전문가의 공통 목표가 바로 우리 아이들에게 가능한 한 최고의 교육을 제공하는 것이지요. 가장 좋은 방법이 아이의 자존감을 높여주는 거예요. 그걸 기대하면서 대화를 시작해 보세요." 만약 성차별과 맞서 싸우는 와중에 (불행하게도) 논쟁이 벌어진다면, 아이에게 가장 도움이 되는 것을 얻기란 쉽지 않을 것이다. 반드시 논쟁을 피하는 방향으로 나아가도록 하자.

여러분의 아이가 다니는 어린이집은 가족적인 분위기인가, 아니면 규모가 크고 조직적으로 운영되는가. 어쩌면 유아교육 종사자들의 감수성 교육을 제안하는 것도 하나의 방법이 될 수 있다.[32] 조금 더 큰 학생을 둔 부모라면? 양성평등에 관한 특정 주제 몇 가지를 교육 과정에 포함시키고 논의가 정착되도록 제안할 수 있을 것이다. 이런 행동이 반드시 거대한 성과를 가져다준다는 것도, 이 전투를 위해 다른 학부형들과 연대하라는 것도 아니다. 하지만 연말이면 늘 〈백설 공주〉 공연을 보던 시간에 페미니스트 부모를 사귈 수 있다면 그것으로 충분하지 않은가.


7
집에서는
무엇을 할
것인가


### 아이들에게 어떤 모습을 보여줄까

나와 아이 아빠는 지고토를 과잉보호하지 말자는 데 전적으로 동의했다. 성차별이 만연하고 자연스러운 사회에서 지고토는 우리 세대가 그래왔듯 성 역할 고정 관념이라는 진흙탕을 헤쳐 나가며 자랄 것이다. 두 돌이 지나면 아이는 해서는 안 되는 사회 규정들을 이해하기 시작할 것이다.[33] 다섯 살쯤 되면 남자와 여자에게 주어진 역할이 다르다는 것을 받아들이겠지. 집에서조차도 엄마와 아빠가 서로 다른 일을 한다는 것을 금세 알게 될 것이다. 우리도 완벽한 부모는 아니니까 발전하기 위해 노력해야 할 필요가 있다. 우리 역시 알게 모르게 이런 사회 분위기에 이미 길들었고, 구태를 답습하기까지 했다. 인정하기 싫지만 엄연한 사실이다. 하지만 그렇다고 현실을 외면하거나 스스로를 비난한다고 무슨 도움이 되겠는가. 오히려 우리 가정을 제대로 꾸려 나가는 편이 훨씬 건설적이지 않을까. 거울아, 거울아, 집에서 실제로는 어떤 일이 벌어지는지 보여주겠니? 돈 문제에 관한 결정은 누가 내리는가, 매번 장을 보는 것은 누구인가, 자동차 유지 보수는 누가 맡는가. 항상 확인해 보면 거의 다 같다. 가정 안팎의 일이 공평하게 나뉘는 경우가 드물 뿐 아니라, 대부분 성 역할에 따라 운영된다. 심지어 페미니스트 부부의 집에서조차 그렇다!

간단한 공작이나 수리를 예로 들어보자. 나는 만들고 고치는 일에 반감이 없고, 오히려 멋있다고 생각한다. 하지만 공구 사용법을 배운 적도, 사용할 기회도 없었다. 그러다 보니 그런 일은 항상 남자가 했다. 차고도 남자가 정리했다. 둘이 함께 외출할 땐 자연스럽게 남자가 운전을 하듯이 말이다. 반면 사교 모임(왜 있잖은가, 서로의 생일을 축하하고 선물을 사고 외출을 계획하거나 친지를 초대하는 등 대단해 보이지 않는 자잘한 일들)을 챙기고 손님이 올 때 메뉴를 정하는 것은 주로 내 몫이다. 인정할 수밖에 없다. 오랫동안 지속되어 온 진부한 역할 분담은 우리 집에서도 일어나고 있었다!

잠시 집안일을 살펴보자. 이 얼마나 하찮은 동시에 고도로 정치적인 업무인가. 우리 집에서 가사는 제법 공평하게 나눴다. 물론 오랜 논쟁 끝에 얻은 결과다. 파트너와 나는 다양한 방법을 시도했다. '단순히 집을 나누어

쓰는 룸메이트인 듯' 집안일을 함께 하기도 했고, 번갈아 해보기도 했다. 목록을 만들어 분담하기도 했다. 완전히 원점으로 돌아가 처음부터 일을 다시 나누고 싶은 적도 많았다. 집안일 하나하나에 점수를 매겨 주말에 점수를 합산하는 것도 상상해 보았다. 가장 안타까운 점은 많은 노력에도 불구하고 기적 같은 해결 방법을 찾아내지 못했다는 것이다. 하지만 협상과 충분한 토론 덕에 (느려터진 두뇌도 한몫했다.) 우리는 어느 정도 균형을 맞추었다. 그리고 지고토가 태어나면서 와장창! 논쟁은 다시 원점으로 돌아갔다.

그 거짓말 같은 이야기는 더 이상 우리 두 사람과 빌리 책장 (이케아의 책장 라인. - 옮긴이)만의 문제가 아니었다. 우리는 아이가 자립적이고 가정 내 불평등을 의식할 줄 알며 자기 몫의 집안일을 해낼 줄 아는 사람으로 자라기를 회망한다. 성별에 따른 집 안 역할에 대한 암시는 아이가 아주 어릴 때부터 시작된다는 것과 우리가 아이에게 본보기가 되어야 한다는 것, 두 가지는 확실히 알고 있었다. 다시 말해 부모가, 특히 아빠가 이상적인 남자라면 걸레질과 다림질을 완벽하게 해내는 모습을 확실히 보여주어야 한다. 쉽지 않은가? 이론상으로는 쉽지만 실상은 그렇지 않다. 이를 실천하는 게 쉽다면 오늘날 여성이 남성보다 두 배나 많은 집안일을 감내하며 살게 되었겠는가. 자그마치 두 배다. 내 주장이 아니다. 프랑스 국립통계경제연구소의 자료에 나온 내용이다. 이 자료에 따르면 2010년 여성은 하루 평균 4시간 1분, 남성은 2시간 13분 동안 집안일을 한다. 이 사실만으로도 충분히 맥이 빠지는데, 여기서 더 기가 막힌 부분은 마지막 줄이다. 1986년 통계보다 고작 5분 늘었을 뿐. 남자들이여, 25년 동안 5분이라니. 제대로 짚고 넘어가야 할 문제 아닐까. 이상하게도 프랑스 남자들은 아직도 빗자루질을 제대로 익히지 못한 모양이고, 전 세계를 둘러봐도 집안일은 여전히 여성 몫이다.

이 주제에 관해 읽어볼 만한 기사가 있다. 언론인이자 소설가 티티우 르코크Titiou Lecoq의 '해방된 사람들'이란 글이다. 티티우는 "페미니즘 전투는 빨래 바구니 앞 까지만 승리했다."라고 적었다.[34] 이 글을 구상할 무렵, 그녀는 자신이 신뢰하는 사람들, 특히 여성들에게 이 이야기를 했다. 그와 이야기를 나눈 여성 40명은 대부분 격하게 동감했다. 이런 가사 구분은 옳지 않으며 바뀌어야만 한다고. 하지만 모두들 자기 가정에서는 바뀌는 중이고, 자기들은 운이 좋은 편이라고 말했다. 르코크는 이들 중 열 명 정도는 '행복한 우연'일 수 있다고 했다.

하지만 다른 30명의 답변에 회의를 가지기 시작했다. "그때 저는 전형적인 사실 한 가지를 알게 되었어요. 이 분야에 관한 거의 모든 연구에서 접하는 문제인데요, 커플 대부분은 이런 질문을 받으면 역할 분담이 지극히 공정하게 이루어지고 있다고 여기고 그렇게 대답한다는 거예요."[35] 라고 르코크는 강조했다. "우리는 겉으로는 평등해 보여요. 그건 사실이에요. 그런데 분명히 말하지만, 현실은 아직 멀었어요."

### 집안일을 함께 하라

2010년 프랑스 여자들은 이처럼 집안일 71%와 자녀 양육 65%를 도맡아 했다. 조금 더 평등하려면 남자들이 가사에 더 참여해야 한다. 그리고 이를 위해서는 어릴 때부터 아이에게 식탁에 발을 올려서는 안 된다는 것과 함께 가정에서의 위치를 가르쳐야 한다. 소년에게 가정 내 역할을 착실히 알려주자. 아이가 자라 어른이 되었을 때 협동 시스템이 잘 작동하기 위해서는 공동체 내 개개인이 어려서부터 어떤 역할을 해내야 한다. 단, 그 역할이 남녀에 따라 미리 정해져서는 안 된다. 어려운 것은 우리조차도 일상에서 항상 모범이 되지는 못한다는 점이다. 아빠는 요리를 하지 않고 엄마는 배수구가 막힐 때마다 도움을 청한다면 어떻게 아이들에게 남녀평등을 가르칠 수 있겠는가.

부모가 자녀에게 물려줄 최고의 유산은 모범을 보이는 것이다. 행동이 우리의 평소 주장과 잘 부합하지 않을 때 아이들은 재빨리 그 사실을 알아차릴 뿐 아니라 우리를 향한 신뢰는 햇빛 아래 눈처럼 녹아내린다. 성차별적이지 않은 우리의 교육 원칙 또한 함께 무너진다. 그래서 우리는 스스로에게 채찍질을 해가며 정신을 차려야 한다.

우리 가족의 역할을 구성하는 데 필요한 것을 돌아보자. 바닥에서 꼭대기까지, 황혼에서 새벽까지 모든 분야에서 대변혁을 일으키자는 것이 아니다. 우리의 목표는 대변혁이 아니라 성별에 따른 역할 구분을 벗어나기 위해 오랜 습관을 꾸준히 바꾸는 일이다. 완벽하게 평등한 조직이 없는 상황에서,(솔직히 말해서 그런 세상이 올 거라고 누가 확신할 수 있을까?) 예를 들면 어떤 집안일은 남녀가 함께 하고, 더 나아가 가족이 다 같이 해내는 것을 의무로 정하고 노력해 보라. 일주일에 한두 번 정도는 식사 준비도 같이 하고, 새로 사 온 선반을 조립할 일이 있으면 가족이 모두 모여 해보자. 어떤 집안일이든 모두가 할 수 있다는 점을 아이들에게 보여주는 동시에 온 가족이 시간을 함께 보낼 수 있다. 비록 엄마는 요리하고, 아빠는 뭔가 고치는 일이 많다 하더라도 미리 정해져서가 아니라 엄마, 아빠가 그렇게 선택했기 때문이라는 것도 (적어도 조금은 그러하다고) 알려주면 좋겠다. 그 증거로 엄마와 아빠가 가끔씩 서로 하던 일을 바꿔서 하면 된다.

그리고 아이들에게 집안일을 조금씩 맡겨보자. 집안일을 함께 하면 유대감이 생기고, 아이의 책임감과 자존감이 높아진다.[36] 그뿐 아니라 아이들이

자율적이고 독립적인 어른으로 자라는 자양분이 된다. "아이들에게 집안일을 일찍부터 접하게 하라는 말이 있지요. 연령대에 가능한 활동을 시키고, 점차적으로 책임 영역을 늘려주는 거예요."[37] 심리 치료사 마리로즈 리처드슨<sup>Marie-Rose Richardson</sup>은 일간지 〈르 파리지앵<sup>Le Parisien</sup>〉에 기고한 칼럼에서 이렇게 설명했다. 많은 전문가가 어린아이에게 집안일을 맡겨보라고 조언한다. 그러다 보면 아이가 해낼 수 있는 영역도 넓어진다. 이 주제에 관해서는 마리아 몬테소리<sup>Maria Montessori</sup>의 '어린이 역할 헌장<sup>Charte de taches</sup>'에서 도움을 얻을 수 있다. 간단하고 명료한 도표를 통해 어린이들이 연령에 따라 수행할 수 있는 활동을 잘 정리해 두어 참고하기 좋다. 예를 들면 이런 것들이다.

* 6세 이전: 혼자 옷 입기, 장난감과 신발, 외투 정리, 식사 후 그릇 옮겨 놓기, 장 본 물건 정리 돕기, 벗은 옷 빨래 바구니에 넣기.

* 6~7세: 간식 준비, 유치원(학교) 갈 가방 싸기, 식기세척기에 그릇 넣기, 화분에 물 주기, 침대 정리하기.

* 8~9세: 장 본 물건 정리하기, 빨래 분류하기, 식기세척기에서 그릇 꺼내 정리하기, 깨끗한 빨래 정리해 제자리에 넣기, 발코니나 테라스 빗질, 휴지통 비우기.

* 10~11세: 내일 수업 준비하기, 간단한 음식 만들기, 청소기 돌리기, 빨래 널기.

* 12세 이후: 요리하기, 바닥 청소, 세탁기 돌리기.

물론 쉽지 않다. 남자들을 즐거운 마음으로 기꺼이 움직이게 하기 위해 우리는 어쩌면 도박이나 강요를 감수해야 할 수도 있고 계약서를 쓰거나 엄청난 계획을 세워야 할지도 모른다.(아마 이 모든 것을 조금씩 동시에 해야 할 수도 있다.) 만약 소년들이 손에 물 한 방울 묻히지 않고 자라려 한다면 부모는 파업이라도 감수해야 한다. 빨래 바구니를 비우기로 한 약속을 지키지 않았다면 안타깝지만 더러운 옷을 입고 학교에 가는 수밖에 없을 것이다. 저녁 준비를 하기로 한 약속을 지키지 않았다면 어제 먹고 남은 파스타를 먹는 수밖에 없다. 철저하게 지키려면 안타깝고 슬플 수도 있겠으나 이 방법은 무척 효과적이다!

## 소년들이 궁금하게 만들라

어느 날 아침, 여느 때처럼 화장을 하는데 문득 몇 년 후에 지고토가 왜냐고 물을 때 무어라 대답해야 할지 궁금해졌다. "왜 (아빠는 안 하는데) 엄마는 화장을 해요?" "왜 (아빠는 안 하는데) 엄마는 다리 털을 밀어요?" "왜 (아빠는 안 신는데) 엄마는 하이힐을 신어요?" 그렇다. 페미니스트 여성이라고 해서 여성스럽게 보이는 모든 것을 거부하는 것은 아니다. 심지어 여성스러움에 차별적 측면이 있다는 걸 잘 알면서도 그러하다. 하지만 차별적 고정 관념을 똑같이 순응하며 답습한다면 우리는 도대체 어떤 방법으로 양성평등을 알리고 가르칠 수 있을까? 그리고 내가 아이를 키우느라 직장을 그만둔다면 과연 무슨 일이 일어날 것인가? 내게 전업주부라는 자아만 남는다면 우리의 성 평등 교육에 관한 원칙을 모두 저버려야 할 것인가?

인류학자이며 교육자인 카트린 모노의 인터뷰가 나의 걱정을 덜어주었다.

우리의 이런 모순이야말로 성 역할과 고정 관념에 관한 문제를 인식하는 출발점이 될 수 있다. "우리가 만약 전업주부 엄마라면 왜 그런 선택을 했는지 설명할 수 있을 거예요. 현 상황에서 뭐가 좋고 뭐가 나쁜지에 대해서요. 우리가 처한 역설적인 상황을 일일이 설명하는 걸 두려워해서는 안 돼요. 우리의 롤 모델에 대해 전반적으로 돌아보는 것을 두려워해서는 안 되고요."라고 카트린 모노는 제안했다. "이 상황이 맞닥뜨린 모순을 말로 표현하고 이를 소재로 농담도 한다면 그것만으로도 이미 현실이 믿고 싶은 만큼 정상은 아니라는 사실을 보여주는 거지요." 아마도 그런 순간은, 한 세기 전만 해도 여자들은 오늘날과 많이 다르게 살았고, 지금도 어떤 나라에서는 우리와는 다르게 살고 있으며, 남자와 여자의 역할은 시대와 장소에 따라 진보해 왔다는 것을 아이들에게 설명하기 좋은 시점일 수 있다. 다시 말해 눈앞의 상황은 언제고 변할 수 있으며, 얼마든지 벗어날 수 있다는 것을 아이에게 알려줄 좋은 기회이기도 하다.

요지는 소년들이 궁금하게 만들라는 것이다. 그는 "상황이, 고정 관념이 어떻든 간에 이에 대해 설명하고 해석하는 것이 필요해요. 타산지석으로 삼을 만한 예도 찾아봐야 하고요. 친척이나 엄마, 아빠 친구 중에 꽁지머리를 한 아저씨가 한 명 정도 있을 거라고, 그런 예를 드는 거지요. 머리가 길지만 아무도 그 때문에 아저씨더러 남자가 아니라고 하지는 않죠. 또 엄청나게 활동적이고 진취적인 여성상도 있을 거예요. 여자 사촌 중에 취미로 킥복싱을 하는 우주 항공 분야 엔지니어가 있다고 쳐봐요. 활동적인 성격에 남성적인 직업을 가져도 그 사람이 여자라는 사실은 변하지 않거든요."라고 말을 이어 갔다.

나는 페미니즘과 양성평등에 관한 토론이 활발한 시대를 보내며, 진부한

발언을 들었을 때는 반드시 "왜?"라고 물어야 한다는 것을 배웠다. 같은
맥락에서 어린 조카가 마음씨 좋은 삼촌한테 이 방법을 쓰면 긍정적인
결과가 나올 거라 기대해도 좋다. 원칙은 간단하다. 우리 아이가 여자들이
집안일을 하는 것을 당연하게 생각한다면 아이에게 "왜?"라고 물어보자.
아이의 답변 한 마디, 한 마디마다 "왜?"라는 질문을 계속 던져보자. 궁지에
몰리다 보면 아이는 자기 말에 논리가 부족함을 깨달을 것이다. 만약
그렇게 풀려가지 않는다면 행운을 빈다.(부디 이번만 그런 것이길.) 핵심은 아이가
주변에서 보는 모습과 집에서 습득하는 것들에 대해 비판하는 습관을
들여야 한다는 것이다.


# 8
# 금지보다는
# 제안하는
# 어법으로


## 텔레비전과 책에서 대안 찾기

우리 주변에 만연한 성차별주의에 어떻게 대응해야 할지 고민하기
시작했던 무렵, 지고토는 아직 돌 전이었다. 그러나 얼마 후 학교와 친구,
스포츠 센터와 텔레비전, 즉 바깥세상의 영향을 정면으로 마주할 날이 왔다.
성차별적이지 않은 교육을 한다는 것은 잘 닦인 길을 피해 험한 길을 가고,
남들과는 다른 목소리를 내며, 때때로 시대의 흐름을 거스를 수도 있다는

의미다. 아이를 멸종 위기에 처한 동물 기르듯 키우라는 얘기가 아니다. 학교 운동장에서 인기 있는 모든 것을 외면하고 아이를 주변과 단절시킨다는 뜻도 아니다. 하지만 외부 세상의 압력과 가정 내 교육 간 격차로 인한 충격을 줄여 나갈 방안을 생각해야 한다.

어린이 만화 〈귈리<sup>Gulli</sup>〉를 본 적이 있는가. 2016년 '영화는 정치다 Le cinéma est politique'라는 사이트를 운영하는 블로거 리브카 S.<sup>Rivka S.</sup>는 다른 부모라면 여간해서는 엄두도 내지 못할 일을 했다. 아이들이라면 누구나 열광하는 TNT 채널 앞에 온종일 앉아 있었던 것이다. 어린 시절로 퇴행하고 싶었던 것은 절대 아니고, 궁금증을 풀고 싶어서였다. 아이들이 보는 만화 영화는 성 역할에 대해 어떻게 묘사하는가? 4~14세의 프랑스 어린이는 하루 평균 3시간 정도를 텔레비전 앞에서 보낸다.(이 중 4분의 1은 자기 방에서 텔레비전을 본다.)[38] 한 번쯤 고민해야 할 문제다. 결과는 암울했다. 일단 대부분의 프로그램 속 여성 캐릭터의 수 자체가 적었고 엄청난 성 역할 고정 관념에 갇힌 인물로 그려지며 스스로를 낮춘다. "남자아이 타깃의 만화를 보면 주인공과 연인으로 발전할 가능성이 있는 경우가 아니면 여성 캐릭터는 금세 화면 밖으로 사라지고는 해요."[39] 리브카 역시 나와 같은 결론을 내렸다. 텔레비전 화면 한구석에 관심 받지 못하는 여자아이들이 있다. 그리고 다른 한편에는 강하고 의기양양하며 지배적인, 세상의 중심을 차지하는 남자아이들이 있다. 월트 디즈니의 고전 만화 영화부터 시작해 레고의 최근 작품 '넥소 나이츠<sup>Nexo Knights</sup>'에 이르기까지, 아이들을 장악한 만화 영화야말로 진정한 성차별 학교라 할 수 있다. 텔레비전을 창밖으로 던지고 싶을 정도다. 아니 어쩌면 텔레비전을 갖다 버려야 할 지경까지는 아닐 수도 있다. 오히려 스크린 노출 시간과 접근을 제한하는 편이 현실적일 것이다. 심리 치료사이자 임상

심리학자인 사빈 뒤플로 Sabine Duflo가 고안한 방법을 적용해 보자. 뒤플로는
'텔레비전의 노예가 되지 않으면서 제대로 활용하기 위한 네 가지 금지'
수칙을 제안한다.

* 아침에는 텔레비전을 보지 않는다.
* 식사 중에는 텔레비전을 보지 않는다.
* 잠자리에 들기 전에는 텔레비전을 보지 않는다.
* 아이들 방에는 텔레비전을 놓지 않는다.

이 네 가지 수칙은 아이뿐 아니라 가족 구성원 모두에게도 유용하다. 특정
프로그램에 노출될 경우 아이들은 폭력적이고 선정적이며 성차별적인
콘텐츠에 더욱 취약하다. 특히 시청률이 높은 시간대의 프로그램일 경우
더욱 심하다. 텔레비전을 예로 들었지만 사실 이뿐만이 아니다. 태블릿,
스마트폰, 비디오 게임 등도 안전하지 않다. 폭력성은 흔하디 흔하고, 주의력
결핍과 소통 장애, 중독 직전 단계인 의존 성향 등 여러 위험성이 밝혀졌다.
점점 더 많은 학자가 언제 어디서나 우리와 함께하는 스크린의 위험에 대해
경고하면서 어느 시점부터 공권력이 개입했다. 2017년 프랑스 내각의 가정부,
아동부, 여성부가 이 문제에 관한 정책을 다루면서 기본 원칙을 세웠다.
만 3세 이전 영유아는 텔레비전 시청을 금지하고, 8세까지는 오로지 어린이
프로그램만을 권장하며, 대상 연령에 따라 아동물과 청소년물의 구분(10세
이하, 12세 이하 같은 표시)을 준수하는 것 등이다. 이는 아이들이 스크린 타임과
소비 콘텐츠를 주체적으로 관리하도록 도와줄 기본 규칙이라 할 수 있다.
또한 '소련 공산당 기관지'처럼 이념만 앞세우지 말고 텔레비전 프로그램을

골라주고 시청 가이드라인을 제시해 주자. "가정에서는 우리가 아이들의 먹을거리를 통제하는 것과 같은 원리로 아이들이 어떤 프로그램을 보는지 통제해야겠지요. 아이의 정신 건강은 신체 건강과 똑같이 소중하니까요." 카트린 모노는 이렇게 조언한다. 속으로는 짜증이 나더라도 〈페파 피그 Peppa Pig〉(돼지 가족이 주인공인 영국 유아 애니메이션. - 옮긴이) 에피소드 몇 편 정도는 함께 보라는 뜻이다. 토마토소스 스파게티 말고도 다양한 맛을 알도록 여러 음식을 맛보게 하듯이 아이들에게 긍정적 모델을 제시할 수 있는 영화나 만화 영화를 보여주자. 일단 남자 등장인물에 비해 여자 등장인물은 몇 명이나 되는지 살펴보자. (거의) 항상 주도적인 근육질 남자 주인공을 보는 게 지겹지도 않은가? 우리 소년들도 (빌리 엘리어트처럼) 감수성과 영감을 타고날 수 있고, (스티븐 유니버스처럼) 남성스러움을 뿜어내지 않는 슈퍼 히어로도 있다는 것을 알려주자. 〈못 말리는 어린 양 숀 Shaun the Sheep〉, 〈숨겨진 숲의 비밀 Over the Garden Wall〉, 〈핀과 제이크의 어드벤처 타임 Adventure Time with Finn & Jake〉, 〈스페이스 구프 Space Goofs〉, 〈마이 리틀 포니 My Little Pony〉, 〈클리퍼드 Clifford〉 등 성차별적이지 않은 만화 영화가 실제로 존재한다. 앞서 언급한 아데카시옹에서 성 역할에 관한 연구를 맡은 베네딕트 피케는 아동 문학을 꼼꼼하게 살펴보았다. 상황은 만화 영화와 크게 다르지 않았다. 어린이들이 흔히 읽는 책을 보면 아빠는 항상 직장에 나가 일하고 엄마는 집에서 아이를 돌보며, 남자아이는 상황을 리드하고 여자아이는 좀처럼 눈에 띄지 않는다. 지속적인 성차별적 내용의 최고봉은 아마 '어린 소녀 Petite Fille'와 '어린 소년 Petit Garçon' 시리즈일 것이다. ('어린 소년' 시리즈에는 자동차, 자동차, 또 자동차…… 아, 비행기도 등장한다.) 그중 일단 〈잭과 황금 자동차 Le 4×4 de Jack〉 에피소드부터 슬그머니 갖다 버리자. 아무도 원망하지 않을 것이다. 만약 이 책을 계속 집에 둔다면 성차별을 논하는 데 반면교사는 될 것이다.

하지만 이 고정 관념의 망망대해에도 가끔 보물 같은 책이 있다. "어딘가에 보석이 하나씩 숨어 있는 것이 아동 문학의 장점이라 생각해요. 그러니 안목만 있으면 아이들에게 탈출구가 될 보물을 가득 찾아낼 수 있어요."라고 피케는 확신했다. 그리고 그는 성차별적이지 않은 도서 목록을 작성해 주었다. 아이들을 위해 성차별적이지 않은 책을 구할 수 있다는 희소식이다. 베스트셀러 순위에는 들지 못하나 분명 존재하긴 한다.

진보 성향의 문학 작품에는 기존 개념에서 탈피한 여주인공상이 필수적으로 제시되지만 유순한 남자나 싸우기 싫어하고 울기도 하는 남자 주인공을 그리는 이야기는 드물다. 그런 작품은 어디서, 어떻게 찾아야 할까? 출판사에서 알아서 우리 구미에 맞는 책을 내줄 거라는 기대는 아무 소용 없다.(같은 출판사에서 아주 좋은 책과 그저 그런 책을 모두 낸다는 걸 이미 잘 알고 있지 않은가.) 우리가 아이들에게 읽히고 싶은 책은 성차별적이지 않은 동시에 문제를 의식하는 관점이 분명해야 한다. 피케는 "어떤 책을 발견했을 때 아이들에게 이로울지 아닐지 판단하도록 도와줄 일종의 체크리스트를 준비해 놓거나, 그렇지 않다면 본능적으로 판단할 줄 알아야 해요."라고 말한다. 우선 다음 항목들을 살펴보자.

* 등장인물: 남녀가 균형 있게 섞여 있는가. 이야기 속에서 여자아이와 남자아이는 각각 어떤 위치에 있는가.

* 역할: 남녀 역할이 적절히 묘사되어 있는가? 남자아이는 밖에 나가 활동하고 여자아이는 집 안에만 있는 등 전통적인 역할 분담에 얽매여

있지는 않은가.

* 삽화: 다양한 인물을 다루는가. 성 역할 구분이 명확하게 묘사되는가 아니면 중립적인가.
* 언어: 남자 캐릭터를 어떻게 묘사하는가. 항상 '강하고' '장난기 가득하며' '용감한가'. 그렇다면 여자는? 혹시라도 항상 '부드럽고' '아름다우며' '섬세한' 모습으로 그려지는가. 만약 그렇다면 얼른 다음 책으로 넘어가길 바란다.

남자아이들에게 긍정적 영향을 미칠 모델을 개발하고 제시하는 것이 시급하지만, 소년이라고 해서 용감한 여주인공이 등장하는 이야기를 읽지 말라는 법은 없다. 혹은 위대한 페넬로프 바지외 Pénélope Bagieu (프랑스의 유명한 만화가 겸 일러스트레이터. - 옮긴이)의 만화책 〈배짱 있는 여성들 Les Culotttées〉처럼 역사 속 위대한 여성 위인을 재평가한 책도 좋다.

### 소년이여, 더 많은 자유를 누리라

사회학자 크리스틴 메네송 Christine Mennesson의 연구 결과는 여가 활동, 그중에서도 특히 운동 종목이 성 역할 규범을 확립하는 데 얼마나 큰 영향을 끼치는지 보여준다. 이는 어린 소년의 필수 덕목인 남성성에도 관여한다. 카트린 모노와도 이 주제에 대해 이야기를 나눈 적이 있다. 남매의 어머니가 겪은 체육 활동에 관한 이야기는 흥미로웠다. 처음에 카트린은 아들을 유도 수업에 등록했다. "아이가 학교 친구들과 시간을 보내면 남과 비슷하게 행동하고 잘 어울리는 데 도움이 될 거라 생각했어요. 하지만 2년 동안 일주일에 두 번씩 도장에 갈 때마다 아이는 충격을 받았어요. 아이들이 우리 애를 놀리고 선생님이 안 볼 때 장난감을 숨겼어요. 힘들었어요."
수화기 너머에서 그녀가 말했다. 사실 유도 수업에 보내기 전 아들이 원한
것은 무용 수업이었고, 어머니는 주저했다. "남자아이가 무용을 배우면
사회적으로 어떤 대가를 치러야 하는지 잘 알잖아요. 그래서 무용 수업을
적극적으로 권하지 않았어요. 그런데 아이는 정말로 무용에 관심이 컸던
거예요!" 결국 아이는 원하던 대로 무용 수업에 등록했고, 아이도 엄마도
후회 없었다.

모든 남자아이가 무용에 관심이 있을 거라는 얘기가 아니다. 하지만
세상에는 발레와 축구뿐 아니라 수많은 여가 활동이 있다. 가능한 다양한
활동을 접하도록 가능성을 열어두자. 예를 들어 롤러 블레이드나 암벽
등반은 어떤가? 여자아이가 좀 더 활동적인 여가 활동에 친숙해지면 익숙한
성차별의 장벽을 뛰어넘는 데 도움이 될 것이다. 또 서로 함께 할 수 있다는
협동 정신과 소녀, 소년 간 우정을 쌓는 데에도 도움이 된다. 결과는 기대
이상일 것이다.

축구나 럭비 수업 등록 전 아들에게 다양한 여가 활동을 알려주고 가장
원하는 것이 무엇인지 물어보자. "부모는 아이가 언급한 운동 종목 중
하나를 결정하고 배우도록 도와줄 수 있어요. 만약 축구가 대표하는
남성성이나 심한 경쟁 의식 같은 것을 아이에게 가르치고 싶지 않다면 지금
당장 축구를 할 필요는 없다고 말할 권리가 부모에겐 있어요."라고 카트린
모노는 말한다. 원하지 않는 활동을 잠시 쉬고 다른 활동을 해보라고 권할
수도 있다. 혹시 아이가 축구에 미련을 보인다면 한발 물러서서 상황을
돌아보고, 일 년 후쯤 다시 한번 축구 클럽에 등록하는 것도 고려해 볼 수
있다. 부모는 아이가 하고 싶어 하는 것을 막지 말고 아이 스스로 자신의

영역을 넓혀가도록 도와줘야 한다.

평등이라는 주제가 너무 남발된다는 등 뻔한 이야기는 하지 말자. 페미니스트에 대해 과장해서 풍자하는 것도 이제 그만할 때다. 성차별에 반대하는 시각으로 남자아이를 키우는 것은 금욕적으로 살아야 한다는 뜻도, 평범한 세상을 거부해야 한다는 뜻도 아니다. 주방 일만 계속 시킨다든가 축구를 못 하게 막는다든가 억지로 인형을 가지고 놀게 하자는 것 역시 아니다. 오히려 반대로, 축구공과 인형 모두 가지고 놀 수 있는 세상에서 소년들을 살게 해주자는 것에 가깝다. 혹은 아이가 럭비 경기를 좋아하는 동시에 만화 〈마이 리틀 포니〉를 사랑하게 할 수도 있다는 이야기다. 비록 완벽한 페미니스트 부모가 되기 위한 매뉴얼 같은 것은 없지만 적어도 한 가지는 알고 있다. 사상이란 필요한 것을 더해가는 것이지 억누르는 게 아니라는 사실을. 그러니 페미니스트로서 아이를 어떻게 키울 것인지 기쁘게 고민하고 실행하자. 아이들의 행동을 제한하기보다는 최대한 선택의 폭을 넓혀주자.

소년들은 더 많은 자유를 누려야 한다. 평등, 참 좋은 말이다. 하지만 아이가 열 살이 넘어가면 사회에 만연한 성차별에 익숙해지고 만다. 사회 시스템, 즉 가부장제라는 궁지에서 벗어나야 할 이는 결국 소년들이라는 것을 우리는 잘 안다. 자유로워질 날이 오기까지 그들은 평등이라는 굴레에서 벗어나지 못할 것이다. 그리고 그 굴레에 의문을 갖는 순간 소년들은 진정한 자유를 향해 첫발을 내디딜 수 있다. 이는 소년들의 개성을 살리는 길이기도 하다. 의문을 갖는 것만으로도 소년들의 활동 영역은 넓어진다.

Part 3

남자다움이라는

올가미

어느 날 저녁 우리 집에서 모임이 있었다. 또래의 아이를 둔 친구가 두 명 있었다. 거실에서 열띤 대화를 하는데 남자아이가 비틀거리며 걸어왔다. 놀다가 실수를 했는지 바닥에 '응가'를 했고, 놀란 아이는 울음을 터뜨렸다. 망설일 사이도 없이 누군가 재빨리 뛰어가서는 울지 말라며 다정하게 아이를 타일렀다. "아가, 아무 일도 아니야. 그만 울자. 넌 강하잖아, 안 그래?" 그의 배려가 훈훈해 보이기는 했으나 나는 왜, 그리고 도대체 어떻게 15개월 된 아기가 강해 보여야 하는지 이해할 수가 없었다. 또한 우리가 종종 아이의 울음을 참게 만든다는 것도 확인했다. 유독 남자아이를 대할 때 그랬다. 비슷한 상황에서 여자아이에게 강한 사람이 되라고 말하는 사람은 드물다. 여자아이들은 감수성이 예민해서 쉽게 상처 받는다는 오해 때문에 오히려 남자아이들이 난처해졌다.

"야, 대단하다, 역시 남자구나, 그 녀석 장군감일세. 점잔 뺄 필요 없어. 사내 녀석들은 역시 힘이지." 사람들은 이렇게들 말한다. 하지만 우리가 이런 걸 기대하면서 아들을 학교에 보내는가? 얼마 전 한 친구가 해준 이야기가 있다. 어린 시절 학교에서 친구와 싸워서 벌을 받았고, 평소 엄한 아버지에게 크게 혼이 날 각오를 하며 집으로 돌아갔다. 하지만 너무나 놀랍게도, 난처한 상황을 잘 넘겼다고, 싸움에서 이겼다며 아버지가 칭찬을 했다는 것이다! 지금은 내 친구가 된 그 소년은 그날 분명히 깨달았다. 문제는 싸움 자체가 아니라 싸움에서 지는 것이었다. 울어서는 안 된다는 명제처럼 싸움에 져서는 안 된다는 사실도 어린 나이에 깨달았다.

"인형 가지고 노는 거 아니야.", "강해져야 해.", "강해 보여야 해.", "여자애처럼 굴지 마.", "너무 여자애 같다." 21세기 초반인데도 남자아이 교육은 예전과 다를 바 없고 남자다움의 중요성은 강하게 주입되며 우리 아버지나

할아버지 시절, 혹은 더 예전부터 해오던 것들을 답습하고 있다. "아들아, 너는 남자답게 자랄 것이다/ 창백한 피부는 주먹으로 거메지고 정신이 강해지길 바란다 (……) 너는 남자답게 자랄 것이다, 아들아/ 너는 사람들을 지배하고 육체의 힘으로 빛날 것이다/ 자신감 넘치는 너의 남성은 약자 위에 군림할 것이다." 2017년 에디 드 프레토 Eddy de Pretto는 〈아들아 Kid〉라는 곡에서 이렇게 노래했다. 자기 가족사에서 영감을 받아 만든 이 곡은 아버지와 아들 관계를, 남자 대 남자로 대를 이어 전해 내려오는 그들만의 규칙이 얼마나 무거웠는지를 노래한다. 어린 시절 겪었던 부당한 남성성에 관한 시적인 비난을 세상을 향해 크게 외치는 것이다. 이 노래가 그처럼 인기를 얻은 이유[1]는 남성들이 공통적으로 괴로워하는 부분에 관한 울림 덕분일 것이다.

권력이나 지배의 동의어인 남자다움이 남자들에게 승자라는 타이틀을 준다. 대담하고 운동을 잘 하며 튼튼하고, 성적으로 능숙하고…… 오늘날에도 진정한 남자란 지배자로 그려진다. 하지만 사회학자 피에르 부르디외 Pierre Bourdieu에 따르면 여성에 대한 남성의 우월함을 확인해 주는 이러한 남성상 또한 그저 남자들 스스로를 구속하는 올가미일 뿐이다. 남성성은 남자들에게 다른 이들(여성, 동성애자, 그리고 '여성스러운' 애들) 위에 군림하라 가르칠 뿐만 아니라 개성과 감정을 무시하고 희생해야 한다는 사고도 주입한다. 조금이라도 약한 모습은 절대 보이지 말고 언제나 눈에 보이는 성과를 내야 한다고 가르친다. 남자들은 자신이 남자라는 사실을, 진짜 남자임을, 그리고 바지 안에 뭔가 하나 있다는 걸 쉴 새 없이 증명해야 한다는 압박을 받는다. 경솔하게 위기를 자초하고 스스로를 위험에 빠트리는 행동, 타인과 자기 자신을 향한 폭력은 이제 그만두어야 한다.

자살, 학업 실패, 심리적인 고뇌, 폭력……. 남성성 때문에 남자들이 치르는 대가는 무척 크다. 나아가 사회도 큰 대가를 치른다. 우선 오랜 세월 전해 내려온 규범부터 하나씩 매듭 지어 나가자. 남자들이 남자다움이라는 무거운 갑옷 같은 구시대의 명령을 내버리고, 남성성을 새로이 규정하여 타고난 대로 살 수 있는 자유를 찾아주자.

# 1

## 학교가
## 남자다움을
## 가르친다

### 여자 지침서는 있어도 남자 지침서는 없다

최근 우연히 여자아이를 위한 옛 시절 예절 교본을 보았다. 어린 소녀가 자라 다정한 배우자, 교양 있고 완벽한 안주인이 되도록 가르치는 책이었다. 이런 저작물은 실생활에 도움되는 항목으로 구성된다. 예를 들면 "집안일은 겉보기엔 하찮을 수 있지만 실은 몹시 숭고하다. 다음 한 마디로 요약되기 때문이다. 남을 먼저 생각하라."[2] 도대체 무슨 근거로 이런 주장을 했는지. 지금 보니 웃다 숨이 넘어갈 지경이다. 하지만 순종적인 숙녀를 키워내기 위한 이 교본은 그 시대의 단면이 아니다. 오히려 당시 시대 정신의 작은 요약본이라 하겠다. 이 교본은 우리가 어디에서부터 왔는지를 (엄청나게 멀리에서부터 왔음을!) 다시 한번 떠올리게 했고, 여자아이를 위한 교육이 얼마나 막대한 논쟁을 불러일으켰는지 보여주었다. 1373년 이미 투르 랑드리 La Tour Landry 기사 Knight 가 〈딸 교육을 위한 책 Livre pour l'enseignement de ses filles〉을 썼다. 이 책은 당시 대단한 베스트셀러가 되었다. 그보다 가까운 과거에는 가정 경제에 관한 도서가 18세기에 등장하여 20세기 중반까지 꾸준히 사회 전반에 영향을 끼쳤다. 그 영향이란 여자아이들을 한 가정의 안주인으로 변화시키는 것이었다. 1911년 클라리스 쥐랑빌 Clarisse Juranville 이 저서 〈어린 아가씨들을 위한 시민 · 도덕 교육 지침서 Manuel d'instruction civique et d'éducation morale *à l'usage des jeunes filles* 〉에 썼듯이 그런 책들은 소녀들에게 '품성과 미덕, 그리고 감성'[3]을 주입하는 데도 이용됐다. 한 마디로 소녀에게 아내 역할을 가르치는 책이었다.

그렇다면 소년들은 어땠을까. 남자아이를 위한 교육 역시 그런 막대한 논쟁을 불러일으켰을까. 그들도 여러 세대에 걸쳐 적절한 행실에 관한 교본을 보고 배우며 자랐을까. 확실히 말할 수 있다. 그렇지 않다. 남자아이들을 위한 지침서 같은 것은 존재하지 않는다. "비록 '소년들을 위해서'라고 콕 집어 말한 저작물이 있었다 해도, 여자아이들 교재에 비해 훨씬 덜 조직적이고 덜 노골적이었어요." 역사학자이자 명저 〈남성성의 역사 *Histoire de la virilité* 〉의 공동 저자이기도 한 장자크 쿠르틴 Jean-Jacques Courtine 은 이렇게 말했다.[4]

남자아이 교육이 여자아이 교육만큼 성행하지 않았던 것은 결코 우연이 아니다. 그 이유는 단지 남녀가 역사상 어떤 시기에도 사회 계급 구조에서 같은 서열을 차지한 적이 한 번도 없었고, 여전히 그렇기 때문이다. "여성들은 항상 어떤 방식으로든 자기 위치를 꼭 알아야 했고 여기에 더해 항상 자기 위치를 지키는 법을 배워야 했던 거예요."라고 쿠르틴은 설명한다. "그런 식으로 남자아이들은 자연스럽게 자신에게 주어진 위치를 차지한 거지요. 같은 시대, 같은 공간에 살더라도 남자아이와 여자아이는 같은 존재가 아닌 거예요." 페이스북이나 인스타그램 같은 SNS에서 '완벽한 가장이 되기 위한 지침서'같은 것을 볼 수 없는 이유가 바로 여기에 있다.

### 강한 남자를 만드는 공장

여자아이들만큼은 아니더라도 남자아이들을 위한 교육도

저절로 이루어지지 않았다. 시몬 드 보부아르 <sup>Simone de Beauvoir</sup>의 유명한 발언
(그의 저서 <제2의 성 <sup>Le Deuxième Sexe</sup>>에 나오는 "여자는 태어나는 것이 아니라 만들어지는
것이다."라는 말을 가리킨다. - 옮긴이)보다 3세기나 앞서 철학자 에라스무스는
"남자는 태어나는 것이 아니라 만들어지는 것이다."라고 말했다. 여자가
되는 법을 배워가는 것과 같은 원리로, 남자 역시 배워서 완성된다. 여자들은
신중하게 자기 자리를 지키는 법을, 배우는 것에 반해 남자들은 강하고
억세고 자신만만해 보이는 법을 배워야 한다. 한 마디로 남자다워지는 법을
배워야만 한다. 진정한 남자로 완성되는 과정을 이해하려면 잠시 정신을
가다듬고 남자다움이라는 개념에 대해 생각해 보아야 한다. 태곳적부터
소년 교육의 중심에는 바로 이 남자다움이 자리 잡고 있었다. 그것은 수천
년 전부터 소년을 만들어가는 틀이었다. 남자가 된다는 것은 남성성을
배우는 것이었다. 흔히 생각하는 것과는 반대로, 오늘날 우리가 자주
사용하는 '남성성'이란 말에는 별 의미가 없었다. "역사적으로 남성성이라는
말은 오늘날과는 다른 뜻으로 쓰였어요. 19세기에는 '남성의'라는 표현은
문법적으로만 사용되었죠."라고 쿠르틴은 말한다. "무엇보다 남자들에게
남자가 되라고 하지 않았어요. 그런데 이제는 온 사회가 남자들에게
'남자답기'를 요구하고 있어요!"

이상적인 남성상은 어제오늘 갑자기 생겨나지 않았다. 맹목적으로 강인한
남성상은 태고의 어둠 속에서 생겨났다 해도 과언이 아니다. 우리 상상 속에
심오하게 자리 잡은 강한 남자의 모습은 아득한 옛날부터 전해 내려오는
모델이다. 물론 이 역시도 시간이 흐르며 진화했다. 하지만 이러한 남성상은
아득히 먼 옛날부터 지금까지 한결같이 다음 세 가지 가치관을 바탕으로
했다. 힘, 영웅주의, 그리고 정력. "남자다움이라는 개념은 무엇보다도

항상 신체의 힘, 특히 전투를 위한 힘에 의존해요. 하지만 이런 관점에서 그 힘에는 언제나 죽음의 위험이 있었다는 걸 잊어서는 안 됩니다. 그것이 바로 모든 것이 시작하는 지점이고 궁극적인 시험인 거지요. 그렇기 때문에 절대 흔들리지 않는 용기가 있어야 해요. 마지막으로 정력, 그러니까 여자는 몇 명이나 두었고, 아이는 몇 명이나 만들었는가로 남자다움이 가늠되는 거지요."라고 쿠르틴은 말한다.

이런 식으로 몇 세기 전부터 남자아이들은 삼위일체를 숭배하듯 강인한 남성상을 숭상하라고 배웠다.(오, 주예!) 하지만 그 또한 전통적인 교육 과정을 따르지는 않았다. 세대를 거치면서 남자아이 교육은 훨씬 간접적인 경로를 통해 이루어져왔다. 남자들 세계에서는 당연한, 암암리에 누구나 동조하는 침묵 속 교육이다. "남자아이들을 만들어내는 공장은 오래도록 남자들만의 닫힌 방에서 가동됐어요. 가정교사, 학자, 사제, 시장과 아버지들이, 각자의 영역에서 최선을 다해 어린 소년들을 남자로 만들어왔지요."[5]라고 역사학자 안마리 손 Anne-Marie Sohn 은 저서 〈소년 공장 La Fabrique des garçons〉에서 지적한다. 보이 스카우트 활동이 그랬듯 기숙 학교 또한 강인한 남성상을 키우기에 아주 적합한 실험실로 밝혀졌다. 기숙사라는 품 안에서 어린 소년들은 강해지도록 단련을 받는다. 가혹 행위, 체벌, 역경, 시련, 결핍 등을 수단 삼아 정교한 톱니바퀴가 맞물려 돌아가듯 강인한 남성을 위한 교육이 완성되는 것이다.

이렇듯 열심히 돌아가는 소년 공장에서는 의식과 관습이 중요하다. 시간과 장소에 따라 조금씩 달라지긴 해도 어린 아이를 남자로 만들기 위한 신체적, 정신적 역경을 꾸준히 생산해 낸다. 그 과정에서 빈번히 성적인 측면이 강조된다. 인류학자 모리스 고들리에 Maurice Godelier 는 저서 〈위대한

남성의 탄생 La Production des grands hommes⟩6에서 뉴기니의 바루야 부족에는
젊은 소년들이 연장자에게 오랄 섹스를 해주는 의식이 있다고 밝혔다.
⟨남성성의 신화. 양성 모두를 향한 올가미 Le Mythe de la virilité. Un piège pour les deux
sexes⟩7라는 책에서는 철학자 올리비아 가잘레 Olivia Gazalé가 고대 그리스에
실제 있었던 비슷한 사례를 소개한다. 반드시 필요한 사회 요소라 생각했던
강인한 남성상을 가르치기 위해 청소년기 남자아이들에게 어른 남성과의
성교를 강요하는 '남색 교육'이 행해졌던 것이다. 그리 얼마 멀지 않은
과거에도 군 복무와 사창가 출입 (대개 짝을 이루어 함께 진행된다.) 이 진짜 남자가
되는 통과의례로 여겨졌다. 병영과 사창가에서 젊은 남자들이 그들만의
행동 양식과 가치, 처세법, 그리고 '진짜 남자처럼' 행동하는 법을 배우는
것이다. 물론 그 무엇도 언어로 익히지 않는다. 순수하게 남성적인 규범이란,
보이지 않는 방법으로 자연스럽게 습득된다. 이 규범들은 사회학자 피에르
부르디외가 아비투스 habitus, 즉 습속이라 부르는 것의 일부이다.8 다시 말해
우리가 타인과의 상호 작용으로 동화되는 행동 양식과 우리의 존재 이유를
모두 포함한 것이다. 이 습속은 너무나 자연스러워 처음부터 존재했던
것처럼 보인다. 그리고 바로 여기에, 사상이 있다. "한편으로는 남자들의
행동 방식을 자연스럽게 만드는 과정이기도 해요. 남자가 힘이 세고 용감한
데다 정력적인 것은 마치 남성 본능처럼 당연하고 자연스러운 일이라는
거죠. 다른 한 편으로는 이를 영원히 지속하게 만드는 과정이에요. 즉 상황이
바뀌지 않도록 유지하는 거지요."라고 쿠르틴은 분석한다.
시몬, 그대는 나를 놀라게 하는구나! (레미 드 구르몽 Remy de Gourmont이라는 프랑스
시인의 시 ⟨낙엽 Les Feuilles mortes⟩의 한 구절 "시몬, 너는 좋으냐, 낙엽 밟는 소리가"의 패러디.
- 옮긴이) 강한 남성상이 바뀔 여지가 없다면 그건 남자들이 수천 년 전부터

남성 지배를 정당화해 왔기 때문이다. (이미 감정적이고 약하며 순종적이라고 폄하된) 여성 집단과는 달리 남자들은 당연히 힘이 세고 싸움을 잘하며 능력이 좋다고 본다. 따라서 남자들은 어딜 가나 상석을 차지한다. "전통적인 남성상을 정의하는 것은 비뚤어진 사상이에요. 당연히 여성보다 남성이 우월하다 여기고, 그렇기 때문에 높은 사회적 지위를 차지하는 것을 정당화하죠. 여성은 마치 어린아이처럼 약하다는 사고, 그래서 남자가 여자를 보호해야 한다는 사고도 이런 식으로 정당화됩니다."라고 심리학자 세르주 에페Serge Hefez는 말한다.

보호하려 하거나 전투적인 남성성은 그저 단순한 하나의 이상형이 아니다. 이는 여성과 아이뿐만 아니라 다른 남성,(그들의 언어로 표현하자면 여자 따위나 어린 것들, 그리고 여자 같은 인간이나 호모들) 쉽게 말해 알파 메일alpha male(강한 남성, 우두머리)에게 순종하지 않는 모든 이에 대한 남성 지배를 정당화하는 신화⁹다. 그렇기 때문에 이 케케묵은 모델에 의문을 제기하고, 소년들을 이로부터 해방해야 한다.


# 2
# 남성성이
# 사라진다


## 언제나 남성성은 종말 위기였다

2017년 3월 말의 일이다. 수요일 저녁 8시가 조금 지난 시각,

다비드 퓌자다 David Pujadas (유명한 8시 뉴스 아나운서. - 옮긴이)가 자신의 프로에서
'남자란 무엇인가?'라는 르포를 진행했다. 이는 당시 프랑스에서 가톨릭계가
남성성 회복 운동을 주도하며 제기한 질문 중 하나였다. "남성성을
새로이 확립하는 일이 꼭 필요할까요? 약간 인위적인 질문 같은데요, 사실
1960년으로부터 반 세기가 흘렀고 가부장제도 끝자락인 이 시점에 많은
남자들이 실존적인 의혹에 휩싸여 있으니 말이지요." 퓌자다의 발언은
전파를 타고 전국으로 흘러 나갔다. 그렇다. 어쩌면 여러분은 해당되지
않을 수 있다. 하지만 그날 저녁 퓌자다가 하고 싶었던 진짜 이야기는 이런
것이다. 모두 끝났다. 남성 지배 사회에서 누릴 수 있는 것은 모두 사라졌다.
맞는 말이다. 빌어먹을 뉴스 같으니라고. 가부장제는 쓰레기통으로 처박혀
버렸구나! 남자들도 마찬가지! 당신도 알고 있지 않았는가? 마치 북극곰처럼
남자들 역시 멸종의 길을 가는 것처럼 보였다.

"수십 년간 광적인 페미니즘 시대를 거치며 남자들에겐 무엇이 남았나요?
남자라는 생물학적 종은 아직 사라지지 않았어요. 절대 아니지요, 여성으로
변화했어요. 오늘날 남성들은 제모를 하고 아기를 돌봐요. 정조를 지키고
감성적이고 소비적이에요. 강인한 남성의 상징이었던 마초는 잊혔고
유혹의 화신이었던 카사노바에겐 치욕만 남았지요. 제1의 성은 이제
허울뿐이에요." 10 에리크 장무르 Eric Zemmour는 자신의 저서 〈제 1의 성 Le
premier sexe〉에서 이렇게 탄식했다. 그만의 주장이 아니다. 이에 동조하는 이가
많다. 서구 남성의 '탈남성화'에 동요하는 세력이 그만큼 많다는 이야기다.
소아과 의사인 알도 나우리 Aldo Naouri, 심리 분석가 미셸 슈나이더 Michel
Schneider, 논설위원 이방 리우폴 Yvan Rioufol 그리고 (우리가 잊어서는 안 될) 이론가
알랭 소랄 Alain Soral 등은 모두 입을 모아 남자들에겐 옛날이 좋았다고

외친다. 페미니스트들의 승리가 남자들의 강인함을 박탈하기 전, 사회가 페미니즘으로 물들기 전, 어머니들이 전적인 권한을 갖기 전 세상 말이다. 이런 환경에서 태연히 남자아이 교육에 대해 논하기는 쉽지 않다. 남성성에 대한 이야기 자체가 잃어버린 남성성에 대한 안타까움으로 이어질 수 있으니 말이다. 이런 이유로 남성성이 위기에 처했다는 이야기가 사방에서 들린다. 그리고 그들의 주장으로는 이 모든 것, 분명 여자들 탓이라는 거다.

정말일까. 철학자 올리비아 가잘레는 널리 퍼진 이 '남성 질병'에 관심을 갖기 시작했고, 이를 다룬 그의 저서 〈남성성의 신화〉는 엄청난 반향을 불러 일으켰다.[11] 그는 남성성의 위기에 관한 논의는 전혀 새롭지 않다고 말한다. 고대 그리스부터 항상 불러온 노래 후렴구일 뿐! 한 세대에서 또 다음 세대로, 잃어버린 황금기, 남자들이 여전히 절대적이고 온전한 남성미를 풍길 수 있었던, 변질되거나 타락하기 전의 원시적인 남성 시대를 그리며 아쉬워하는 것이다. 기원전 5세기 그리스 시인 아리스토파네스 Aristophanes 는 젊은 남자들이 더 이상 옛 시대 남성들처럼 남자답게 자라지 않는다며 탄식했다. 르네상스 시대 내내 사람들은 중세 기사의 용기와 힘을 부러워했다. 19세기 말에도 남성성의 쇠락을 우려했다. 올리비아 가잘레의 표현을 다시 빌리면 '탈남성화에 대한 공포'란 어느 시대에나 존재했지만 이제야 표면으로 떠올라 논의가 시작되었다.

이런 끊이지 않는 남성성의 위기는 자연, 심지어 남성성 자체와도 관련이 있다. "강인한 남성성은 항상 젊은 남성이 도달해야 하는 이상형이었어요. 혹은 남자들이 한 번씩은 거쳐 간 단계, 더 이상은 아니더라도 예전에 그러했던 모습이지요. 이는 생물학적 개인의 삶에 집단의 역사가 투영된 거예요. 남성이 약해지는 시기, 완전히 힘을 잃는 시기가 언젠가는 와요.

남성성의 위기가 돌고 도는 것을 거시적으로 설명하는 현실이지요."라고 장자크 쿠르틴은 해석한다. 사력을 다해 버티더라도 남자 스스로 과오를 범하기 쉬우며 (성적으로가 아닌 순수한 의미로) 연약한 존재라는 사실을 드러내면서 인간 조건이라는 현실 장벽에 부딪힌다. 냉정하게 말하면 그들은 (물리적, 생물학적으로) 강인한 모델과는 멀어졌다.

남성성이란 당연히 도달할 수 없는 이상향이다. "자신보다 더 강하고 용감하며 거침없는 존재는 항상 있게 마련이에요. 그러니 처음부터 잘못된 거예요." 쿠르틴은 말을 이었다. "남성들에게 불가능한 것을 요구하니 남성성이라는 발상 자체에 오류가 생긴 거지요. 이런 사라진 힘, 혹은 아직 발견되지 못한 힘을 지향하다 보니 결국 위기에 놓일 수밖에 없는 거고요. 그러니 시대가 아무리 바뀌어도 여전히, 항상 '남성성의 위기'에 대해 이야기하는 겁니다."

## 남자로 사는 어려움

이번 위기는 다른 때와 조금 다르다. 20세기에는 기존 지배 질서를 흔들어놓는 전대미문의 변화가 많았다. 여성 해방을 필두로 전지전능한 남성 권력에 의문을 제기하기 시작하면서 '제2의 성'은 지난 천 년 이래 처음으로 발언권을 가졌다. 그렇다고 여성 해방 운동이 모두에게 해피엔드는 아니다. 그리고 남성성이 위기를 맞은 직접적인 원인도 아니다. 오래도록 남자들의 영역이었던 직장 역시 거대한 풍파를 거쳤고, 1950년대 식 브레드위너(생계를 책임지는 가장. - 옮긴이)라는 개념은 점차 희미해졌다. 미국 저널리스트인 해나 로진 Hanna Rosin 이 '남성의 종말과 여성의 약진 The End of Men and the Rise of Women' 12이라는 기사에서 주장했듯, 여성들이 직장으로 대거

투입되었기 때문만은 아니다. 기계화와 폭발적 실업률, 고용 불안정과 과다한 경쟁 등이 오만한 남성 일꾼들의 존재감에 막심한 상처를 입혔다. 남자들의 삶의 일부였고 또한 그들을 근본적으로 바꿔놓은 전쟁을 제외하더라도 남자들의 삶은 큰 변화를 겪었다. 하지만 물론 첫 번째 변환점은 그들을 위험천만한 전쟁터로 보내 줄지은 시체를 보고 돌아오게 한 (혹은 돌아오지 못하게 한) 1차 세계 대전이었다. "남성성이 아주 치명적인 타격을 입었었죠. 포탄이 터지고 불길에 휩싸이는 전장에서 용기를 내기란 거의 불가능하니까요." 쿠르틴은 이렇게 지적한다. 한 세기가 지나고 수많은 갈등까지 겪은 후 남성성은 전쟁의 그림자에서 벗어났고, 극한까지 밀어붙인 전투는 멀어졌다. 전쟁은 이제 세대의 문제가 아니라 전문적인 군대의 영역이다. 우리와 먼, 첨단 기술의 커다란 힘이 다루는 영역이다. 불과 몇십 년 전만 해도 사람들이 쉽게 상상하던 강인한 남성상이 재구성되는 중이다. 이런 현실이 놀랍지 않다. 하지만 한 가지는 확실하다. 아무리 파란만장한 일을 겪더라도 남성성은 절대 사라지지 않는다.

### 망령처럼 쫓아다니는 남자다움의 원형

이미 탈남성화되었다며 페미니즘을 헐뜯는 이들의 주장과는 정반대로, 남성성은 우리 사회에서 좋은 자리를 차지하고 있다. 어떤 면에서 봐도 남성성은 항상 무대의 중심에 서 있다. 정계만 들여다봐도 그렇다. 권력을 향해 비약하기를 희망하는 자에게 강인한 남성성은 반드시 갖추어야 할 덕목이다. 스포츠계도 마찬가지다. 같은 남자들의 눈에도 항상 '뛰어난 남자'만 보인다. 미국과 영국 대학교 남학생 사교 클럽은 신입생을 골탕 먹이는 환영식, 술판, 강간으로 유명한데 미국 사회학자 마이클 키멀<sup>Michael</sup>

<sup>Kimmel</sup>의 표현을 빌면 '소년에서 남자로 자라나는 복잡미묘한 세계'[13]라

할 수 있다. 남성다운 모델이 꿋꿋하게 버티고 있는 이 현상을 이해하기

위해서는 결국 엔터테인먼트 산업과 (상상 속) 전쟁에 관심을 둬야 한다.

2017년 미국에서 가장 많이 팔린 비디오 게임이 무엇일까. 2차 세계 대전을

사실적으로 재현한 '콜 오브 듀티<sup>Call of Duty</sup>'다. 2017년 프랑스에서 두 번째로

많이 팔렸고, 2015년에는 전 세계적 베스트셀러였다. 이 모든 현상은 우연이

아니다. "전쟁이 끝나면 그 전쟁은 스크린 위에서 여전히 계속됩니다. 현실

세계에 전쟁이 적을 수록 전쟁 영화가 더 많이 제작된다는 것은 여러분도

아실 거예요. 독일 사회학자 막스 베버<sup>Max Weber</sup>는 이런 현상을 '사라진

믿음의 망령'[14]이라고 부릅니다. 영웅이 등장하고, 한편으로는 남성미

넘치는 남자들은 반드시 전투 중에 죽지요. 오래전부터 그랬어요." 역사학자

쿠르틴이 관찰한 결과다.

이상적인 남성상은 사라지지 않았다. 단지 숨 죽이고 있을 뿐이다. 그리고

남자들을 줄곧, 가끔은 미치기 직전까지 따라다닌다. 나는 기억한다.

2011년 노르웨이에서 아네르스 베링 브레이비크<sup>Anders Behring Breivik</sup>에게 살해된

77명을. 2018년 미국 파클랜드 고등학교에서 니컬러스 크루즈<sup>Nicholas Cruz</sup>에게

살해된 17명을. 그리고 2016년 오마르 마틴<sup>Omar Mateen</sup>과 올란도의 희생자

49명을…… 리스트는 훨씬 더 많다. "여자가 총기 난사 같은 대량 살상을

저지른 사건을 본 적 있나요? 아니요, 저는 없습니다. 이러한 총기 난사

사건이 남성성과 관련 있다고 하는 사람을 본 적 있나요? 없을 겁니다.

하지만 유일하지는 않더라도 한 가지 직접적인 관련이 있기는 하지요."라고

쿠르틴은 호소한다. "경우의 수는 두 가지예요. 스스로를 영화 속 람보로

인식하기 때문이든가, 아니면 그런 이상적인 남성상에 미치지 못하기 때문에

존재하지도 않는 상상 속 남성상을 파괴하고 싶은 거지요. 이런 살상의
밑바닥에 남성성 문제가 자리한다는 것은 의심할 여지가 없어요."

그렇다. 분명 남성의 세상에 위기가 왔다. 하지만 이에 대한 책임이 여성에게
있지는 않다. 만약 남자들이 어려운 시기를 보내고 있다면 이는 남성성 그
자체 때문이다.

## 3
## 해롭기 그지없는
## 남자다움을
## 끝내기 위하여

### 소년의 삶, 고되구나

"울지 마.", "호모처럼 왜 그래.", "여자애같이 좀 굴지 마.", "제발
남자답게 행동하자.", "불알 떨어지겠다.", "남자가 돼야지." ……허구한 날
들어온 이런 말을 남자아이들은 너무나 잘 안다. 유치원 바깥 놀이 시간부터,
아니, 가끔은 요람에서부터 듣는다. 이런 말은 소년이 가는 곳이라면 집,
학교, 운동장 어디든 따라다니고 동영상이나 드라마 등 어디에서나 들린다.
그렇다면 남자가 되라는 것은 무슨 뜻인가? 이는 '용기가 있어야 하고'(98%)
'여자보다 뛰어나야'(58%) 할 뿐만 아니라 '울지 말아야'(37%) 하는 것이다.
캉타르 연구소 Institut Kantar 가 2018년 봄 실시한 설문 15 에 18세에서 35세
남자들이 응답한 바에 따르면 젊은 세대 프랑스 남자들은 이런 표현에

가장 민감하다. 윗 세대 남성이나 또래 여성에 비해 훨씬 그러하다. 모두가 전적으로 동조하지는 않더라도 대체로 같은 의견을 보인다.

우리는 아직도 남자아이들을 '패권주의적 남성성'이라 불리는 옛 시대의 척도에 맞추어 교육한다. 다시 말해 강인한 남성상이라는 고정 관념에 충실한 지배적인 남성성, 온갖 의무를 줄줄이 포함한 오래전 척도에 맞춘다는 뜻이다. 여성스러운 모든 것을 경계하고 체면을 중요하게 여기며 강하고 공격적인 듯 보이려 애쓰고 최고가 되고자 하며 소속 집단의 이익을 위해 자신을 굽히는 자세……. 아주 어릴 때부터 남자아이들은 약하거나 쓸모없는 사람으로 보여서는 안 된다는 절대 명제를 받아들인다. 여기서 벗어나려면 단단한 갑옷을 만들어 스스로를 보호해야 한다. 수많은 소년들이 남자다워야 한다는 잔소리 폭탄을 들으며 갑옷을 만들고, 그 안에 갇혀 내면 깊은 곳에 감정을 숨기는 법을 익힌다. 미국 드라마 〈친애하는 백인 여러분 Dear White People〉의 등장인물 트로이 Troy도 비슷한 이야기를 한다. "왜 있잖아, 이성애자 남자들한테는 어떤 감정이든 전부 드러내지 말라고 하잖아. 그래서 감정을 속에 꾹꾹 눌러 담아두었다가 운동 경기를 할 때 몽땅 분출하는 거지." 왜소하고 지적인 동성애자 룸메이트와 비디오 게임을 하면서 트로이는 이렇게 설명한다. 2014년 미국에서는 표현 프로젝트 Representation Project의 일환으로, 〈당신이 숨어 사는 가면 The Mask You Live In〉[16]이라는 다큐멘터리를 통해 미국 젊은이들로부터 전통적인 남성상을 단절하고 그 껍질에서 탈피하자는 운동을 펼쳤다. 수차례 상을 받기도 한 이 다큐멘터리는 남자다워야 한다는 압박이 남자아이 교육과 발달에 짐을 지워온 역사를 명확히 보여주었다. 반에서 공부도 일등, 리더십 강하고 인기도 많은 꼬마 두목이 카메라 앞에서 오늘날 남자로 살아가는 것이

어떤 의미인지 이야기한다. 또래 집단에서 인정받기 위해 참아야만 했던
짓궂은 신입생 환영 행사, 드라마를 볼 때조차도 감정을 드러내면 안 되는
것. 아, 물론 한 가지 예외가 있는데 공격성은 아무 때나 분출해도 된다.
그리고 가끔은 억지로라도 거친 남성성을 입증해야 할 때가 있다. 자신감이
부족하다는 걸 감추기 위한 허세는 또 어떤가. 유약하다고 평가받는
것이 두려워 속마음을 누구에게 내보이지도 못한다. 외로움 역시 문제다.
겉으로 드러난 승리 아래 남성성은 수많은 괴로움을 만들어낸다. "미국
소년들은 충분히 남자답지 못할까 봐 불안해하곤 해요. 그래서 끊임없이
이를 증명하려 하지요."라고 뛰어난 남성성 연구학자 마이클 키멀이 말한다.
미국만 그런 것이 아니다. 거친 남성성이 이상적이고 절대적인 규범으로
세워진 곳이라면 어디든 대두하는 문제다.

영국에서는 이 문제가 공공 보건 영역으로까지 퍼져 나갔다. 2017년 가을,
유튜브에 '남자들이 이야기하지 않는 것들 Things Guys Don't Talk About'[17]이라는
짧은 동영상이 올라왔다. 1분 30초짜리 영상에 평범한 사춘기 소년이
등장해 냉장고를 열어 음식을 꺼내 먹고, 거울 앞에 서서 가슴 근육을
들여다 보고는 옷을 벗은 여자 모습을 상상하고, 계속해서 의심과 가난과
자살에 대해 생각한다. 대사는 없지만 마지막엔 이런 말이 흘러나온다. "당신
혼자만이 느끼는 기분이 아니에요. 감정을 말하는 것은 힘들어요. 하지만
우리가 함께할 수 있습니다." 청소년들의 이야기를 들어주기 위해 설립된
전화 상담 단체 '차일드 라인'에서 제작한 영상이다. 소년의 유약한 모습을
보여주는 영상은 이전에도 있었다. 2016년 호주의 무벰버 Movember라는
단체는 남성성과 정신 건강에 관한 짧은 캠페인 영상 '남자여, 일어나라 Man
Up'를 공개했다.[18] 울고 있는 남자들을 향해 다른 남자들이 자신의 감정을

설명한다. "고통을 표현하려면 용기와 마음속 깊이 숨은 감정을 끌어내야 합니다. 이야기해 보세요!"

몇몇 단체들이 이런 캠페인을 만들기는 하지만 양성 평등을 이루거나 성차별에 맞서 싸우기 위해서가 아니다. 그럴 리가 없다. 이들이 남자들을 데려다 영혼 깊은 곳을 털어놓게 하는 것은 모두 자살을 예방하기 위해서다. 오늘날 영국에서는 34세 이하 남성 사망 원인 1위가 자살이다. 호주도 상황은 비슷하다. 15세에서 44세 사이 남성의 사망 원인 1위가 자살이다. 프랑스도 크게 다르지 않다. 교통사고 사망률보다 자살률이 높다. 평균 25명이 매일 프랑스 전역에서 스스로 목숨을 끊고, 그중 75%가 남성이다.[19] 자살의 원인은 다양하지만 남성의 경우 남성성 문제인 경우도 있다. 최근 몇 년간 이에 관한 연구 결과들이 여럿 발표됐다.[20] 남성 행동 규범은 두려워하거나 상처 받는 성격을 비난하기 때문에, 우울증 같은 정신 건강 문제는 부끄러운 일로 치부거나 부정해 버린다. 많은 남자들은 (덩달아 소년들도) 도움이 필요하다는 사실을 인정하기보다는 차라리 침묵하거나 무언가에 중독되거나 스스로를 가두거나 폭력(물론 스스로에 대한 폭력도 포함하여)으로 표출한다. 그들은 약한 남자가 되기보다는 차라리 죽는 편을 택한다. 이는 지배자라는 위치에 있기 때문에 치러야 하는 대가이기도 하다. 사회적, 경제적 혜택과 특권을 누리게도 해주지만 남성성에는 분명 대가가 따른다.


강한 남자가 치르는 대가

교육 공학 박사 실비 에이랄 Sylvie Ayral 은 남자아이들에게 남성다움을 가르치는 방식에 대해 10여 년간 연구했다. 초등학교 교사였고

현재 지롱드<sup>Gironde</sup> 지방 고등학교 교사인 그녀는 학교 내 훈육에 관심이

많았다. 그리고 지금껏 없던 참신하고 세심하며 강렬한 연구서 두 편을

내놨다. 〈소년 생산 공장. 중학교에서의 훈육과 성 역할<sup>La Fabrique des garçons.</sup>

<sup>Sanctions et genre au collège</sup>〉(Puf, 2011)과 〈소년 생산 공장의 종식<sup>En finir avec la fabrique</sup>

<sup>des garçons</sup>〉(2014)은 '꼬마 남자'를 남성답게 교육하는 것이 얼마나 사회적으로

널리 권장되었고, 어떤 참화를 가져왔는지 준엄하게 알린다.

실비 에이랄은 사회 문화적으로 아주 다른 지역 중학교 다섯 군데를 골라

훈육 대장을 샅샅이 조사했다. 그리고 충격적인 사실을 알아냈다. 교내 훈육

대상 학생의 평균 80%, 그중에서도 타인에 대한 폭력으로 처벌받은 학생의

91%가 남학생이었다. "이들은 징계에 대해 무척 걱정해요. 동시에 학교와의

괴리도 크지요."라고 그는 통화에서 밝혔다. 이 대목에서 다시 한번 알 수

있다. 이 상황은 절대 우연이 아니고 남자아이의 본성과도 아무 상관없다.

남성성 구축 관련 문제다. 거칠고 경쟁하기 좋아하며 지배적으로 보여야

한다는 압박에 소년들은 두 가지 모순된 명제를 감내해야 한다. 한 편으로는

현명하고 침착하며 성실해야 한다고 배우지만 또 다른 한 편으로는 얌전한

학생으로 보이면 곧바로 또래들에게 손가락질받는 현실이다. "남자아이는

쉽게 굴복해서는 안 되고 남들보다 더 세야 하고 고개를 꼿꼿이 세워야

해요. 그렇지 않으면 낙오자가 되든가 남성성에 문제가 있는 무능한 존재로

여겨져요. 여자아이와 동급으로 취급되지요. 계집애, 약골, 샌님, 이런 놀림은

남자아이들에게 진짜 큰 모욕이거든요."라고 에이랄은 덧붙였다.

놀림이나 지독한 괴롭힘을 당할 수도 있다 보니 남학생들은 이를 피하기

위해 다양한 방법을 동원한다. 어떤 아이들은 이런 남자다움이라는 틀에

자신을 맞추기 위해 남들과 부대끼며 기를 쓰고 어린 남자의 몫을 해낸다.

혹은 전통적인 남성상이 잘 맞지 않는 소년들끼리 어울린다. 흔히 범생이라 불리는 학생들이 여기 속한다. 결국 많은 학생들이 변화를 택하고 약간의 허세와 심하면 열정까지 더하여 거짓 자아를 만들어내는 쪽으로 적응한다. 처벌도 남성성을 향한 경쟁을 잠재우지는 못한다. 놀랍게도 오히려 경쟁의 원동력이 된다.

실비 에이랄은 교장실과 학생 지도실에 자주 불려 가는 문제 학생들 (90%가 남학생)과 인터뷰를 했다. 그리고 그녀는 문제 학생들이 받는 처벌이 오히려 부정적 결과를 낳는다는 사실을 깨달았다. 학교에서의 처벌은 남성다움의 표식과도 같아서 막아보려던 문제들을 오히려 키우는 역효과를 낸다. "처벌을 받아본 문제 학생들은 처벌을 제대로 이용할 줄도 알아요. 분명해요. 아이들 대다수는 자신이 뭘 하고 있는지 완벽하게 알아요. 스스로 납득하는 거지요. 문제를 일으키면 덩달아 아주 중요한 이익이 따라온다는 것을요. 악명과 함께 굉장히 남자답다는 인상을 남기고, 이성애자라는 그들 세계의 규범을 만들어가는 거예요."

여자가 아니라는 것을 입증하기 위해, 거기다 호모가 아니라는 것도 입증하기 위해 아이들은 교사에게 반항한다. 심지어 사창가에도 간다. 아주 사소한 일에도 시비를 건다. 여자아이들에게 망신을 주고 동성애자를 모욕한다. 중학교를 졸업할 즈음에는 헬멧도 없이 오토바이를 타고 속도를 두 배쯤 올리고 술을 들이켜고 대마초를 피우고, 해야만 한다면 맨손으로 빌딩 벽도 타고 올라갈 것이다. 남성성을 겨루는 경주에서 폭력과 법규 위반은 두 가지 주요 원동력이다.

이러한 경주는 사춘기가 끝나도 멈추지 않는다. 남자다워야 한다는 명령에 따라 일생에 거쳐 남성성을 구축한다. "폭력은 압도적인 비중으로 남성에

의해 이루어집니다."라고 실비 에이랄은 단언한다. 숫자를 보면 더욱
분명하다. 프랑스의 소년과 남성은 다음 숫자로 설명된다.

* 교통사고 사망자의 75% [21]

* 자전거와 오토바이에 의한 자살의 92% [22]

* 음주 운전 사망자의 92% [23]

* 교도소 수감자의 96.1% [24]

* 가정 폭력으로 유죄 판결을 받은 이의 97% [25]

* 약물 과다 복용 사망자의 80% [26]

* 학교 중퇴자의 59% [27]

이 정도면 증거에 굴복하는 수밖에 없다. 사회에 해악이 되는 남성상이
치르는 대가는 엄청나다. 그리고 남자들이 그 대가를 치른다. 특히 실현
불가능한 이상적 남성상 근처에는 가지도 못했는데, 강한 남성이라는
고정 관념의 잣대에 부응하려 한 모든 남자들에게, 소년들에게, 인기 있는
남자아이들에게 대가가 크다. 그들은 대개 가장 먼저 학업을 포기한다.
넉넉한 가정 아이라면 부모의 관심과 환경의 뒷받침으로 다시 궤도에 오를
수도 있겠지만 아이들 대부분은 학업에도 가족 관계에도 그리 성공적이지
못하다.
"어떤 남자들은 대가를 아주 혹독하게 치러요. 하지만 그 대가를 다른
이들이 먼저 치른다는 사실도 잊어서는 안 돼요." 그녀는 다시 일깨운다.
가정 폭력, 강간, 묻지마 범죄…… 해로운 남성성에 따른 피해자가 너무
많다. 동시에 우리 사회가 남성과 그들의 콤플렉스를 뒤치다꺼리하는 데

막대한 비용과 상당한 에너지를 쏟고 있다는 점도 잊으면 안 된다. 학교의 징계 위원회, 낙제를 막기 위한 특수 학급, 청소년 교육 센터, 뿐만 아니라 지역 스포츠 시설, 지역 청소년 쉼터 등 청소년들이 에너지를 긍정적으로 분출할 수 있도록 돕는 곳은 예외 없이 남자아이들로 꽉 찬다. "남성성이 끼치는 해악을 해소하는 데 최종적으로 수백 만 시간과 수백 만 유로의 예산을 투입해야 할 것으로 예상돼요." 이 모든 것이 우리가 남자아이들을 강하게만 키워왔기 때문에 일어난 일이다.

### 소년에게 울 자유를 주라

좋은 소식도 있다. 우리 세대에서 이런 독이 되는 남성성을 끝낼 수 있다. 그러기 위해 남성성이 유난히 독단적으로 군림하는 분야에서 싸워야 한다. 바로 감성 영역이다. 아주 어릴 때부터 소년들에게 감정을 억누르라 가르쳐왔고, 그 결과가 어떻게 나타났는지 우리는 잘 알지 않은가. 무엇보다 소년들에게 마음대로 울 자유부터 허락하자. 별것 아닌 듯 보이지만 절대 그렇지 않다. 아주 근본적인 문제다! "운다는 것은 반드시 필요한 행위이고, 건전한 감정 활동이에요. 우는 것은 여러 방면으로 많은 도움이 돼요. 그 과정을 지나야만 어린이와 청소년 들은 고뇌를 말로 옮길 수 있거든요."라고 의학박사이자 정부산하양성평등최고회의 일원인 그리유 라지미 Grilles Lazimi 박사가 강조한다. "눈물 닦아.", "뚝 그쳐.", "에이, 별일 아닌데 왜 울어." 남자아이들에게 이제 이런 말은 그만하라. 우는 것을 금지하기보다는 차라리 그들을 위로하자. 그런다고 절대 아이들이 겁쟁이나 약골이 되지는 않는다. 오히려 감정적인 면에서 더욱 건강해질 것이다. 감정을 표현하도록 적극 권장하자. 어떤 방법이 좋을까. "여자아이들을 대할 때처럼 자연스럽게 해보세요. 다시 말해 왜 괴로운지 명확하게 설명하도록 하면서 공감해 주는 거예요." 심리 치료사 세르주 에페는 이렇게 권한다. "친구 때문에 속 상하고 슬퍼?", "엄마, 아빠한테 꾸지람을 들어서 화났어?", "친구 만나니까 기분이 좋아?" 우리가 자주 말로 표현할수록 아이도 마음껏 감정을 표현할 것이다.

분노, 슬픔, 기쁨, 두려움……. 그때그때 느끼는 다양한 감정에 이름을 붙여보게 하고 힘이 나는 감정을 찾도록 도와주자. 필요하면 이를 위해 고안된 게임이나 글을 활용해 보자. "부모들은 대개 남자아이들의 감정에 대해서는 캐묻지 않으려고 해요. 아이가 너무 감성적으로 자랄까 봐 두려워하기 때문이지요. 결국 남자아이들은 이해받지 못하는 상황에 자주 놓이고, 자신이 느끼는 감정이 무엇인지 제대로 파악하지 못하는 경우도 생깁니다."라고 에페 박사는 강조한다. 이렇게 감정이 세분화되지 못하고 뒤엉키면 그 아이는 결국 불안과 분노, 혹은 자극만 표출하게 된다.

다양한 감정에, 가끔은 불쾌한 감정에 동요하는 일은 정상이다. 이를 두려워 말라고 가르치자. 에페 박사는 "예를 들어 소년들이 스스로를 경멸하거나 부끄럽게 느끼는 것은 어떤 사건을 겪을 때만이 아니에요. 어떤 감정이든 지극히 자연스럽다는 사실을 콕 집어 알려주는 것이 중요해요. 더 나아가 이를 건설적으로 발전시키도록 도와주는 것도 중요하지요."라고 말한다. 당연한 말이지만 호전성은 분노, 불안과 마찬가지로 소년들의 감정 표현 영역에서 큰 역할을 맡고 있다.

자신감을 갖도록 도와주자. 사회학자 실비 에이랄이 학교 인터뷰를 하며 알아낸 사실이 있다. 남자다워야 한다는 강제적인 지상명령에 가장 크게 저항하는 소년들, 따라서 자연스럽게 반대 성향으로 기우는 소년들은

'감정 기반이 탄탄하고 정신력이 강한' 아이들이었다. 취재를 위해 만났던
많은 전문가들도 그와 같은 이야기를 했다. (부모가 아이에게 기대하는 모습이
아니라) 있는 그대로의 모습으로 존중과 격려를 받으며 자란 아이는 유해한
남성성의 덫에 걸려 넘어질 염려가 적다.

### 공감 능력을 키워주자

남자들에게 섬세함을 버리라고 명령하던 구시대의 남자다움
도식은 소년의 감성을 희생하고 지배 정서를 강화했다. 이는 평등하고
조화로운 세상을 만들어가는 토대가 되기에 그다지 좋은 조건이 아니다.
구시대의 성차별적 교육과 반대 입장을 취하려면 일단 교육의 지향을 바꿔야
한다. 우리는 아이들에게 어떤 가치를 전달하고자 하는가. 남과 거칠게
충돌하는 아이와 남을 돕는 아이 중 누구를 더 높이 평가하는가. 상대방에게
관심을 보이는 것을 순수하게 여성적 품성이라 생각하고 있지는 않은가.
아니면 우리 모두가 노력하여 갖추어야 할 덕목이라 생각하는가. 과도한
경쟁심으로 황폐해진 세상에서 다른 이에 대한 보살핌, 영어로는 '케어<sup>care</sup>'
라고 하는 공감과 공유는 여자아이뿐만 아니라 모두에게 가치 있다.
남자아이들의 공감 능력을 키워주자. "지금도 우리는 상반된 방법으로
아이들을 가르칩니다. 그래서 남자아이들이 여자아이보다 공감 능력이
조금 떨어지고 호전적이지요. 반면 여자아이들은 수동적이고 연민이 넘쳐요.
어쩌면 이런 상황이 남자아이의 폭력성을 부추기고 권력욕을 키우는 것일
수도 있어요." 그리유 라지미 박사가 내게 설명해 주었다. 그는 2018년
봄, 여성 재단이 시작한 #아들아너는남자가될것이다 *#TuSerasUnHommeMonFils*
캠페인을 지지, 후원했다.

라지미 박사는 아이들이 타인에게 마음을 열고 남을 존중하는 능력을 갖추려면 일단 교육이라는 이름으로 행하는 폭력부터 추방하고 아이들에게 모범이 되어야 한다고 말한다. "남자아이들은 좀 더 힘든 과정을 거치며 자라요. 부모는 딸보다 아들을 쉽게 체벌하곤 해요. 아들을 상대로는 약간 공격적이 되는 거예요. 그리고 아들 역시 그럴 땐 제법 폭력적으로 반항하고요."

그는 여성 및 아동 대상 폭력 연구에 오랜 세월을 바쳐온 전문가로, 절대 아이를 때리거나 창피를 주지 말아야 한다고 주장한다. "부모가 죄책감을 느끼라고 하는 말이 아니에요. 나 자신도 부모이고 아이를 키우는 것이 얼마나 고된 일인지 너무나 잘 압니다. 인간은 아이 때 겪은 일을 옳다고 생각하며 무의식적으로 재생산해요." 또 그는 흔히 교육이라는 명목으로 행해지는 폭력이 가져올 타격에 대해 경고한다. 체벌이나 따귀를 때리는 일은 대화를 단절하는 지름길이다. "부모가 아이에게 소리를 지른다면 아이도 그런 행위를 반복해요. '아, 아무짝에도 쓸모없어. 어쩜 저렇게 바보짓만 하는지.' 같은 말 역시 대단히 폭력적이에요."

폭력과 마찬가지로 공감 학습도 생애 초반에 이루어진다. 그리고 이 두 정서는 남자아이가 타인과의 관계, 그중에서도 특히 여자아이와의 관계를 구축해 가는 방법에서 그 모습을 드러낸다. "공감 능력이 뛰어난 사람들이 일상의 폭력에도 쉽게 굴복하지 않는다는 사실을 우리는 잘 알아요. 그들은 타인에게 더 많은 관심을 보이고, 폭력을 목격하면 훨씬 큰 충격을 받고 피해자를 돕기 위해 선뜻 나서지요." 우리 아들들에게 억세고 무심한 사람이 되라고 가르치기보다는 진정한 유대감을 길러 나가도록 도와줘야 한다. 미국 심리학자 로런스 코언 Lawrence Cohen 은 〈누구 나하고 놀 사람 Playful

Parenting>[28]이라는 책에서 수많은 소년들이 남자다워야 한다는 굴레에 갇혀 주변과 단절된 채 자라고, 어른이 되어서도 폭력이나 경쟁 관계, 성적인 쟁취 없이 타인과 교류를 시작하지 못한다고 썼다. 코언은 해로운 성 역할 고정관념에 사로잡혀 불행해지기보다는 표현력과 소통 능력, 협동법을 배우는 데 도움이 되는 재미있는 활동을 해보라고 권한다. "공감이나 감성 지능, 혹은 친절 같은 덕목은 책이나 도덕 교과서에서 배우는 것이 아니라 친밀한 관계 속에서 익혀가는 것입니다."

창의적 게임 (그림, 연극, 노래 등 어떤 분야도 괜찮다.)으로 원활한 의사소통을 시도해보라. 협력해야 이기는 보드 게임 (어마어마하게 많다!)을 통해 아이들은 협동 정신을 키울 수 있다. 두 사람이 한 조가 되어 뛰는 이인삼각 경기는 어떨까. 우리는 신체적으로도 다른 이와 가까워지는 것을 경험할 수 있다. 경쟁이나 유혹을 위한 경우가 아니더라도 다른 사람들, 남자아이들끼리도 접촉할 수 있다고 알려주는 것이 급선무다. 이런 식으로 우리는 지배보다는 공감하는 정서를 가르칠 수 있다. 경직되고 엄격한 남성성에 복종하는 것보다 타고난 모습 그대로 살아갈 가능성도 높아진다.

### 남성성은 남자 수만큼 다양하다

남자다워야 한다는 잔소리를 그만두자. '남자답게 잘 싸웠다'고 칭찬하고, 눈물을 흘린다고 (상냥한 어조일지라도) 남자아이를 나무라는 어른들의 원동력은 모두 '남자다워야 한다'는 명령이다. 물론 많은 이들이 나쁜 의도 없이 이런 말을 자주 한다. 그럼에도 끊임없이 되풀이되는 이 몇 마디는 우리가 의식하지도 못하는 사이에 아이들의 가슴속 가장 깊은 곳에 새겨진다. 그렇게 남은 말 때문에 그들은 어떤 대가를 치르더라도 남자다운

틀 안에 들어가야 한다고, 그래야 소년으로, 자라서는 남자로 제대로
대접받고 존경받는다고 믿어버린다.

남자다운 롤 모델을 멀리하라. 남자답다는 롤 모델은 DNA에 새겨진 것이
아니라 오랜 세월 사회가 만든 결과다. 우리 아들들이 남자다움이라는
엄격한 규범에서 해방되도록 하려면 남성으로 살아가는 방법에는 수천
가지가 있고, 비록 어떤 규범이 비난의 시선을 보낸다 하더라도 '진짜'
남자로 (덧붙이자면 진짜 이성애자 남자로) 살아가는 데 아무 지장이 없다는 것을
보여주자. 반대로 어마어마하게 강해 보이는 남성상에 부합하면서도 꽃을
사랑하고 싸움을 싫어하는 경우도 얼마든지 가능하다. 결론은 남자가
되는 데에는 한 가지 정해진 길만이 있는 것이 아니라는 사실을, 그리고
남성성이라는 개념 자체도 개개인의 수만큼이나 다양하고 고유하다는
사실을 아들에게 알려주자는 것이다.

남자답다는 틀에서 벗어나는 것은 단순히 남성과 여성의 관계를
재정비한다는 뜻만이 아니다. 이는 우리 아들들에게 타고난 모습으로 살
자유, 그 모습 그대로 활짝 피어날 자유를 주는 것이기도 하다.

# 4
## 남성성의
## 재창조

### 남성성 다시 보기

어느덧 세상이 바뀌었다. 시간이 더 걸리겠지만 21세기도 한참 지난 이 시점에 드디어 세상이 남성성을 주목하기 시작했다. 정체를 숨기던 존재가 언론에도 등장하고 점차 더 많이, 더 강렬하게, 공개 토론장에도 나타난다. 거스를 수 없는 시대의 흐름이다. 2017년 가을 프랑스에서는 남성성을 집중적으로 다룬 방송 프로그램이 2개 등장했다. 하나는 언론인 빅투아르 튀아용 Victoire Tuaillon 이 진행하는 팟캐스트 '식탁 위의 성가신 일 Les couilles sur la table'이다.(성가신 일이라는 뜻의 쿠이유(couille)에는 불알이라는 뜻도 있다. - 옮긴이) 그녀는 탁월한 인터뷰 솜씨를 발휘해 남성성의 해체 또는 재구성에 관한 질문을 던진다. 2개월 후 '마드무아젤 MadmoiZelle'이라는 사이트에 '보이즈 클럽 Boys Club'이라는 팟캐스트가 등장했고 다음과 같은 질문을 던졌다. "남자로 산다는 건 어떤 뜻인가요?" 비슷한 시기, 철학자 올리비아 가잘레는 〈남성성의 신화. 양성 모두를 향한 올가미〉[29]를 출간했다. 이후 남성성을 다루는 토론이나 라디오, 텔레비전 방송이 적어도 한 달에 한 번은 보인다. 남성성이라는 주제가 드디어 이렇게 논의되고 검증되고 철저하게 해부되고 있다. 전에 없던 현상이다.

하지만 이 문제에 진지하게 관심을 가지는 이들은 아직은 대학 교수들뿐인 듯하다. 심지어 학자들도 오랜 망설임 끝에 연구를 시작한다. 남성성에 관한 관심은 여성학의 궤적에서 시작되었다. 여성학은 구체적으로 여성과 페미니즘 연구에 중점을 두는 여러 학문과 얽힌 학제간 연구 분야다. 1970년대 미국에서 등장하여 오늘날 영국과 미국 100여 대학에서 가르치는 여성학은 많은 업적을 낳았다. 하지만 여성과 여성성의 사회문화적 쟁점에 관한 연구가 늘어나는 동안 남성성과 남성 자체에 관한 연구는 충분히 진행되지 않았다. 규범을 대표하는 '첫 번째 성'에 대해 왜 굳이 질문을 던지겠는가. 오랫동안 이 영역은 사회 과학의 레이더에서 벗어난 채 진화했다. 하지만 여성을 지배하는 메커니즘을 밝혀내는 위업을 달성한 후 우리는 바로 정확히 그 장벽 반대편에 남성이 있다는 사실을 알았다. 1980년 극소수 연구자가 남성성과 그 역사에 대해 관심을 갖기 시작했다.[30] 그들의 젠더 연구는 미운 오리 새끼 같은 존재였지만 그때를 기점으로 남성 연구가 활발해지기 시작했다. '패권주의적 남성성'이라는 개념으로 유명한 호주 사회학자 레윈 코넬 Raewyn Connell 과 그녀의 미국 동지 마이클 키멀의 공로가 컸다. 학계 권위자이자 열렬한 페미니스트인 키멀은 40여 년 전부터 남성과 관련된 해악을 낱낱이 파헤쳤다. 그는 우리에게 〈성난 백인 남성 Angry White Men〉[31]이라는 명저이자 베스트셀러를 안겨주었다. 말 그대로 '화가 잔뜩 나 있는 백인 남자들'(도널드 트럼프 대통령 당선에 열광한 바로 그들을 가리킨다.)에 관한 책이다. 또한 그의 노력 덕에 2013년 뉴욕 주 스토니브룩 대학교에 첫 남성학 센터가 문을 열었다. 2019년 가을 학기에 남성성 연구에 관한 첫 번째 석사 과정이 생겨난 것 또한 (다시 한번!) 그의 공로다.

학계 내에서 논의되던 남성성은 이제 사회에서도 진지하게 다루어진다. 아주 조금씩 남성들은 (그리고 여성들조차도) 어제까지만 해도 당연히 변하지 않을 거라 생각하던 것에 의문을 제기하기 시작했다. 남성성의 다양한 면모를

받아들이고 남성성을 재창조하기 위해 노력하기 시작했다는 것은 참으로
잘된 일이다.

### 남자들에게 맨스플레인하다

어린 아들을 둔 아빠이자 페미니스트인 세드리크 르 메레[Cédric
Le Merrer]는 2017년 3월 '설명하는 남자[Le Mecxpliqueur]'[32]라는 사이트를
만들었다. (남자라는 뜻의 맥(mec)과 설명하다는 엑스플리케(expliquer)를 결합해 만든
단어. '맨스플레이너'의 프랑스어 표현. - 옮긴이) 말 그대로 '남자들에게 인생에 대해
맨스플레인하는' 블로그다. 그는 익살스러운 삽화와 공감 가는 문구로,
남자들에게 남성성에 관한 문제를 호소했다. "여성으로 산다는 것이 무엇을
의미하는지 이해하기 위한 연구는 죄다 여성을 대상으로 이루어졌어요.
남자들은 남성성에 한 가지 의미밖에 없다고들 느껴요. 세상에는 진짜
남자가 있고 누구나 진짜 남자가 무슨 뜻인지 알지요. 오늘날 감히 진짜
여자라는 표현을 함부로 입 밖에 낼 사람은 많지 않을 겁니다. 남성성에
관해서는 아직 우리 임무를 다 하지 못했다고 봐요." 30대 빨간 머리 남자는
자신의 활동을 이렇게 소개했다.
그는 분명 스스로 남자다움이라는 고정 관념에 들어맞는다고 생각한
적이 없기 때문에 이 주제에 뛰어들 수 있었을 것이다. 그는 오늘날 여전히
언론과 대중 문화가 남성성에 대해 오직 하나의 이미지만을 보여주는 점이
안타깝다고 한다. 강한 남자, 잘생긴 애송이, 플레이보이. 그는 자신의
블로그를 통해 이런 남성상의 원형을 유머와 자조를 간간이 섞어가며 실타래
풀 듯 한 올 한 올 풀어낸다. "남성성은 들통나기 쉬운 연약한 속임수 같은
것이다. 다른 남자 앞에서 적절하지 않은 행동을 하나만 해도, 혹은 적절하지

않은 색깔 옷을 입거나 웃음 소리가 조금만 높아도 바로 깨지는 속임수. 별것 아닌 우스꽝스러운 점 하나에도 남들 눈에, 혹은 우리 자신의 눈에 의심스러워 보일 수 있다."라고 그는 블로그 서두에 적었다.

게시물들은 대부분 남자답다는 것을 입증하기 위해 문제될 만한 행동을 하거나 스스로를 여성 혐오와 동성애 혐오에 빠뜨리는 것이 얼마나 유해한지 이야기한다. "어릴 때 엄마들이 아들에게 많이 하는 이야기지요. '만약 친구들이 높은 절벽 꼭대기에서 뛰어내린다면 너도 그럴 거야?' 남자임을, 진짜 남자임을 입증하려면 종종 그 절벽에서 뛰어내려야 하는 것이 남자아이들의 현실이라는 걸 엄마들은 이해 못 해요. 가끔은 다른 아이를 절벽에서 밀어버리는 게 더 나은 방법이라는 것도요."

남자들의 순결, 유혹하기, 성관계 전 의사 확인, 착한 남자 증후군……. 그의 블로그는 진부한 주제들을 유머 넘치고 교육적인 방식으로 이야기한다. 그리고 남자들 스스로 타인, 특히 여성과 관계를 맺어 나가는 방법에 대해 고민해 보도록 한다. 그가 이 블로그를 운영하는 이유는 성차별에 맞서는 투쟁과 양성평등 성취 노력에 남성들을 조금이라도 끌어들이고 싶어서다. 블로그 이름부터 페미니스트 콘셉트라 할 수 있는 맨스플레인에서 따왔다.[33] 남자들이 여자를 무시하는 어조로, 여자가 더 잘 아는 문제까지도 설명하려 드는 경향을 말한다. 이 블로그에서는 남자들이 듣는 대상이지만.

예를 들어보자. 남자로 사는 여러 방법이 있으니 남성성이라는 단어 역시 복수형으로 쓰일 수 있다. "세상에는 남자답다는 표현이 난무하고 자연스럽게 받아들여지지만 사실 죄다 인위적으로 만들어진 말들이거든요. 이런 보이지 않는 사회적 명령이야말로 여성들과 마주했을 때 폭력을 불러올 수 있어요. 제가 가장 걱정하는 부분이기도 하지요. 그런 행동들이 남성에게도 해가 되고, 굳이 그런 규범을 따르지 않아도 된다는 건 말할 필요도 없지요." 세드리크는 말한다. 방대하면서도 열정 넘치는 콘텐츠로 가득한 공익 사이트이니 우리 주변의 신사들, 젊거나 어린 신사들에게 꼭 방문을 권하자.

### 다른 남성성을 갈망한다

데 드 카발 D' de Kabal (작가이자 래퍼, 영화 감독, 무대 퍼포먼스 아티스트. - 옮긴이) 역시 해로운 남성성 해체로 분주하다. 하지만 '설명하는 남자' 블로그와는 달리 그는 가까운 사람들, 혹은 자기 내면에서 시작하는 방식을 택했다. 2016년, 40대인 이 남성 아티스트는 '예술과 감성에 의한 남성성 해체와 재정립 실험실'을 선보였다. 듣기 난처할 수도 있는 이 이름 뒤에는, 남성성을 만들어내는 방법을 파악하기 위해 남성들이 직접 겪은 사연들을 주고받는 공간인 기억의 작업실이 있다. 이 사이트에 대한 이야기를 처음 들었을 때 나는 그와 그의 활동이 무척 궁금했다.

이 모험은 (모험이지!) 파리 북동쪽 마을 보비니에서 시작되었고, 데 드 카발은 여러 해 동안 그곳에 살며 작업했다. 처음엔 그저 몇몇 친구들이 뜻을 모아 시작한 일이었다. 그리고 2년이 지난 후에도 초기 멤버들은 그대로다. 작업실은 옆 동네 빌타뇌즈로, 기아나의 쿠루로, 마르티니크의 포르드프랑스까지 퍼져 나갔다. 남자다움이나 남성성 같은 주제에 문제의식은 느끼나 논할 기회를 한 번도 경험하지 못한 19세부터 70세까지의 사람들이 40여 명 모였다. "빌타뇌즈에서는 19세 청년과 70세 노신사가 이야기를 나누는데 서로를 너무나 완벽하게 이해하는 거예요. 보비니에서는 알제리인, 서인도제도 앤틸리스 출신, 토종 프랑스인, 동양에서 온 프랑스인

등이 모두 섞여 있었어요. 그렇게 다양한 사람들이 모여서 모두 같은 이야기를 하는데 정말로 감동적이었어요." 카발이 말했다.

연령에 상관없이, 독신 기혼 할 것 없이, 너나 없이 모두가 지금과 다른 남성성을 갈망했다. 훨씬 사려 깊고 덜 폭력적인 남성성. "우리는 진정한 남자가 되는 일에는 관심이 없어요. 왜냐하면 진짜 남자는 현재의 불평등한 제도가 우리에게 기대하는 일을 해야 하거든요." 카발이 언론인이자 페미니스트 활동가인 엘로이즈 부통 Eloïse Bouton 과 함께 시나리오를 쓴 영화 〈우리의 침묵이 만들어내는 소음 Le bruit de nos silences〉에 등장하는 대사다. 이 영화는 마르티니크 실험실에서의 경험을 풀어낸다. 그곳에서는 자신의 경험을 이야기하고 남성 지배 행태에 반대하며 그들이 '남성성의 구름'이라 부르는 것에 새로운 잣대를 세우고 옛 방식을 처음부터 새로이 바꾸는 일에 모두가 열심이다. "승자에 대한 착각 있잖아요. 이겨야만 한다, 남을 밟고서라도 일어서야 한다, 가슴 근육을 키워야 한다, 더 강하게 말해야 한다, 자기 주장을 굽히지 말아야 한다, 이런 것들요. 바로 우리가 죄다 털어내고 싶은 것들이죠."라고 카발은 말한다. 그의 작업실은 이미 세상을 바꾸고 있다. 몸, 욕망, 성생활, 합의……. 실험실은 남성과 자기 자신과의 관계를 근본적으로 바꾸고 있다. "나 스스로를 이렇게 제대로 느끼기는 처음이에요."라고 그는 털어놓는다. 이처럼 스스로를 돌아보면서 세계를 바라보는 시선도 바뀌었다. "이런 현상은 지배 개념을 날카롭게 인식하도록 단련해 줘요. 2년 전에는 아무 관심 없던 일이 이제는 견디기 어려워요. 광고 포스터, 신문 사설 같은 것들, 특히 광고 포스터는 남성 지배의 위험성을 인식하는 데 도움이 되지요."라고 그는 덧붙인다. 2017년 10월, 하비 웨인스타인 사건이 터졌을 때 보비니 아틀리에에 있던 카발과 친구들은 몹시

기뻐했다. "우리 자신을 위해 기쁜 게 아니었어요. 세상이 움직이고 있다는
사실에 기뻤던 거지요."라고 딸 둘, 아들 둘을 둔 아버지인 카발은 덧붙였다.
그가 성 역할 관련 문제에 관심을 가진 것은 그때가 처음이 아니다. 2015년
그는 '남성과 여성, 그 보이지 않는 메커니즘 L'homme-femme/Les mécanismes invisibles'
이라는 글을 쓰고 직접 발표했다. 작품에서 그는 남성 지배가 가능하도록
돕는 메커니즘을 낱낱이 파헤치고, 여성 입장에서 많은 질문을 내놓았다.
카발의 실험실 멤버들은 서로 대화가 통한다. "남성성의 해체를 제대로
인식한다 하더라도 만약 엉뚱한 사람이 이를 엉뚱하게 해석하려 든다면
아마 큰 재난이었겠지요." 그러면서 카발은 직접적으로 남성우월주의자들을
언급했다. 오늘날 남성의 처지에 대해 근심하는 남자들의 모임 말이다.
카발의 모임과 차이점이 있다면 그들은 페미니스트를 모욕하고 (기본적으로
여성을 아주 우습게 여긴다.) 남성성 해체를 아쉬워하며, 그 때문에 그들의
권력을 빼앗겼다고 여기는 것이다. 그렇다. 카발과 맞는 이들은 아니다.
여태까지 카발은 남성 지배 메커니즘을 근본적으로 해체할 방법을 모색하며
페미니스트 활동과 궤적을 함께해 오지 않았던가.
나는 그의 업적을 믿는다. 만약 우리가 남성 여성 사이의 관계를 변화시키고
싶다면 남성 스스로 혁명을, 내면으로부터 조용한 혁명을 이루어내야 한다.
여자들을 괴롭혀왔듯 그들 스스로를 괴롭히는 유해한 남성성을 타파하기
위해서는 말이다.

진심과          섹스
        남자들의
Part 4

얼마 전 일이다. 지고토와 함께 버스를 타고 가는데 한 여성이 우리에게 다가와 엉큼한 미소를 지으며 말을 걸었다. "어머나, 매력덩어리 같으니라고! 몇 년만 지나면 아주 여자아이들 가슴을 찢어놓겠군요!" 한껏 친근한 말투였지만 나는 억지웃음밖에 나오지 않았다. 솔직히 말하면 짜증을 참느라 힘들었다. 사랑스러운 내 아이를 두고 '잠재적인 바람둥이' 같은 표현을 써가며 칭찬한 사람이 그녀가 처음은 아니었고, 분명 마지막도 아닐 것이다. 정도 차가 있을 뿐 매번 비슷했다. 그 예쁜 푸른 눈과 장난기 가득한 웃음으로 분명 여자아이들을 후리는 선수가 될 거라는 그런 이야기. 비록 칭찬하려고 꺼낸 말이었지만 부모인 우리는 분노했다. 지고토가 아직 돌 케이크 촛불도 안 끈 아기인데 벌써부터 자라서 여자애들을 쓰러뜨릴 거라는 둥 분명하다는 둥. 이건 아이 앞길에 대한 저주 아닌가.

어린아이에게 엉뚱한 소리를 속삭이는 데 동화가 빠질 수 없다.[1] 아동 도서는 대부분 용감한 왕자님이 친절하고 연약한 공주님의 마음을 얻으며 끝난다. 몇 년 후 아이들은 만화 영화에서 비슷한 이야기를 보고, 조금 더 크면 텔레비전 리얼리티 쇼가 그 뒤를 잇는다. 시작은 〈잠자는 숲속의 미녀〉 같은 동화지만 조금 더 크면 '독신자들' 같은 짝짓기 프로그램을 보며 여자를 유혹하는 것이 남자의 임무라고, 여자아이들은 남자에게 선택 받기 위해 존재하며 그 남자가 있어야 삶의 의미도 찾는다고 생각할 것이다. 목표를 위해 권모술수도 써야 한다고 생각할 것이다. 아가씨들은 속으로는 좋아도 싫다고 말하므로 밀어붙여야만 한다고 생각할 것이다.(결국 미녀 벨은 자기를 가둬놓은 야수를, 잠자는 숲속의 공주 오로라는 자기를 강간한 사람을 사랑하지 않는가.)[2]

한번은 공원에서 산책을 하다가 한 무리의 아이들이 놀고 있는 것을 지켜보았다. 한참 봤더니 우리 모두 아는 놀이였다. 남자아이들은 여자아이들 치마를 (혹은 티셔츠를) 들추며 쫓아다니고 여자아이들은 피하느라 뛰고 숨어야만 했는데, 여자아이들이 같이 놀고 있는 건지 아니면 어쩔 수 없이 도망을 다니는 건지 분간이 안 갔다. 지나가던 무심한 어른 눈에 비친 모습이니 우리가 상황을 얼마나 제대로 파악했지 아무도 모를 일이다.

그러나 그날 공원 놀이터에서 벌어지는 일을 보며, 이 아이들이 자라 어른이 되었을 때 어떤 모습일지, 어떻게 살지 알 것만 같다는 생각이 들었다. 원형 경기장에서 여자아이들은 약탈의 대상이 되고 (상황에 따라 사냥의 트로피가 되고) 남자아이들은 약탈자가 되는 상황. 여자아이들은 수동적이고 남자아이들은 능동적이고 활동적이기를 모두가 기대하는 그런 세상. 감정은 여성의 영역이고 성 본능은 남성의 영역이라 여겨지는 세상. 상호 합의라는 개념이 양자 물리학 법칙만큼이나 낯설게 받아들여지는 세상. 남성과 여성 관계가 차별과 괴롭힘과 폭력으로 강조되는 세상 말이다.

우리 모두 알고 있듯 바로 우리가 지금 살아가는 세상이다. 만약 우리가 시간을 들여 아이들에게 감성과 사랑과 섹스에 관해 가르치려 노력하지 않으면 이 세상은 바뀔 여지도 희망도 없는 것이다.

# 1
## 소년이
## 사랑을
## 배우는 법


### 유혹이 없는 곳에 유혹을

나는 종종 주변 어린이들의 연애 이야기를 들으며 경악한다. 물론 사랑은 우리 삶에서 무척 큰 부분이다. 어린 아이들에게도 사랑은 중요하다. 유치원 시절부터, 아니 종종 어린이집을 떠날 무렵부터 아이들은 커플이 되니 말이다. 3세에서 5세 사이, 아직 도토리처럼 조그마한 아이들에게도 이미 '연인'이 있는 경우가 많다. 아이들은 그 연인과 같이 놀고 손을 잡고 다니며 친근하게 만지거나 첫 키스를 주고받기도 한다. 이런 모습을 사랑스럽게 바라보는 어른들 눈에 그렇다는 이야기다. 어른들은 아이들의 이런 사랑 놀이를 아주 귀엽다고 여긴다. 맞는 이야기이긴 하지만 나는 부디 이 애송이 연인들이 절대 어른들처럼 놀지는 않기 바란다!

어린아이에게 연애의 불을 붙이는 것은 어른들이다. 우리는 어른의 시각으로 사랑과 연애를 바라보며, 아이들이 어른처럼 연애를 할 거라 착각하고 등을 떠민다. 10개월 된 레옹이랑 돌 된 루나를 두고 농담 삼아 결혼 이야기를 가끔 하지 않나. "쟤들 봤어? 둘이 너무 귀엽지 않아? 한 20년쯤 있으면 쟤네 결혼시켜야겠어." 아이들은 그냥 소꿉놀이 세트를 가지고 노는 중인데 말이다. "네 딸 잘 챙겨, 우리 아들이 나중에 유혹해 버릴지도 몰라!"라는 농담, 혹은 두 살짜리 사샤가 "어린이집 선생님을 유혹했다"는 이야기들은 주로 윙크나 야릇한 웃음과 함께 등장한다. 그래, 좋다, 웃자고 하는 말이니까! 하지만 여기서 중요한 건 이렇게 유머의 탈을 쓰고 튀어나온 말들이, 얼핏 보이듯 그리 하찮지가 않다는 점이다. 우리는 이런 태도로 18개월, 혹은 24개월 (종종 더 어린) 아이에게조차 어른들의 행동 양식을 대입한다. 아니다, 젖먹이 아가는 절대 어린이집 보모를 유혹하는 것이 아니다. 18개월 된 여자아이는 절대 남편감을 찾고 있지 않다. 두 돌 된 압델과 롤라가 같이 노는 걸 좋아한다고 해서 둘이 사랑에 빠진 것도 아니다.

물론 나쁜 의도로 그런 무례한 말을 하는 것은 아니다. 그러나 천 번은 들었음 직한 이런 행동이나 말을 예사로 내뱉으면서 우리는 번번이 아이들 관계를 낭만이라 포장한다. 아니, 조금 더 정확히 표현하자면 소녀와 소년 사이에 필수로 사랑을 대입하여 유혹이 존재하지 않는 곳에 유혹이라는 개념을 설정하는 것이다. 여기에는 로맨틱한 관계는 무조건 이성 간 성립된다는 개념도 녹아 있다.

아담과 라이언이 언제나 사이 좋게 논다고 해서, 혹은 피에르가 어느 남자 아이와 지나치게 가깝다고 해서 농담으로라도 그 둘을 커플로 엮거나 사랑에 빠졌다고 말하는 것은 들어본 적이 없다. 놀랍다고? 절대 놀랄 일이 아니다. 남자아이를 두고 그런 농담을 하더라도 나는 웃을 준비가 되어 있지만 실제로는 단 한 번도 들어본 적이 없다! 비슷한 경우 만약 꼬마 줄리에게 '남자애를 꼬셔봤느냐'고 묻는다면, 대답을 듣는 것은 고사하고 그 자리에서 아이 부모로부터 빈축을 살 것이다.(아니, 지금 우리 애가 헤픈 여자라는 뜻인가요?!) 맞는 말이다. 말 그대로 가벼운 농담만은 아니기 때문이다.(그렇지 않다면 우리가 성별에 대한 인식을 새로이 하는 데 그토록 오래 걸렸겠는가.) 유머를 한

꺼풀만 벗겨내면 이런 말들은 성별에 따른 고정 관념을 강화하고 확고하게 다지는 역할을 한다.

이런 무신경한 농담은 안 그래도 아동 문학, 만화 영화, 대중 문화에 대대적으로 퍼진 뻔한 성차별적 담론을 아이들의 머릿속에 더욱 강력하게 자리 잡게 한다. 시시해 보일 수도 있는 이런 말들은 어린이들에게 어느 길을 따라 가야 할지 너무나 분명하게 보여준다. 이성애자들이 가는 길, 성별에 따라 서로 다른 역할을 하도록 정해진 길. 여자아이들에게는 쟁취의 객체인 공주 역할이 기다린다. 그리고 남자아이들에게는 타고난 유혹자, 바람둥이가 되어 누구를 얼마나 더 쟁취할지(설명할 것도 없이 그 대상은 여성이다.) 궁리하는 역할이 기다리고 있다.


### 소년들도 사랑을 한다

동시에 우리는 아이들에게 또 다른 메시지를 하나 보낸다. 사랑, 그건 여자아이들이나 하는 거라는 메시지. 그 결과 남자 아이들에게는 사랑이 허용되지 않는다. 프랑스국립보건연구소에서 박사 학위를 준비하는 케빈 디터Kevin Diter가 관찰한 결과에 따르면 그렇다. 그는 '6세에서 11세 사이 어린이들에게 있어 사랑과 우정 표현의 구축과 내면화'를 주제로 논문을 준비하고 있다. 케빈 디터는 1년 동안 한 초등학교와 파리 레크레이션 센터에 자리를 잡고 교실, 운동장, 학교 축제, 심지어 수학 여행까지 따라가 일주일에 이틀 내지 사흘을 아이들과 함께 지냈다. 시의적절하고 민족지학(특정 사람들의 생활 방식을 조사하여 문화를 연구하는 학문.-옮긴이)적인 설문조사 덕에 그는 어린 소년들이 어떻게 사랑하는 법을 배우는지 분석할 수 있었다. 첫 번째 교훈. 아주 어린 아이들 사이의 연애 관계(우정 관계 또한)는 문자 그대로 사회적 학습의 결과물이고, 그 학습 내용은 어린이의 성별에 따라 확연히 달라진다. 아주 어린 아이들조차도 사랑은 여성의 영역이라는 사실을 금세 깨닫는다. 어린이들은 장난감이나 의상, 책 등을 통해, 더 자라서는 텔레비전 프로그램을 통해 주변을 관찰한다. 여자아이들의 세계에는 감정이 존재한다. 여자아이들의 티셔츠와 팔찌를 장식하는 하트 무늬와 'LOVE', 'KISS' 같은 문구만 보아도 알 수 있다. 남자아이들 세계는 좀 다르다. 감정을, 그것도 사랑을 논하는 것은 흔치 않다.

케빈 디터는 아이들의 또래 친구들을 조심해야 한다고 경고한다. 초등학교때부터 아이들에게는 여성의 영역에 들어서는 남자아이들을 암묵적으로 비난하고 제자리로 돌려보내야 한다는 정서가 있다는 것이다. 그 여성의 영역이라는 것 역시 대단한 게 아니라 그저 사랑에 대해 조금 진지하게 이야기하는 정도다. 비판하고 조롱하고 심지어 모욕적으로 여겨야 할 밸런타인데이에 관심을 보인다는 것만으로도 남자아이들은 그들 사이에서 비난받는다. 초등학생 소년은 무척 단순하다. 디터는 "그 또래 남자아이들에게 사랑이란 건 아무 상관없는 남의 나라 이야기예요. 더 어린 아가들이나 어른들의 일인 거지요. 아니면 여자아이들 일이고요. 그 나이 남자아이들에겐 그 인식이 너무나 확고해요. 사랑이란 감정에 지나치게 관심을 보이는 순간 자신의 평판, 더 나아가 남자아이로서의 자아가 위험에 빠지니까요. 그래서 남자아이들이 사랑이라는 개념에 반감을 갖게 되는 거예요."라고 팟캐스트 '식탁 위의 실수'에 출연해 설명했다.[3]

들여다보면 같은 이야기다. 사랑이라는 감정은 여성의 영역이라 규정되어 있어 여자아이들은 아무 문제없이 몰입한다. 반면 남자아이들은 이 성별이라는 영역을 넘어가는 일엔 아무런 관심이 없다. 관심을 보였다가는 나쁜 소문이 나고, 학교에서 남들보다 우월한 위치를 잃거나 '감상적인 놈', '계집애', '호모 자식' 등의 취급을 받을 수도 있기 때문이다. 그들 입장에서 그리 유쾌한 일은 아닐 것이다. 어른들로 말하자면 이러한 상황을 끝내기는커녕 오히려 성별에 따른 감성의 이분법은 더 굳건해진다. "남자아이들이 사랑이라는 감정과 멀어지고 성별 구분이 심해진 데에는 교사들과 레저, 스포츠 강사들 책임이 크다."[4]라고 디터는 자신의 저서에서 밝혔다. 그는 설문 조사를 실시하는 동안 청소년 교육 종사자들이 은연중에 기존 질서를 공고히 한다는 사실을 깨달았다. 감성적인 친구를 놀리고 모욕하는 아이들을 나무라지 않고 묵인하면서 기존 질서를 알게 모르게 견고하게 만든다. 한편 가정에서는 부모가 딸과 아들에게 각기 다른 태도를 취한다. 대부분의 부모가 딸과는 일상적으로 감정에 대한 이야기를 나눈다. 기분이 어떤지 묻고 사랑에 대해 긍정적으로 이야기한다. 그렇다면 아들과는 어떨까. 일단 아들의 감정에 관심을 덜 보이고 아이의 기분도 별로 묻지 않는다. 아들의 사랑에 대해 이야기하지도 않지만 혹시라도 그런 일이 있다면 아마 아들을 놀리기 위해서일 것이다.

비웃음을 사지 않기 위해 수많은 어린 남자들이 차라리 강하고 무뚝뚝해 보이는 편을 택한다. 감성적인 면을 보였다가 친구들에게 들키는 일은 상상도 할 수 없다. 어른들이 그에게 사랑에 대해 말하더라도 소년은 대놓고 조금도 관심 없다는 듯 굴 것이다. 그래서 오늘날 우리는 남자아이들이 "역겨워, 사랑이라니. 세상 쓸모없어."라든가 "아무리 그래봤자 소용없어, 여자애들이나 하는 짓이야."라고 말하는 현실과 마주친다.

케빈 디터의 연구는 우리에게 새로운 사실을 하나 알려주는데, 결코 사소한 문제가 아니다. 우리 사회는 남자아이가 사랑에 관심을 보이는 것을 이렇게까지 가로막는데 아무도 이를 위협으로 인식하지 못한다는 것이다. 이토록 험난한 세상 한가운데에서 감성적 고집쟁이들만이 간신히 버텨가고 있다. 그가 인터뷰했던 8세 소년 줄리앙을 보자. 이 아이는 좋아하는 여자아이가 있고, 자신의 사랑에 대해 이야기하는 것을 꺼리지 않았다. 하지만 면전에서 또래 친구들의 면박을 들은 뒤로는 감정을 드러내지 말아야 한다는 것을 알게 되었다. 그럼에도 다행히 감정 자체를 포기하지는 않았다. 디터에 따르면 자신의 감정에 충실한 태도는 사회 상위 계층 소년들에게서 두드러지고, 그중에서도 특히 어머니가 사회적으로 성공한 가정에서 더욱 그렇다. 왜 그럴까. 이런 가정들이 그래도 우리 사회에서 가장 먼저 성 역할 고정 관념에 의문을 제기하고 감정 표현을 존중하며 그에 대해 적절히 교육했기 때문이다. 그리고 이는 우리에게 두 가지 사실을 보여준다. 첫째, 모든 소년들이 천편일률적인 방식으로 사랑을 배우지 않는다. 둘째, 사랑을 피해 가는 숙명이란 없다. 모든 이의 예상을 뒤엎고 소년들도 사랑을 한다.

### 아들과 감정을 이야기하는 법

사랑이 여자아이 전유물이라는 착각에 빠져 살며 우리는 여성과 남성의 관계에 대해서도 성차별적인 고정 관념에 갇혀 같은 실수를 반복했다. 세월이 지나면 꽉 막힌 이 시야는 성차별적인 폭력, 특히 커플 간 폭력의 기반이 된다. 남자아이들이 사랑하며 성장하는 것을 방해하고, 자신이 중요하다고 느끼는 것보다 남들이 중요하다고 강조하는 기준에 맞추어 행동하게 한다.

이러한 상황을 바꾸려면 아들과 감정에 대해 이야기하는 것부터 시작하자.

우리의 감정에 대해, 무엇보다도 아들의 감정에 대해 이야기해 보자.

어려서부터 그때그때 속마음을 털어놓고 느끼는 바를 말로 표현할 분위기를 만들어주자. 미묘한 주제를 다루듯 접근하는 것이 아니라 대충 말해도 서로 통하는 친근한 이야기부터 시작해 보자. 해 질 무렵 잠자리에 눕혀주면서, 해 뜰 무렵 어둑한 방에서 아이를 깨우며 이야기를 해보는 것도 좋은 방법이다. 아이를 차에 태워 오는 길에, 간식을 먹는 동안, 혹은 같이 영화를 보면서 아주 간단한 이야기를 해보자. 아이가 우리에게 물어볼 수 있도록 하고, 부탁하면 조언을 해주자. 사랑에 빠지는 것은 결코 부끄러운 일이 아니다. 사랑을 표현하는 것 역시 그렇다!

이 대화를 오로지 어머니에게만 맡기지 말고 아이들의 감성 교육에 반드시 아버지도 참가하자. 케빈 디터의 설문 조사를 보면 알 수 있다. 대개 '성차별적이지 않은 감성 교육을 받았고 아버지들이 더 열심이었던 경우'의 소년들이 자신의 감정을 말로도 잘 표현한다. 바꾸어 말하면 소년들은 사랑을 경멸할 (혹은 거리를 둘) 운명을 타고나지 않았다. 아버지가 (혹은 삼촌이나 가까운 남자 어른이) 감정이나 연애에 대해 이야기하는 것을 보면서 아들은 사랑과 우정에는 성별 구분이 없다는 생각을 자연스럽게 흡수한다. 남자에게도 감정을 가질 권리가 있으며 가까운 이들에게 마음을 털어놓고 싶은 욕망도, 그럴 필요성도 있다는 사실을 알게 된다. 그런다고 해서 절대 남자답지 못한 게 아니라는 것 또한 알게 될 것이다.

여자들과의 우정을 응원하자. 남자아이들이 여자아이들과 시간 보내는 것을 좋아하는 건 그 아이가 바람둥이라서도 아니고 약골이라서도 아니다. 여자아이들은 단순히 남자아이들의 마음을 끌기 위해서만 존재하지 않는다. 그들 역시 함께해서 즐겁고, 서로 말다툼도 하고 많은 것을 나눌 수 있는

존재다. 성별이 여자인 친구들을 둔다는 것은 실로 근사한 일이다. 너무나
건강하고 전적으로 정상적인 일이다!

### 사랑에 관한 고정 관념 버리기

남성과 여성, 그리고 사랑에 대한 고정 관념이 만들어놓은 길을
정확하게 반대로 따라가보자. 아동 문학뿐 아니라 애니메이션, 영화 중에는
아이들에게 고정 관념과는 다른 이야기를 보여주는 작품도 있다. 모든
남자들이 죄다 여자 꼬시는 데만 혈안인 것은 아니고, 모든 여자들이 함께
아이를 낳아 키울 꿈속 왕자님을 낚기 위해 살지는 않는다는 것을 보여주자.
〈메리다와 마법의 숲 Brave〉의 메리다는 결혼보다 독립을 선호한다.
〈쿠크하트: 시계심장을 가진 소년 Jack et la méchanique du Coeur〉에서 잭의 심장은
태어날 때부터 냉동 상태였지만 그는 한 소녀와 사랑에 빠진다. 우리 주변을
돌아보면 평생 한 여자를 사랑하고 함께 살아가는 것이 유일한 소망인
아저씨도 어디엔가 있을 것이다. 소년들에게 사랑은 성별과 아무 관계 없고,
사랑하는 방법에는 어떤 규칙도 없다는 것을 자주 이야기해 주자. 사랑하는
이와 부부나 파트너가 되어 행복한 사람이 있는가 하면 커플이 되는 데에는
전혀 관심 없는 사람도 있다. 이는 각자의 선택일 뿐 성별과는 전혀 상관이
없다는 것을 소년에게 알려주자.

기사도보다는 예의를 갖추라고 가르치자. 페미니스트 블로거인 크레프
조제트 Crêpe Georgette 가 콕 집어 말했듯 겉으로는 몹시 친절한 기사도 정신
역시 성차별의 다른 형태일 뿐이다.[5] 그녀는 프랑스 대표 사전 라루스가
기사도를 가리켜 '여성 주변에 집중되는 예절과 친절'이라 설명한다는 점을
지적한다. 중세 시대 궁정에서의 사랑에서 전해 내려온 기사도 정신은 원래

여성들이 편히 이동하고 머물 수 있게 해주려는 데에서 시작되었지만 그와 동시에 유혹의 방편이기도 했다.(숙식을 제공해 주니 말이다.) 어느 각도에서 보아도 문제가 있다. 일단 기사도라는 것은 여성만을 대상으로 하기 때문에 그 사실만으로도 전적으로 성차별적이다. 그렇지 않은가. 둘째, 여성은 작고 약한 존재라 혼자서는 자기 옷도 하나 걸지 못하고 가방도 들지 못한다는 점을 암시한다. 셋째, 기사도는 종종 '대가'를 기대한다. 예를 들면 내가 밥값을 냈으니 이 여자도 내게 뭔가(대개는 섹스)를 제공해야 한다는 방식이다. 이쯤 되면 기사도 시대는 그만 끝을 내고 예의범절에 집중하는 것이 합당하지 않은가. 다른 이를 위해 문을 잡아준다든가 무거운 장바구니를 함께 들어준다든가 버스에서 자리를 양보하는 등의 행동은 예절에 속하며 남녀 구분 없이 모두에게 중요한 문제다. 하지만 '여성을 떠받들게' 두는 것은 몹시 겁나는 일이다! 따라서 우리 아이들에게, 성별을 떠나 모든 사람에게 호의적이고 친절해야 한다는 것을 알려주자.(여자는 공주가 아니다. 게다가 남자가 여자에게 친절을 베풀었다 해서 그 여자가 그에게 신세를 진 것도 아니다.)

어린 아이들에게 연애라는 딱지를 함부로 붙이지 말자. 막스가 여자아이와 친하게 놀 때마다 우리가 러브 스토리 운운한다면 아이는 결국 그 관계를 우정이 아니라 사랑, 혹은 유혹의 문제로 인식한다. 어린이들에게 어린이다운 삶을 허용해 주자. 어떻게든 연인을 만들어야 한다는 압박 같은 것 없이 말이다. 네 살짜리 아이의 머릿속에는 사랑 말고 다른 생각도 있는 법이다. 이성애자 세상의 규범을 버리자. 두 돌 소년이 자라서 아기 때 좋아하던 그 소녀를 반드시 좋아할 거라는 보장은 없다. 왜 아직도 어린 청소년에게 그토록 악착같이 아직 '사랑하는 여자'는 없냐고 묻는 걸까? 아이에겐 아직 그러고 싶은 생각이 없을 수도 있고, 어쩌면 마음속 깊은 곳에 이미

'사랑하는 남자'가 자리했을 수도 있다. 비록 이성애가 가장 일반적인 사랑이라고 하지만 동성애, 또한 양성애도 전혀 비정상이거나 위험할 것 없는 애정의 한 형태다. 동성 부모 아래에서 자라는 아이들은 이 사실을 잘 이해하고 있다. 언젠가는 다른 아이들도 그 사실을 알게 되는 날이 올 것이다. 아이들에게 좀 더 포용력 있는 이야기를 들려주거나 권하는 방법도 있다. 혹은 아이들에게 좋아하는 여자가 있는지, 혹은 좋아하는 남자가 있는지 물어볼 수도 있다. 다시 한번 말하지만 이런 대화를 나눈다고 아이가 게이가 되지는 않는다. 오히려 아이들은 게이인 것이 전혀 나쁜 일이 아니라는 사실을 인지할 것이다. 그리고 만약 자신이 게이이더라도 부모의 사랑을 절대 의심하지 않아도 되며, 게이라고 남자가 아닌 건 아니라는 사실을 깨달을 것이다.


## 2
## 남자의 성은
## 사회적으로
## 만들어진다


### 욕망의 대상으로 전락한 여성

첫사랑, 첫 키스, 첫 번째 흥분……. 우리가 아이와 함께 알아가야 할 주제가 하나 있다. 바로 성 문제다. 지고토는 아직 갓난아기지만 나는 아이에게 성관계나 내밀함, 에로티시즘에 대해 이야기해야 할 순간을 벌써부터 생각한다. 내가 확신하는 것이 딱 한 가지 있다면 아이가 진짜 성생활을 시작할 나이가 되기 전에 우리 집 식탁에서 먼저 얘기를 나눠야 한다는 것이다! 오늘날 우리는 지나치게 섹스에 노출되어 있다. 옷을 벗은 육체와 섹스에 관한 참고 자료가 언제 어디서나 공공연히 등장하는 사회. 우리 아이들이라고 피해 갈 수 없다.

학생 시절 나는 보모 아르바이트를 했다. 돌보던 남매의 하교 시간에 맞춰 초등학교로 갔다. 학교 근처 버스 정류장에 붙어 있던 커다란 속옷 광고 사진이 아직도 기억난다. 옷을 반쯤 벗은 매끈한 모델이 행인을 향해 멍한 시선을 보내는 그 광고를 무시하며 지나기란 불가능했다. 아홉 살이던 아르튀르는 이야기를 하다 말고 사진에 몰입했다. 거기에 집중하며 더 알고 싶다는 의욕을 강하게 드러냈다. "왜 저 여자는 옷을 안 입었어요? 그리고 왜 저런 자세로 있는 거예요?" 20대였던 나는 평정심을 잃었다. 아이는 광고에 대해 뭔가 더 할 말이 있는 듯했지만 나는 아이에게 진실을 알려주고 싶은 마음과 여성을 대상으로 삼는 문제에 대해 설명해야 한다는 의무감, 불편할 수 있는 대화에 대한 두려움 사이에서 갈등하다 비겁하게 대답을 피했다. 10년이 흘렀지만 당시 상황을 되새기는 순간이 종종 있다. 아무것도 아닌 듯해도 우리 앞에 항상 놓여 있는 고난을 일깨우는 순간들이다. 신문 가판대 제일 앞자리를 보란 듯이 장식한 포르노 잡지와 마주칠 때마다 그때를 떠올린다. 자주 그렇다. 바닥 타일부터 소파, 샴푸에 이르기까지 온갖 물건을 더 많이 팔기 위해 벗은 여성의 사진을 정성껏 포토샵 작업까지 해서 광고에 사용한 것을 볼 때마다 그때를 생각한다. 정말이지 자주 그렇다. 언제나 마찬가지다. 지나치게 성적인 면이 강조되는 우리 사회에서 여성들은 의지와 상관없이 욕망의 대상으로 전락해 버렸다.

2017년 방송통신규제위원회는 텔레비전 광고 200만 편을 꼼꼼히 조사했다. 성적인 요소를 드러낸 광고의 3분의 2(67%)에 여성이 등장한다. 이 중 절반 가량(54%)은 부분적으로 혹은 전체적으로 벗은[6] 이미지다. 광고만의 문제가 아니다. '머리 없는 할리우드 여성들 The Headless Women of Hollywood'[7]이라는 텀블러 사이트는 그 이름에서 추측할 수 있다시피 2016년 이래 얼굴 없이 여성 신체 일부만이 (예를 들자면 매끈한 다리, 깊이 파인 상의를 입은 상체, 동그란 엉덩이 등……) 등장하는 영화 포스터들을 편집해서 업로드한다. 참으로 시사하는 바가 크지 않은가! 〈킹스맨 King's Man〉에서부터 〈섹스 앤 더 시티 The Sex and the City〉, 〈미니언즈 Minions〉를 지나 〈튜더스 The Tudors〉에 이르기까지, 영화계는 끊임없이 여성들을 토막 내고 있다. 안타까운 관습이다. 게다가 대사 있는 여성 캐릭터가 등장하는 비율은 고작 28%이다.[8]

영화 스크린만큼이나 성차별주의가 만연하는 게임 업계도 살펴보자. 2005년 두 명의 미국 여성 연구원[9]은 여성 아바타 캐릭터를 분석해 80%가 성적 측면이 강조되고, 옷은 적게 입었으며, 아름답게 그려졌음을 밝혔다. 12년 뒤인 2017, 한 연구팀이 성차별주의와 게임 사이의 연관성에 관심을 보였다. "분석 결과, 인기를 끄는 비디오 게임의 경우 여성은 위축되거나 수동적인 역할로 등장합니다. 구해야 할 공주 아니면 쟁취 대상으로요. 역할 자체보다는 성적인 면을 부각한 외양이 중요하지요."라고 연구 일원이었던 로랑 베그 Laurent Bègue는 AFP와의 인터뷰에서 밝혔다.[10] 성 역할 고정 관념에 사로잡힌 캐릭터 묘사는 게임 이용자들의 성차별 관념에 영향을 끼칠까? 연구자들은 그렇다고 답한다. 그들은 11세에서 19세 사이의 프랑스 젊은이를 13,000명 이상 연구했다.(당시 가장 큰 집단을 대상으로 한 실험이었다.) 그들은 텔레비전 이상으로 "이용자의 성별, 연령, 사회경제적 지위, 종교와

상관없이 게임 이용자들은 성차별에 심각하게 노출된다"[11]는 결과에
주목했다.

성차별적인 이미지의 세례를 흠뻑 받은 아이들은 '대상으로서의 여성'
이미지를 체득하며 성장한다. 여성은 자신만의 목소리나 대사가 없는(심지어
머리도 없는!) 존재, 혹은 남성의 쾌락이라는 목적을 위해서만 존재하는 육체로
축소되어 버린다. 이런 현상은 여자아이들이 자기 육체를 대하는 방법과
유혹에도 영향을 끼친다. 남자아이들이 여성을 유혹의 대상으로, 욕망을
충족하기 위해 이용하는 존재로 받아들이듯이 말이다. 결국 여자아이들은
훗날 진짜 이성 교제를 시작할 때, 함부로 '쉬운 여자'라 평가되고 존중받지
못하는 것이다. 따라서 우리 사회가 성적인 자유를 권장한다 하더라도
방심하지 말자. 낡아 빠진 데다 뻔한 성차별은 질기게 살아남아 우리 침실에,
그리고 우리 아이들의 침실에까지 손을 뻗치고 있다.


## 성적으로 자유롭다고 헤픈 것이 아니다

아마 포트 Kpote 박사에 대해 들어본 적 있을 것이다. 그는
열렬한 에이즈 퇴치 투쟁가로, 40대지만 기성 체제에 순응하지 않는 펑크
정신으로 가득 찬 열정가이자 학계에서는 편견의 중재자로 알려져 있다.
15년도 더 전부터 그는 파리 근교 일드프랑스 지역 중학교와 고등학교를
돌며 젊은 학생들을 상대로 성에 대해 강연을 했고 항상 콘돔과 관련
자료를 나누어 주면서 강연을 끝냈다. 청소년 대상 강연에서 그는 아틀리에
활동에 관한 이야기를 한다. 정기적으로 기고하는 신문 칼럼에 언급하기도
하는 활동이다.(최근 이 칼럼을 묶어 <Q세대 Génération Q>[12]라는 제목으로 책을 냈는데
일독을 권한다!) 그는 어떤 학교에 가든 청소년들의 성이 차별적 고정 관념에

의해 형성되었음을 확인했다. "성 해방에 있어 성별에 따른 진지한 관점 차이가 항상 존재해요. 연애를 하는 남자아이들을 두고는 매력적이라든가 잘생겼다는 등 나름 긍정적인 표현을 쓰지요. 하지만 여자아이들에 대해서는 대체로 부정적이에요. '쉬운 여자', '매춘부' 같은 말들을 쓰거든요. 지금도 여전해요. 레바논식 전채 요리를 앞에 두고 그가 내게 말했다.

포트 박사가 교실에서 관찰한 내용은 국립인구문제연구소[INED]와 국립보건의학연구소[INSERM]에서도 전국의 18세 이상 집단을 대상으로 연구했다. 2007년 두 기관은 이 연구 결과를 〈프랑스에서 성 본능의 전후 관계[Contexte de la sexualité en France]〉(CSF)[13]라는 제목으로 출간했다. 1970년과 1992년 이후 프랑스 역사상 가장 광범위하게 실시된 성 관련 설문조사였다. 이 거국적인 세 번째 조사에서 다양한 분야의 학자들이 참가자 12,000명에게 질문했다. 그리고 두 가지 결론을 내렸다. 첫째, 1970년대보다 오늘날 사람들이 성생활을 더 중요시한다. 둘째, 대상이 여성이냐 남성이냐에 따라 우리는 여전히 성에 대해 달리 인식한다. "격차가 감소하고는 있지만 여성의 성과 남성의 성 사이에는 항상 커다란 골이 있었다. 일단 여성의 성은 실생활적인 면과 결혼을 빼고는 생각하기 어렵고 남자들의 성은 무척이나 다양하고 스케일이 거대하다."라고 보고서는 밝힌다. 달리 말하자면 여자는 사랑하는 이를 위해 스스로를 아끼고 깔끔한 성생활을 유지해야 하는 반면 남자는 있는 힘을 다해 사랑을 나누고 경험을 넓혀야 하는 것으로 보인다는 말이다.

성별에 따른 이런 이분화는 사람들의 사고와 직접적으로 연결된다. 수많은 미디어 종사자들은 아직도 이런 생각을 버리지 못했다. 타고난 '두 성별 간의 상호 보완성'이라는 개념을 말이다. 이 개념에 따르면 일단 본질적으로 부드럽고 낭만적이며 수동적이고 비교적 섹스에 관심이 적은 여성의 관점이 있다. 그리고 다른 쪽에는 능동적이고 공격적이며 억누를 수 없는 성욕에 따라 움직이는 남성의 관점이 있다. 이러한 생각은 사람들의 정신 깊숙이 각인되었다. 프랑스 성 의식에 관한 설문 조사에서 여성 73%와 남성 59%가, 남자들이 생물학적으로 여자보다 성적 욕구가 강할 수 있다고 응답했다. 하지만 남자가 여자보다 강한 성욕을 타고난다는 그들의 주장은 사실이 아님이 과학 연구로 대부분 밝혀졌다. 2011년 미국 오하이오 대학교 연구원인 테리 피셔 Terri Fischer 는 실제로 남자들이 여자들보다 섹스에 대해 더 많이 생각하는지에 관해 연구를 시작했다. 그녀가 관찰한 바에 따르면 남학생들은 하루 평균 19번, 여학생들은 하루 평균 10번을 섹스에 대해 생각했다. 언론 매체들은 앞다투어 열성적으로 '남자들은 섹스에 집착한다'는 식의 제목을 내보냈다. 남자들이 잠이나 음식에 관해 우선적으로 생각한다는 사실은 밝히지 않고 결론으로 건너뛴 것이다. 달리 말하면 남자는 여자에 비해 그저 모든 생물학적 욕구를 더 자주 말로 표현할 뿐이다. 다른 관점에서 이는 평균적인 수치이기도 하다.(어떤 이들은 좀 더 자주 생각할 것이고 어떤 이는 덜 생각할 것이다.) 이 연구의 진짜 결론은 다음과 같다. '섹스에 관해 생각하는 횟수는 생물학적 섹스 외 다른 변수들과도 관련 있다.'

한편 캐나다 출신 연구자 메레디스 치버스 Meredith Chivers 는 여러 해 전부터 성에 대해 연구해 왔다. 그중에 이런 실험도 있었다. 사람들에게 다양한 섹스 이미지를 보여주는 것이다.(이성애자들끼리의 관계, 동성애자들끼리의 관계, 자위 행위, 심지어 보노보 원숭이들까지도.) 그녀는 참가자들의 생식 기관에 장착한 열 감지 장치의 도움을 받아 흥분 정도를 측정했다. 여성 참가자들은 대체로 모든 이미지를 보며 흥분을 느꼈으나(흥분 정도는 다양했다.) 일부 이미지를 본 남성 참가자들은 완전히 냉담해졌다. 또 다른 발견 하나는 질문을 했을 때 여성들은 흥분하지 않았다고 대답했으나 몸은 반대였다는 것이다! 참가자들의 주장과 신체 반응의 부조화, 남성 참가자들에게는 없던 일이다. 여성의 욕망은 대체적으로 과소평가된다는 주장, 심지어 완전히 무시당한다는 주장을 여성들이 입증해 준 것이다.

놀랍지 않다. 역사적으로 여성의 성은 금지된 영역이었고 사회적으로 억압되었다. 경험을 쌓아가는 남자들의 행동은 긍정적으로 평가되었지만 여자들의 경우는 달랐다. 같은 행동을 해도 여자들은 '쉬운 여자', '창녀'로 분류되었다. 흔히들 말하는 이중 잣대다. 똑같은 행실도 사회적으로 어느 그룹에 속한 이가 하느냐에 따라 다르게 판단된다는 뜻이다. 21세기 청소년들은 이제 그런 이중 잣대의 시대를 끝냈을 거라 생각하는가? 아니다, 이 점에선 완전히 망했다. "청소년들과 성을 이야기하다 보면 여전히 순결이라든가 순수함에 대한 개념이 너무나 생생하게 남아 있어요. 종교적인 관점에서 들여다보지 않은 경우도 마찬가지예요. 성 경험을 한 여자 아이를 여전히 '더럽다'고 여겨요. 반대 경우 질문 자체가 존재하지 않는다니까요!"라고 포트 박사는 청소년 대상 강의 내내 강조했다.

지금도 여전히 소녀의 처녀성은 (지켜야 할) 보물처럼 여기는 반면, 소년의 동정은 (내다 버려야 할) 부담처럼 여겨진다. 이 문제에 10여 페이지를 할애한 한 인터넷 포럼에서 이런 경우를 쉽게 찾을 수 있다. "저는 15세고 아직 동정이에요. 여자아이와 성관계를 해본 적이 없어요.(해보고 싶은 욕구는 강렬지만요.) 더 심각한 것은 사실 여자아이와 데이트 한번 변변히 해본 적 없다는 거예요. 심각하죠? 제 나이에 너무나 부끄러운 일이에요."

이런 메시지들이 인터넷에 얼마나 흔한지 모른다. 다시 한번 경각심을 불러일으키자면 강인한 남성상의 원형은 소년들의 성을 형성하는 데 여전히 큰 영향을 끼치고 있다.

### 크기, 굵기, 딱딱함, 버티는 힘에 집착

누구나 알다시피 남자라면 성생활을 해야 한다. 가능한 한 많이, 많은 여성들과. 딱딱하게 오래도록 발기해 있어야 한다. 즐겨야 하지만 너무 빨리 끝내서도 안 된다. 욕구를 느껴야 한다. 항상 반드시 '실력이 좋아야' 한다. 한마디로 남자라면 섹스에 능해야 한다.

섹스에 능하기 위해서는 물론 '크기'가 필수다! 남성성의 상징인 페니스는 정력이라는 광신의 중심과도 같은 존재다. 특히나 그 크기가 자주 화제에 오른다. 심지어 유치원 시절부터 우리 젖먹이 꼬마들이 얼마나 '실하게 타고났는지' 단호하게 말하는 것을 들었다. 더 자라서는 또래 친구들이 모욕적인 언사를 이어가고, 10대들은 '작은 고추'를 끊임없이 조롱한다. 이 주제는 텔레비전 드라마부터 잡지, 광고, 예를 들면 '20cm가 주는 행복' 운운하는 모르토 소시지(모르토 지방 특산 소시지로 다른 소시지보다 굵다. - 옮긴이) 광고 같은 것들을 넘나들며 존재감을 과시한다. '남자들에게 있어 페니스 사이즈'라는 항목이 위키피디아에 존재할 정도다. 이 화제가 우리 사회에 너무나 명백하게 존재한다는 뜻이다.(그렇다, 위키피디아에 '질의 길이'나 '클리토리스의 크기'에 대한 페이지 같은 것은 존재하지도 않는다.)

어떤 남자들에게 '탈의실 신드롬' 같은 증상이 있다는 사실도 놀랍지는 않다. 생식 기관의 크기에 대한 콤플렉스가 자존감과 심지어 사회 생활에까지도 영향을 끼친다니 말이다. 물론 모든 남자들이 그런 문제를 겪는다는 뜻은 아니다. 하지만 수많은 남자들이 자기 신체 해부도에 의문을 품는다. 내 생식기는 정상일까? 충분히 큰 것일까? 페니스 사이즈는 남자들 사이에서 제법 널리 퍼져 있는 걱정거리다. 특히 젊은이들 사이에서 그렇다. 2014년 프랑스여론연구소가 발표한 설문 조사에 따르면 포르노 영화를 본 적 있는 남자의 4분의 1이 (남성 표본의 90%에게 질문했다는 가정 하에) 자기 생식기 크기에 콤플렉스를 느낀 적 있다고 답했다.[14]

크기, 굵기, 딱딱함, 버티는 힘……. 페니스와 관련된 이런 집착은 소년들에게 절대적 부담이다. 하지만 이러한 집착은 또 다른 사실을 일깨운다. 이성애자 간 섹스의 중심에 남자와 남자의 성기가 자리한다는 것이다. 그 이유는 이렇게 볼 수 있다. 다른 여러 경우와 마찬가지로 포르노 영화에서 성관계는 남자가 희열을 맛보며 끝난다. (여자들은 그만큼 즐기지 못하니 얼마나 안타까운가.) 삽입이 성교의 가장 주된 행동인 듯 여겨지는 것 또한 같은 이유에서다. 다른 모든 행동, 쓰다듬거나 입을 맞추는 행동, 그리고 심지어 구강 성교도 일종의 사전 작업, 즉 '전희' 정도로 밀려난다. (80%나 되는 여성들은 압도적으로 이 단계를 선호하는데도 말이다.)[15] "여성의 욕망과 쾌락은 여전히 감춰져 있어요. 성인 세계에서나 청소년 세계에서나 모두 마찬가지예요."라고 포트 박사는 말한다.

이러한 남근 중심 성 의식 속에서 성기 삽입은 지배와 동급으로 여겨진다. 따라서 강인한 남성성이라는 절대 명제에 따르자면 거만하게 발기해야만 한다. 남자, 그것도 진짜 남자가 되기 위해서는 다른 이의 몸 안으로 삽입해야만 하는 것이다.[16] 굳이 그럴 필요 없다는, 반드시 삽입을 해야만 하는 건 아니라는 파생 명제는 당연히 여성스러운 것으로 간주되고 따라서 남성의 격을 떨어뜨리는 셈이 된다. "남성성이라는 규범은 삽입하는 이를

높이고 삽입당하는 쪽에 상흔을 남깁니다."[17] 철학자 올리비아 가잘레는
〈20분 20minutes〉과의 인터뷰에서 이렇게 밝혔다.

프랑스어로 앙퀼레 enculé, 얼간이라는 욕이 왜 심각한 모욕인지 그 이유가 바로
여기에 있다. 앙퀼뢰 enculeur, 남색가라는 단어와 앙퀼레 enculé는 둘 다 남색을
탐한다는 뜻의 동사 앙퀼레 enculer에서 나왔는데 전자는 수동형, 후자는
능동형이다. '키스당했다', '정복당했다' 같은 표현도 이런 맥락에서 등장한
것이다. 그뿐 아니라 오늘날에도 여전히 섹스를 힘과 폭력에 빗대 표현하는
이유 역시 여기에 있다. 리메 limer, 다듬다, 베조녜 besogner, 괴로운 일을 하다, 라부레 labourer,
땅을 갈다, 데퐁세 defoncer, 뚫다, 앙트레 쥐스카 라 가르드 entrer jusqu'à la garde, 경비가 있는
데까지 들어가다, 카세 레 파트 아리에르 casser les pattes arrière, 뒷다리를 분지르다······. 삽입
당하는 것을 뜻하는 표현이 이렇게나 많으니 참으로 민망하다.(우리말로
'따먹다', 자빠뜨리다' 등의 표현이 있는 것과 너무나 비슷하다. - 옮긴이)


## 크리스탈 불알 신드롬

'섹스 혁명(모든 일상에 변화를 가져온 프랑스 68혁명. 세계 대전 종전 이래
쌓여온 차별적인 교육 제도와 억압적인 기성세대의 가치관, 노동자 인권 문제 등이 크게
부각되면서 사회주의 사상에 힘입은 전 국가적 항의와 시위가 대대적으로 일어났고, 그 결과 많은
사회 제도 변혁을 낳은 사건이 1968년 혁명이다. - 옮긴이)'으로부터 50년이 지났지만 이
사회의 성 의식은 여전히 남성 지배에서 벗어나지 못했다. 무엇보다도 청소년
세계에서 의심할 여지가 없다. 섹스에 관해서라면 소년이 항상 리드해야
한다고 여긴다. "의사 결정의 주체가 누구인가에 관한 진지한 연구가
있어요. 처음으로 주도적인 행동을 누가 했는가. 누가 먼저 다가가 호감을
표시했는가. 누가 주변에 알렸는가. 집에 데려다줄 권한은 누구에게 있고,

존재할 권한, 말할 권한은 누구에게 있는가. 장소는 누가 정해야 하는가.
오늘날에도 대답은 절대적으로 죄다 남자예요."라고 포트 박사는 강조한다.
그의 연구에 따르면 이러한 권력 불균형은 무척 어린 나이에 시작된다.
초등학교 시절부터 교사들은 남자아이들에게 먼저 말을 시키며 상호
작용을 시작한다. 운동장이나 놀이터에서는 남자아이들이 항상 중심을
차지하며 여자아이들은 주변부로 밀려난다.[18] 놀이터는 공공장소에 속하고
공공장소 대부분이 남자들을 위한 공간이자 그들 차지다.[19] 이러한 상황은
딱 '맨스프레딩manspreading'이라는 말로 표현한다. '남자들의 공간 확보', 조금
적나라하게 표현하자면 '크리스탈 불알 신드롬'이라 할 수 있겠다. 이는
수많은 남자들이 공공장소에서 다리를 넓게(그것도 아주 넓게) 벌리고 앉아 옆에
앉은 이들(주로 여자들)의 자리는 점점 좁아지는 현상을 가리킨다.
이런 현상 때문에 뉴욕, 서울, 로테르담, 마드리드 같은 도시에서 지하철에서
다리를 벌려 자리를 차지하지 말아 달라는 캠페인을 했을 정도다.[20] 웃기게
들릴 수 있지만 우리가 남자아이들에게(그리고 여자아이들에게) 자신의 육체와의
관계, 다른 사람들과의 관계, 그리고 권력과의 관계에 대해 어떻게 가르쳐야
할지 생각할 계기가 된다.
아주 어릴 때부터 소년들은 중심에 서서 인정받고 결정 내리는 일에
익숙하다. "이런 상황은 오히려 친밀한 관계에서 약한 면을 드러냅니다. 만약
여성이 자기 의지에 반해 콘돔 없이 성관계를 가졌다고 합시다. 이성애자
커플에게 자주 일어나는 일이지요. 이는 전적으로 우리가 어려서부터
그들에게 가르쳐온 사회적 역할과 관련된 문제입니다."라고 닥터 포트는
말한다. 이런 경향을 다시 한번 고착하는 미디어가 있다. 바로 포르노다.

포르노 세대

　　우리가 성과 성 역할 고정 관념에 대해 논할 때, 포르노는 이미 무섭도록 우리 가까이 와 있다. 흔히 생각하는 것과는 반대로, 원칙적으로는 포르노에 반감 없는 페미니스트도 있다는 것을 기억하자. 몇몇 페미니스트 활동가들은 섹스 산업과 말 그대로 전쟁을 하는 중이지만, 어떤 이들은 '프로-섹스 pro-sex' 즉 섹스를 지지하는 입장을 표명한다. 프로-섹스의 주장은 포르노가 오히려 여성의 성 해방 공간이 되어줄 수 있으니 여성들이 여기에 힘을 실어주어야 한다는 것이다. 2006년부터 캐나다 토론토에서는 페미니스트 포르노 어워드가 열리고 있다. 포르노의 환상을 좇아보았자 아무 소용없음을 알리기 위해 열리는 행사다. 하지만 우리 청소년들이 당장 페미니스트 포르노나 대안 포르노로 관심을 돌릴 가능성은 아주 희박하다. 얼마나 안타까운 일인가! 우리 생각이 어떻든 오늘날 포르노는 제법 많은 아이들이, 특히 남자아이들이 처음 접하는 성적 경험이다. 예상과는 달리 지난 10년 동안 첫 경험 연령은 비교적 안정적으로 유지되고 있다. 2010년에는 첫 경험 평균 나이가 17세 부근이었다.(남자는 17.2세, 여자는 17.6세였다.)[21] 무슨 뜻인가 하면 프랑스에서 저 나이 청소년의 반은 이미 사랑을 나누어본 적이 있다는 말이다. 하지만 대부분이 그보다 훨씬 전에 이미 섹스라는 것과 만난다.

2012년 칼리스토 Calysto 협회가 주요 도시 1,182개 중학교에서 실행한 설문 조사 결과[22]에 따르면 11~13세 사이 청소년 82%는 이미 외설 사진을 접한 적이 있다. 최근 프랑스여론연구소 IFOP가 육아 교육 디지털 감시단 l'Observatoire de la parentalité et de l'éducation numérique과 함께 15~17세 사이 청소년을 대상으로 설문 조사를 했다. 이에 따르면 일단 청소년들은 평균 만 14세 5개월에

포르노 사이트에 처음 방문한다.[23] 남자아이들(63%)이 여자아이들(39%)보다
훨씬 자발적이다. 달리 말해 포르노 영상 소비는 청소년 사이에서 거의
통과의례라고 할 정도다. 이르고 늦은 정도의 개인 차이는 있겠으나 우리
소년들이 한 번은 마주하는 현실이다. 우연히 포르노 영상을 보게 되기도
한다.(53%는 그렇다.)[24] 아마 대개는 스마트폰을 통해서일 것이다.(스마트폰은
청소년에게 최고의 소비 채널로 등극한 지 이미 오래다.) 그리고 분명 스마트폰으로
유튜브를 볼 것이다. 유튜브는 오늘날 전 세계적으로 포르노 이용의 95%를
차지하는 유료 사이트 중 하나다.[25]

프랑스여론연구소 설문 조사에 따르면 포르노 영상을 본 적 있는 젊은이
중 96%는 인터넷 무료 사이트를 이용한다. 이런 사이트들은 조회수를
높이기 위해서 하드코어 콘텐츠의 수위를 경쟁적으로 높인다.[26] 지금 가장
인기 있는 검색어는 '새엄마', '의붓 여동생' 그리고 '어머니와 아들' 등이다.
근친상간 판타지 외에도 시작 페이지는 가장 폭력적인 콘텐츠로만 구성된
카탈로그라 해도 될 정도다. 구토가 나올 때까지 계속되는 오럴 섹스, 따귀
때리기, 머리를 변기에 넣고 하는 남색 행위, 둘, 셋, 심지어 네 명과 삽입……
포르노 세계에서 여성 대상 폭력과 모욕, 그리고 지배는 규범이라고까지 할
지경이다.

여성을 이토록 하찮은 존재로 만드는 이미지가 가득한 포르노는 도대체
어떤 경로로 남자아이들에게 노출되며, 그들이 성인이 된 다음에 어떠한
영향을 끼칠까. 이를 밝혀내기는 어렵다. 2017년 미국 네브라스카 대학교
연구자들이 330명의 남자를 추적 조사한 뒤 발표한 연구 결과에 따르면
"포르노에 처음 노출되는 시기가 빠를수록 성인이 된 후 성적인 행동이
여성에 대한 지배나 위력의 갈망으로 이어지는" 경향이 있다. 하지만 2016년

25,000명의 표본을 토대로 한 연구는 "정기적인 포르노 이용은 오히려 성평등 의식을 유발하는 듯 보인다."라고 완전히 다른 결론을 내놓기도 했다.[27]

이전 세대들에게 그래왔듯이 포르노는 현재 청소년들의 삶에서 한 부분을 차지한다는 것은 확실하다. 이전 세대가 토요일 밤 영화 상영 시간을 기다리거나 포르노 잡지를 사러 큰길 신문 가판대까지 갔던 것과 달리 오늘날 젊은이들은(심지어 아주 어린 아이들조차도) 클릭 두 번이면 무료 영상 수백만 개를 볼 수 있다는 차이가 있다. 2017년 한 조사에서 청소년 45%는 이런 동영상을 배우기 위해 본다고 응답했다. 그리고 그들은 포르노에서 본 것을 따라해 본다. 심지어 성인보다 정기적으로 말이다. 여론 조사 기관인 IPSOS[28]는 2018년 6월, 14~15세 청소년의 8%는 하루에도(!) 여러 번 포르노를 보며, 그중 95%가 남자 아이들이라고 밝혔다. 걱정스럽다. 이 연구에 참여한 전문가들은[29] 이런 중독이 성 의식을 왜곡하고 불안 장애나 수면 장애, 자존감 상실 등을 유발할 수 있다고 한다.

이 모든 연구는 포르노가 진정 우리 청소년들의 상상 세계뿐 아니라 현실 세계의 경험에까지 영향을 미친다고 보고한다. 또한 포르노의 요소 요소가 우리 사회 곳곳에 녹아 있다 믿어도 되겠다. '포르노 쉬크 porno chic'(포르노의 황금기로 1969년부터 1985년 사이 선정성 강한 외설 영화가 주류 영화계에서 긍정적인 반응을 받던 시절을 말한다. - 옮긴이)에 편승했던 1990년대 패션계, 그 많은 패션 광고를 생각해 보자. 팝이나 힙합 뮤직 비디오 역시 자발적으로 포르노 미학을 차용했다. 어쩌면 학교 운동장 같은 곳에 있는 커피 자판기 앞에서도 이 노래가 떠올라 저도 모르게 노래를 흥얼거리고 춤을 따라할지 모른다. "누구에게 고마워하라고요? 자키와 미셸, 고마워요!"(시트콤 형태의 프랑스 포르노

<자키와 미셸 Jacquie et Michel> 주제곡 가사. 쉽고 신나는 멜로디와 안무 탓에 그 안에 담긴 성적 메시지는 미처 인식하지 못하고 따라할 수 있다. - 옮긴이) 아이들과 청소년들은 포르노를 직접 보기도 전에 포르노 문화를 맛보는 셈이다.

### 아이의 모든 질문을 수용하라

상황은 좋지 않지만 우리는 남자아이들이 성과주의와 폭력, 여성 지배에 얼룩지고 고정 관념에 갇히지 않도록 도울 수 있다. 이 문제에 반사적으로 반응하며 과감히 개입해야 한다. 지나치게 성이 강조되고 넘쳐나는 사회에서 자유로우면서도 성숙하고, 타인과 스스로를 존중할 줄 아는 성에 대한 기본 의식을 가르칠 수 있고 반드시 그렇게 해야 한다. 이는 아무리 반복해도 과하지 않다. 우리 아이들을 폭력과 다른 특정 이미지로부터 보호하기 위해서 우선 스크린 타임부터 시작하자. 가족용 컴퓨터에 유해 콘텐츠 차단 프로그램을 설치하고 꾸준히 확인하는 것으로는 충분하지 않다. "아주 어린 아이들에게는 보호자 없이 스크린 앞에 앉는 것 자체를 금지하라고 진지하게 조언합니다. 아이 방에 텔레비전을 놓는 것, 안 됩니다. 밤에 핸드폰을 들고 잠자리에 드는 것, 안 됩니다. 인터넷 연결이 되는 컴퓨터, 안 됩니다. 지나치게 엄격하다 할 수도 있지만 일단 손을 대면 그 후엔 너무나 명확해지는 문제거든요."라고 알렉상드르 슈발리에 Alexandre Chevalier는 말한다. 그는 론 지방에서 12~25세 사이 젊은이와 꾸준히 상담을 진행하는 성교육 전문가다. 부모 외에는 이 역할을 대신할 사람이 전혀 없기 때문에 이러한 노력은 반드시 필요하다. 오늘날 프랑스에는 아직 포르노 플랫폼을 강제로 구속하거나 접속을 차단하는 시스템이 없다. 2018년 프랑스 상원에서 어린아이들을 포르노에 노출하는 것은 성폭력이라 규정했지만[30] 현실에서는 아직 갈 길이 멀다.

그래서 예방책을 세워야 한다. 광고, 파일 전송, 친구의 태블릿……. 포르노 이미지를 너무나 쉽게 접할 수 있다. 우리가 취할 수 있는 모든 예방책에도 불구하고 우리 아이들은 저도 모르는 사이 엄청난 충격을 줄 콘텐츠와 정면으로 맞닥뜨릴 수 있다.(아이에게 충격을 주는 내용은 섹스만이 아니다.) 아이들은 언제든 인터넷이라는 바다를 항해할 수 있고 우리는 아이들 연령에 적절하지 않은 내용물이 파도처럼 덮치는 일이 없도록 준비해야 한다. 혹시라도 그런 일이 생기면 아이들은 크게 당황할 수 있다. 그럴 땐 부모에게 와서 이야기해도 된다는 것을 알려줘야 한다. "아이의 모든 질문을 완벽하게 개방적으로 받아들이는 것이 아주 중요합니다. 아이가 무엇을 보았는지, 왜 충격을 받았는지 모두 털어놓을 수 있도록요."라고 슈발리에는 덧붙였다. 슈발리에와 마찬가지로 영화 감독 겸 작가이자 포르노 영화에 출연했던 페미니스트 오비디Ovidie 역시 청소년들과 대화를 시작하라고 권한다. "미성년자 보호법의 제재를 받지 않는 사이트는 차단해야 합니다. 하지만 그와 병행해야 할 것은 우리 아이들이 무슨 수를 써서든 지우려고 할 인터넷 방문 기록을 엄격하게 감시하기보다는 아이들을 믿어주고 충분히 이야기를 나누는 일이에요. 우리는 거기에 희망을 걸어야 해요."[31] 그녀는 2018년 초 자신의 저서 〈최악의 클릭 한 번에A un clic du pire〉[32]를 출간할 무렵 시사 주간지 〈르 포앵Le Point〉 기고문에서 이렇게 밝혔다.

아이들이 자신이 본 것의 맥락을 이해하게 해주자. 예를 들어 우리는 아이들에게 포르노는 꾸며낸 이야기라는 것을 알려줄 수 있다. 절대 다큐멘터리도, 성교육 자료도 아니며 그저 보는 사람들을 흥분시키기 위한 배우들의 연기일 뿐임을 말해주자. 그리고 슈발리에가 제안했듯 아이들에게

성이란 학습, 즉 반복 체험으로 인한 행태의 지속적인 변화라는 것을 설명해 줄 수도 있다. 그는 "제가 아이들에게 말해주려고 애쓰는 부분은 이런 거예요. 성적인 행동에 대한 취향은 항상 변하니까, 굳이 처음부터 다 알려고 애쓰지 않아도 된다고요. 처음에는 별로였던 게 나중에는 좋아질 수도 있고 아닐 수도 있어요. 아직 젊으니까 보는 것마다 다 따라할 필요는 없어요. 자기 자신의 몸을 편안하게 느껴야 하고 내 몸과 상대방의 몸에 대해 잘 아는 과정이 꼭 필요하거든요. 시간이 흐르면서 자연스럽게 성에 대해 배워갈 수 있다는 점을 아이들에게 꼭 알려주고 싶어요."라고 말한다.

비판 정신을 길러주자. 성적인 면이 강조된 데다가 성차별적이기까지 한 이미지는 도처에 있다. 그렇다면 이를 이용해 보자. 포트 박사가 자녀들과 함께 하는 활동이다. "열세 살 된 아들이 힙합 곡을 MP3에 담아 달라 부탁했고 저는 그러겠다고 했어요. 하지만 한 가지 조건을 달았지요. 우리가 몇몇 곡의 가사를 함께 읽고 철저하게 분석하자고요." 물론 유쾌하지만은 않을 것이다. 하지만 장점이라면 선택이 너무 많아 곤란할 지경이라는 것이다. 광고, 음악, 동영상, 잡지……. 포르노 세상과 관련된 텔레비전 리얼리티 쇼도 있는데, 이는 완벽한 토론거리를 제공한다. 〈뉴욕에 간 촌놈들 Les Chtis à New York〉이나 〈마르세유 사람들 Les Marseillais〉(둘 다 청춘 남녀들이 등장하고, 선정적인 대사와 화면으로 유명한 리얼리티 쇼. - 옮긴이) 앞에서 우리 청소년들은 무방비다. 우리는 이를 잘 활용해서 아이들이 듣고 보는 것들에 대해 대화해 볼 수 있다.

* 이 몸들이 어떻게 보여?(매끈한가, 근육질인가, 매력적인가.) 네가 실제로 보는 몸이랑 비슷해 보여? 어떤 점에서?

\* 섹스에 대해 자주 생각해? 어떤 생각을 해?

\* 저 모욕적인 행동에서 성적인 뉘앙스가 느껴지니? 여자와 남자를 같은 방식으로 묘사하는 것 같아? '네 엄마 창녀'나 '호모 자식', '걸레' 같은 표현은 왜 경멸스러울까?

\* 여자들이 남자들보다 더 자주 벗고 나오진 않니? 영화나 드라마 같은 걸 볼 때 그렇게 느낀 적 있어?


섹스 산업 종사자들의 말을 들어보고 존중하자. 우리는 포르노에 대해서는 자주 이야기하는 반면 포르노를 만드는 사람들에 대해서는 거의 이야기하지 않는다. 특히 포르노에 출연하는 남자 배우들과는 달리 상대 여배우들은 잔인한 오명이 남는다. 그들은 '창녀'나 '헤픈 년'(일단 성적 환상의 대상이기도 하다.) 같은 말까지 들으며 조금도 존중받지 못하고 무시와 괴롭힘을 당하며 폄하된다. 사회적으로 소외된 채[33] 현재 혹은 과거 활동 때문에 혹독한 대가를 치른다. 몇몇 사람들은 그들이 '그런 대우를 받아도 싸다(좋아서 한 일이니까.)'고 생각하고, 그렇지 않은 이들 역시 잘 봐주어야 섹스 산업의 피해자 정도로 여긴다. 하지만 어느 쪽이든 아무도 포르노 여배우들의 말은 귀담아듣지 않는다. 그 많은 페미니스트들조차 말이다. 포르노 여배우들도 할 말은 있다.

6년 동안 포르노 배우로 활동했던 28세의 니키타 벨루치 Nikita Belucci 의 인스타그램에는 그녀를 향한 모욕적인 언사와 살해 협박이 엄청나게 쏟아진다. "네 얼굴에 염산을 부어버리고 싶어."라든가 "유방암에나 걸려라.", "니키타라는 이름은 열두 살 꼬맹이랑 섹스한다는 뜻인가? 창녀." 등. 2018년 인터넷 사이트 '콘비니 Konbini'에 올린 첫 번째 비디오에서 그녀는 이런 댓글들을 또박또박 하나씩 읊었다. 그녀는 그다지 격분한 것 같지도 않았는데 심각하게 폭력적이기도 한 이런 모욕적인 언사는 거의 다가 성인 남자들(물론 포르노를 보는 남성들)뿐 아니라 사춘기 직전 아이들이 보낸 것이었다. 갈수록 폭력성이 심해지고 12~13세 어린이의 메시지가 늘어나는 것을 보고 벨루치는 가끔 캡처한 이미지를 그들 부모에게 보낸다. 그녀는 부모들에게 일단 아이들이 무엇을 하는지 감시하고, 포르노 영화를 악마로 만들 것이 아니라 아이들에게 성을 제대로 가르쳐야 한다고 온 마음을 담아 조언한다.[34]

셀린 트란 Céline Tran 의 이야기를 들어보자. 그녀는 카추니 Katsuni 라는 이름으로 포르노 업계에서 경력을 쌓았다. 자신의 입장을 밝히기 위해 그녀는 2015년 '포르노 vs 현실 Porno vs Réalité' [35] 이라는, 청소년들에게 직접 말하는 방식의 영상을 만들었다. 이 은퇴한 포르노 스타는 청소년의 눈높이에 맞추어 포르노란 무엇이며 포르노에 대해 잘못 알려진 것은 무엇인지 7분 동안 설명한다. 정말 단순하지만 정확하고 효과적인 방법이었다. 왕년의 포르노 스타가 직접 나서서 이야기를 하니 (그것도 심지어 설명을 잘하기까지 하니) 더욱 큰 충격이었다. 좋은 영상을 때와 목적에 맞게 시청하는 법을 청소년 모두에게 가르쳐주고 싶다!

### 진정 해방된 성 의식을 위하여

슬럿 셰이밍 slut-shaming 에 맞서 싸우자. 북미 지역 페미니스트들이 처음으로 사용한 이 용어는 '헤픈 여자들에 대한 지탄' 정도로 해석하면 된다. 성적인 행동이나 몸가짐을 이유로 여성을 중상하고 깎아내리려는 태도다. 여기서 성적인 행동이란 실제 행동일 수도 있고 추정일 수도 있다. 사람들은 만약 친구 제아닌이 '거리낌 없이 옷을 벗는 여자들은 자존감이 없다'고 말하면 그렇다 생각하고, 사촌 위베르가 어떤 여자를 두고 파트너를 자주 바꾼다며 '돈을 보고 연애하는 여자'라고 하면 그 말을 믿어버린다. 비록 사촌이 평소 여성에 대한 언어 폭력을 예사로 행하고, 그 '나쁜 평판'이라는 것도 슬럿 셰이밍의 피해자로 만들기엔 너무 사소한 경우(짧은 반바지, 가슴 파인 상의, 성관계)가 허다한데 말이다. 슬럿 셰이밍은 세상에는 존경할 만한 여성들이 있는 반면 그렇지 않은 여성도 있다는 생각을 퍼뜨린다. 이 생각은 자연스럽게 다음과 같은 논리로 이어진다. 존경할 만하지 않은 여성들은 멸시받고 공격받고 자살까지 생각할 정도로 압박을 받아도 괴로워하면 안 된다는 것이다.('그러게 옷을 그렇게 입고 다니면 안 되는 거였어.'라든가 '누드 사진을 찍지 말았어야 해.' 등.) 슬럿 셰이밍이 유달리 여성에게만 고통을 안기는 이유가 여기 있다. 우리는 이런 사고에 맞서 싸워야 하고 서로를 이해해야 한다. 우리 스스로 헤픈 여자, 야해 보이는 여자, 창녀 같은 경멸적인 표현을 사용한다면 이는 곁에서 듣는 어린이들로 하여금 성적인 면모를 드러내는 여성이나 성적으로 자유분방한 여성은 존중받을 필요가 없다고 이해하게 내버려 두는 것과 마찬가지다. 이것은 분명 큰 문제이다.

우리 모두 성의 미망에서 깨어나자. 그렇다, 이는 긴 호흡으로 오랜 기간에 걸쳐 이루어내야 할 과제다. 또한 아이들이 어릴 때부터 '남자다운 것'이나 '여자다운 것'에 대한 고정 관념을 갖지 않아야 한다. 그리고 성 의식을 둘러싼 수많은 선입견에 대해 의문을 가져야 한다. 굳이 상기하자면 이런 하찮은 것들부터 말이다.

* 여성에게도 성적 욕망이 있다.

* 여성에게도 남성들처럼 자유로운 성을 누릴 권리가 있다.

* 여성의 성 역시 남성의 성만큼이나 부끄러울 것 없다.

* 남자들이라고 곤란한 순간이 없는 것은 아니다.

* 남자들 역시 부드러움을 좋아한다.

* 성관계가 반드시 이성 간에만 이루어지는 것은 아니다. 모든 성
  정체성은 존중되어야 한다.


남자아이들을 안심시키자. 굵은 페니스가 있어야 섹스를 잘 하는 것은
아니다. 포르노가 우리에게 보여주는 것과는 오히려 반대로 여자들이 항상
거대한 성기를 기대하는 것도 아니다. 사실과는 아주 거리가 멀다. 2002년에
발표된 연구에 따르면[36] 응답한 여성 중 오로지 1%만이 남성 성기의 크기가
'아주 중요하다'고 생각한다. 55%는 성기의 크기가 '중요하지 않다', 그리고
22%는 '아무런 상관이 없다'고 대답했다. '발기 부전'에 관해서는, 음······
그럴 수도 있다! 그리고 그리 심각한 문제가 아니다. 모든 남자에게 일어날
수 있는 일이며 심지어 파트너에게 강렬한 욕망을 느낄 때에도 그럴 수
있다.(그래서 사랑하는 사이에서의 배려와 대화가 중요한 것이다.)
남자아이들에게 성에 대해 긍정적인 (그리고 평등한) 이미지를 보여주자.
대부분의 포르노와는 반대로 섹스는 지배와 같은 뜻이 아니다. 지배란
어떤 의미에서는, 상대방이 동의한다는 전제 하에 가끔 게임의 역할을 하는
것뿐이라고 아이들에게 설명해 주자.
성관계란 단순히 성기 삽입으로 요약되는 행위가 아니라는 것도 알려주자.
어루만지는 손길, 오럴 섹스, 혹은 섹스 토이의 사용 등이 모두 쾌락의

원천이다. 단순한 전희 과정이 아니다. 삽입과 마찬가지로 섹스 행위 중
하나이며 관계 도중 함께 느끼고자 갈망하는 행위다. 남성의 쾌락으로
끝나버리지 않는 그런 성관계!

그리고 이 점을 꼭 기억하게 하자. 상대방을 존중하고 그에게 집중하는 것이
반드시 평범하고 지루한 섹스를 의미하는 것은 아니다. 오히려 그 반대다.
상대방에 대한 존중과 집중은 고정 관념이라는 굴레에서 벗어나 진정한
자신을 찾고 자신의 육체를, 자신과 상대방의 욕망을 탐색할 기회를 준다.
뻔한 행위들을 따라하는 대신 감각과 격정이 이끄는 대로 몸을 맡기는
것이다. 판단에 대한 두려움 없이 스스로를 남에게 보여줄 줄 아는 것 또한
능력이다. 더불어 훨씬 풍요롭고 성숙한 성생활을 누릴 기회를 얻을 수 있다.
많은 이들의 선입견과는 반대로 평등은 연애에 방해가 되는 개념이
아니다. 페미니스트 역시 사람들이 흔히 말하는 '청교도'도, '애정에
굶주려 까칠한' 이도, 심지어 '섹스에 굶주린' 사람도 아니다. 오히려 그런
개념들과는 정반대인 존재다. 2007년 한 연구 결과에 따르면 페미니스트
여성은 여성 신체와 피임법에 대해 잘 알고 성적으로 훨씬 개방적이다.[37]
같은 해 다른 설문 조사에서는 페미니스트 여성과 사귀는 남성이 훨씬
성숙한 성생활을 누린다고 밝혔다.[38] 자신의 성적인 매력이 줄어드는
것이 걱정인 남자들이라면 정기적으로 청소기만 잘 돌려도 안심해도 될
듯하다. 배우자가 집안일을 맡아 할 때 여자들에게는 섹스를 할 시간적,
정서적 여유가 생긴다.[39] 성 역할 구분과 고정 관념에 사로잡힌 마초 성향
남성들이 도리어 섹스를 할 수 없을 것이다![40] 결국 섹스에 굶주린 줄 알았던
이들이…… 알고 보니 훨씬 즐기며 살더라는 이야기이다!

# 3
# 남자 입장에서
# 성폭력을
# 바라본다

## 여자아이 탓

어느 아름다운 여름 밤이었다. 어린 시절 친구들이 모두 한 자리에 모였다. 날은 더웠고 맥주는 술술 넘어갔으며 대화도 유쾌했다. 그리 오래전 일도 아니지만 당시 우리는 모두 아이가 없었다. 우리만을 위한 시간이었지만 아직 태어나지도 않은 꼬맹이들은 대화의 큰 부분을 차지했다. 친구 중 하나가 우연히 짧은 바지를 입고 산책하는 여자 청소년을 보고 충격을 받아 반감을 드러내면서 분위기가 달라졌다. "솔직히 저런 옷은 헤퍼 보이지 않아? 만약 딸을 낳으면 저렇게 입고 나가게 하는 일은 절대 없을 거야!" 가벼운 잡담은 순식간에 뜨거운 논쟁으로 바뀌어버렸다. 남녀가 섞여 다양한 이야기를 하다 보니 장차 부모가 될 우리는 여자아이들을 보호할 의무가 있다는 생각이 들었다. 무엇보다도 일반적인 사람들의 성 의식으로부터 보호해야 한다는 생각이다. 이는 여자아이들이 걱정거리가 되기 전까지는 존재하지 않는 성 의식이다. "혹시라도 네 딸이 열다섯에 임신했다고 생각해 봐!" "딸의 누드 사진이 인터넷에 돌아다닌다는 걸 알면 어떻게 할 건데?" "딸이 있으면 절대 마음 편할 수 없을 거야. 여자애들이 얼마나 내숭을 떠는지 봤어? 무슨 문제가 생기더라도 절대 놀라서는 안 된다니까!" 친구들의 대화가 나를 쭈뼛하게 한 건 불행히도 거기

실재했던 슬럿 셰이밍 정서만은 아니었다. 논란 내내 남자아이에 관해서는 일절 언급이 없다는 사실이 더욱 경악스러웠다. 이런 이야기를 할 때마다 늘 그랬는데 그날도 마찬가지였다.

한번 테스트를 해보라. 청소년의 연애와 성생활에 관한 대화를 시작해 보면 사람들이 어떤 이야기를 쏟아내는지 알게 될 것이다. 모든 화제의 중심은 여자아이다. 여자아이들이 겪을 위기, 이를 테면 너무 이른 임신, 성희롱, 성적 위협, 미성년자 매춘……(그렇다, 여자아이와 성에 대한 이야기는 언제나 위험이라는 프리즘을 통과한다.) 남자아이들은 별안간 사라져버린다. 나는 궁금했다. 여자아이만 성관계를 하나. 아니면 그 많은 여자아이들이 모두 동성애자라 여자끼리만 하는 건가. 성령의 은총으로 어느 날 갑자기 임신을 하는 걸까. 여자아이들이 강간당하는 불상사라도 일어난다면……. 어디까지나 예를 든 것이긴 하지만 강간의 주체는 누구라는 말인가. 2017년 초 양성평등 장관으로 임명되기 몇 달 전, 마를렌 시아파 $^{Marlène\ Schiappa}$ 는 기고문에서 한 가지 의문을 제시했다. '강간범들은 모두 어디로 갔는가?$^{Où\ sont\ les}$ $^{violeurs?}$'[41] 이상하게도 주류 사회에서는 그 누구도 대답하고 싶어 하지 않는 질문이었다.

우리는 우리 아들이 성폭행범이 될 수도 있다는 사실은 인식하지 못하고, 딸이 성폭력 피해자가 되지나 않을까 전전긍긍한다. 우리 아들이 어디서 여자를 모욕하고 다니진 않을까 걱정하지는 않으면서 딸이 헤픈 여자 취급을 받을까 두려워한다. 딸이 어린 나이에 임신을 하지는 않을까 노심초사하면서 아들이 청소년 아빠가 되는 것에 대해서는 거의 걱정을 하지 않는다.(미혼모라는 말은 불편해하면서 미혼부라는 말은 거의 들어본 적도 없다는 사실에 놀랄 수도 있다.) 애정 문제와 마찬가지로 성 문제에 있어서도 우리는 자꾸만 모든 책임을 여자아이에게 지운다. 남자아이들을 교육할 방법에 대해서는 아무 고민도 하지 않으면서 말이다. 그 길 끝의 상황은 언제나 아름답지만은 않다. 너무도 당연하다.

다양한 기관들이 이 문제에 나서면서 연구는 해를 거듭하며 명맥을 이어왔고 하나같이 같은 이야기를 한다. 성폭력은 심각하게 성차별적인 시각에서 다루어진다는 것이다. 국립인구문제연구소가 2016년에 발표한 보고서를 예로 들어보자. 프랑스에서는 매해 50만 명이 넘는 여성들이(58만 명) 성폭력으로 고통 받는다. 남성 성폭력 피해자가 19만 7,000명인 것과 대조된다.(그나마 성희롱이나 성기 노출 같은 경범은 제외한 수치다.) 해마다 성인 평균 93,000명이 강간이나 강간 미수의 피해를 입는다고 집계된다. 피해자 중 96%는 여성이다. 그리고 열에 아홉[42]은 가해자가 남성이다.

다른 모든 성폭력(더듬기, 신체 노출, 희롱 등) 범죄도 강간과 마찬가지다. 2017년, 성범죄로 잡혀 온 22만 3,000명 중 98%가 남자였다.[43]

게다가 양성평등최고회의는 최근에 여성 100%가 적어도 한 번은 대중교통에서 성희롱이나 폭력의 대상이 된 적 있다고 밝혔다.[44] 휘파람, 음탕한 눈길, 모욕적인 언어, 엉덩이 더듬기 등……. 2016년 실시된 거대한 규모의 국제적인 설문 조사[45]가 새로운 사실을 알려주었다. 프랑스 여성 65%가 15세 전에 길거리에서 첫 성희롱을 당하고 82%는 11세에서 17세 사이에 겪는다. 여자라면 모두 이미 알고 있는, 아주 심각한 상황이다. 게다가 이 모든 범죄에서 가해자는 거의 전적으로 남성이다.

## 성폭력은 성욕이 아닌 지배의 문제

어떤 결론에 이르는가. 최선의 경우에도 여자아이들에게 자기

방어를 가르쳐야 한다. 여자아이들은 자기 옷차림이나 행동, 남들의 시선, 외출을 해도 될지 말지 끊임없이 신경 써야만 한다. 한 마디로 여자아이들은 자유를 저당 잡힌 채 산다는 뜻이다. 여자아이들은 자신이 강간이라는 끔찍한 일을 겪을 수도 있다는 사실을 아주 어릴 때부터 잘 알고 있다. 주차장에서 마주친 위험한 낯선 사람 때문에 장래가 끝나버릴 수도 있다는 점을 일찍부터 깨닫는다. 끔찍한 일을 피하기 위해 안전하게 집에 머무는 편이 낫겠다는 생각도 한다.

하지만 현실은 예상과 다르다. 강간은 거의 대부분 집에서 일어난다.(피해자의 집이기도 하고 가해자의 집이기도 하다.) 강간 사건의 74%는 아는 사이에서 일어난다.[46] 가끔은 애인이나 옛 남자친구가 가해자다. 딸을 집 안에만 가두어둔다고 결코 안전하지 않다. 우리가 진정 강간과 맞서 싸우기를 희망한다면 가장 큰 위험은 너의 주변, 즉 가장 가까운 사람들이라고 딸에게 말해야 한다. 피해자에겐 절대로 절대로 아무런 잘못이 없다는 것 또한 꼭 알려주고 싶다. 그리고 무엇보다도 중요한 것은 절대 여자를 해치거나 공격하지 말아야 한다고 어려서부터 남자아이들을 가르치는 것이다.

강간은 변태나 정신이상자들만의 특정 행태가 아니기 때문이다. 문자 그대로 사회 각계 각층 모두가 강간을 저지른다. 일반적 선입견과는 달리 성폭력이 정신병자의 소행인 경우는 극히 드물다. 2009년 유럽 11개 국가에서 실시된 연구에 따르면 강간 피의자가 정신 질환을 앓는 경우는 7% 미만이다.[47] 강간이 욕구불만 때문에 일어나는 것도 아니다. 1990년 강간으로 유죄 판결을 받은 남성 114명을 대상으로 한 연구에 따르면 그중 89%가 당시 적어도 일주일에 두 번 성관계를 가졌다고 답변했다.[48] 미국 연구진 4명이 2004년 실시한 연구는 다양한 성적 경험은 지배욕과 함께 강간 성향의 기반이 되지만 성적인 쾌락은 강간과는 아무 상관이 없다고 밝혔다.[49] 달리 말해 성폭행범은 성욕을 해소하기 위해서가 아니라 지배하기 위해서 강간한다. "다른 연구들 역시 성폭행범이나 그럴 위험이 있는 남성 모두 힘에 매혹되며 힘과 성을 동일시함을 보여줍니다."[50]라고 노에미 르나르 Noémie Renard는 자신의 에세이 〈강간 문화 끝내기 En finir avec la culture du viol〉에서 강조했다.

그리고 다시 한번 강조하자면 강간을 자극하는 것은 절대 피해자가 아니며 그들의 옷차림 탓은 더더구나 아니다. 이처럼 뿌리 깊은 그릇된 믿음을 없애기 위해 미국 캔자스 대학교 성교육 및 성폭력 방지 센터는 2017년 '그때 무슨 옷을 입고 있었나요?'라는 전시회를 열었다. 이 전시에는 여성 18명이 실제 강간당할 때 입었던 옷들을 그대로 보여주었다. 반바지, 짧은 원피스, 폴로 셔츠…… 그야말로 모든 의상이 다 있었다.

2007년 미국 학자 테레사 베네 Theresa Beiner는 선정적인 의상과 성희롱의 연관성에 대해 연구했다. 그녀는 선정적인 의상과 성희롱 사이에는 아무런 관련이 없으며 여성들이 복장 때문에 성희롱을 당하는 것이 아니라는 사실을 밝혔다. 여전히 의구심을 떨쳐내지 못하는 이들을 위해서 만약 여성의 복장 때문에 강간이 일어난다면 해변가야말로 연쇄적인 대량 강간의 현장이 되지 않겠느냐고 되묻고 싶다. 이와 더불어 종교적인 이유로 여성들이 온몸을 가리고 다녀야만 하는 사회에서는 성폭행이 전혀 없어야 하지 않겠느냐고 묻고 싶다. 실상은 그렇지 않다.

### 아들과 성폭력에 대해 이야기하자

여자아이들이 성폭력 같은 끔찍한 일을 겪지 않도록 미리 대비할 수만 있다면 아마 이 문제를 남자아이들에게까지 가져오지 않아도 될 것이다. 마치 이 문제는 남자아이들과는 아무 상관없다는 듯 말이다. 그러나 이 문제는 남자아이들과 최우선적으로 관련있다. 우리가 봐왔듯 남자들은 이미 파괴적인 성폭력, 여자들을 향한 폭력의 역사를 써 내려왔다. 물론 다행스럽게도 모든 남자들이 강간범은 아니다. 그러나 그중 실제로 누구에게 그런 성향이 있는지(혹은 누가 실제로 행동에 옮길지) 알 수 없다. 프랑스에서는 아직 아무도 이에 관한 연구를 하지 않았지만 데이터는 분명 존재하고 해외, 특히 미국에서 행한 연구 자료가 있음을 노에미 르나르가 에세이에서 밝혔다.

이러한 해외 자료들에 따르면 5~13%의 남성이 완력을 쓸 의도가 있고, 술이나 약에 취해 정신을 잃은 여성이 있으면 그 상황을 이용하거나 그럴 충동을 느낄 수 있다고 생각한다. 게다가 강압적으로 성관계를 한 적이 있다는 답변 역시 제법 많았다.(27%에 달한다.) 협박이나 절교 위협 등을 이용한 성관계 역시 이 범주에 들어간다. 결국 10~20%의 남성이 상대방 동의 없는 성적 접촉을 한다고 추정할 수 있다. "이 연구에 의하면 전 세계적으로 남성 25~43%가 일생에 적어도 한 번 이상은 강요에 의해 성폭력을 저지른 적이 있는 셈이에요."라고 르나르는 강조한다.

우리의 아들들이 자라서 성폭행범이 되기를 원치 않는다면 이 문제를 인식하도록 가르치고 이에 관한 감수성을 길러주어야 한다. 비록 매력적인 대화 주제는 아니지만 반드시 해야 한다. "딸아이에게 '어떻게 하면 강간당하지 않는가'에 대해 설명하는 것은 쉽지 않지요. 우리 딸이 피해자가 되는 상황을 상상하고 싶지 않으니까요. 아들에게 '강간하지 않는 법'을 설명하는 것은 더더욱 고통스러울 수 있어요. 우리 아들이 성폭행 가해자가 될 수 있다는 명제 역시 상상조차 하고 싶지 않으니까요."라고 〈허핑턴 포스트〉 기자 카리나 콜로드니 Carina Kolodny 는 최근 '청소년 자녀를 둔 부모' 섹션에 수록된 '강간에 대해 아들과 반드시 해야 할 이야기 La conversation que vous devez avoir avec votre fils à propos du viol'[51]라는 공개 서한에서 밝혔다.

아들과 성폭력에 대해 함께 이야기해 보자. 이는 피할 수 없는 일이며 남자아이들 역시 피해자가 될 수 있기 때문에 외면해서는 안 된다. 2016년 '프랑스에서 성에 관한 전후 관계'라는 대대적인 설문 조사가 실시됐고 다음과 같은 결과가 나왔다. 여성 15.9%가 강압적인 성관계나 강간 미수로 고통을 받을 때 4.5%의 남성도 똑같은 고통을 받았다. 2018년 1월에 발표한 프랑스국립청소년보호관찰국 보고서에도 성폭행 미성년 피해자 중 22%가 남자아이라는 결과가 있다. 2016년 기록에 따르면 피해자가 남자아이인 강간 고발 건수는 전체의 19%, 성희롱과 성폭행은 전체의 23%에 이른다. 이는 빙산의 일각일 뿐이다. 국립청소년보호관찰국 보고서에 따르면 성폭력 사건이 고소까지 가는 경우가 전체의 10% 미만이라는 사실도 우리에게 이를 시사한다.[52] 아들에게 성폭력에 대해 이야기할 때 남자 또한 가해자가 될 수도, 피해자가 될 수도 있다는 사실을 말해야 한다. 그리고 그런 일의 피해자가 될 경우 누구라도 절대 그 고통을 혼자 겪어서는 안 된다는 것도 알려주자.

### 다시, 의사 존중 교육부터

유희와 공격은 어떻게 구분되는가. 유혹과 괴롭힘은, 강간과 성관계는 또 어떻게 구분되는가. 정답은 상대방의 의사 표시다. 최근 자주 언급되는 이 단어에는 아주 기본적인 원칙이 담겨 있다. '싫어'는 싫은 것이다.

내 몸은 내 것이고 섹스 역시 마찬가지다. 동의 없이는 그 누구도 내 몸을 만져서는 안 된다. 우선 듣기에 이 정도면 충분히 명확해 보인다. 하지만 실제로는 그만큼 명확히 전달되지 않는다. 이 말만 제대로 전달되었더라도 그렇게나 많은 여성들이 성폭력과 마주하지는 않았을 것이다.

"강간이나 강간 미수에 관한 숫자는 실로 엄청나고 그 안에는 자신들이 강간당했다는 자각도 없는 남성들도 숨겨져 있어요."라고 카발은 강조한다. 2016년 이래로 상호 동의 문제는 그의 '남성성 해체 실험 아틀리에'의 주요한 관심사였다. 아틀리에를 운영하는 내내 카발은 거대한 문제점 하나를 지적해 왔다. "대개 남자들에게 상대 여성의 의사를 물으라고 합니다만 그 와중에 남자들은 자신의 의사도 잘 몰라요. 폭력 문제를 해결하고 싶다면 여기에서부터 시작해야 한다고 봅니다."

남자들은 온통 섹스만 생각한다고 여기는 사회에서(심지어 남성들 스스로도 그리 여긴다.) 남성의 의사는 굳이 묻지 않아도 당연한 것으로 받아들여진다. 그러니 그 많은 남성들은 한 번도 자신의 욕망에 대해 굳이 의문을 가져보지 않았을 것이다.('나는 진정 이 행위를 원하는가.', '어떤 방법으로 할 것인가.') 아마 같은 이유로 남자가 여자에 의해 강요된 성관계를 했을 경우도 절대로 강간이라고 하지는 않는 것이다. 사실 이 경우도 명백히 강간에 해당하는데 말이다. 달리 말해 만약 우리가 모든 성적인 폭력과 맞서 싸우고자 한다면 의사 존중에 관한 교육이야말로 근본적인 문제다. 남자아이들과 마찬가지로 여자아이들에게서도 말이다.

상호 동의에 관해서 어릴 때부터 이야기하자. 사춘기가 될 때까지 기다릴 일이 아니다. "친밀함이란 무얼까? 네 몸을 만질 권리는 누구에게 있을까? 유치원 시절부터 우리가 아이들에게 가르쳐야 할 질문들입니다." 성교육 전문가인 알렉상드르 슈발리에는 확신한다. 그러기 위해서는 단어와 사례를 아이들 수준에 맞게 골라야 한다. '동의', '승낙'이라는 표현은 원래 법정 용어에서 시작되었기 때문에 아이들에게는 그리 와닿지 않는다. 하물며 더 어린 유아들에게는 다른 접근이 필요하다. 이런 이유로 슈발리에는 굳이 성 관련 이야기가 아니더라도 일상 생활과 관련 있는 훨씬 구체적인 상황을 예로 들라고 제안한다. "예를 들어 이렇게 말해보세요. '네가 자고 있는데 너도 모르는 사이에 여동생이 네 머리카락을 잘라버렸어. 그래도 괜찮을까?' 성희롱에 관해서도 똑같은 방법으로 이야기할 수 있죠. '만약 새 학년에 반이 바뀌었는데 아직 친구를 못 사귀었어. 그런데 어느 날 애들이 너한테 와서 요 옆 가게에 가서 물건을 훔치면 같이 놀아준다는 거야. 너는 어떻게 할 거야? 어쩌면 하겠다고 할 수도 있겠지. 하지만 싫은데 억지로 한다면 진짜로 원해서 했다고 할 수 있을까.' 하는 식으로요." 슈발리에는 말한다.

이런 일상적인 예시는 아이들을 이해시키기 쉬울 뿐 아니라 굳이 성 문제만이 아니더라도 서로 합의가 필요한 일이 다양한 수위에서 자주 일어난다는 사실을 알려줄 수 있다.

절대 아이 의사에 반해 뽀뽀를 강요하지 말자. 영국에서는 '섹스 교육 포럼 Sex Education Forum'이라는 단체의 대표 루시 에머슨 Lucy Emmerson이 아이가 원치 않는데 함부로 뽀뽀하지 말자는 메시지를 전파하느라 열심이다. 2014년 영국에서는 이 문제를 두고 열띤 논쟁이 벌어졌는데 많은 부모들이 이를 두고 극단적이라 생각했다. 하지만 수많은 이견에도 불구하고 아이들이 원치 않는 신체 접촉을 강제로 하는 것은 아이들에게 너희 몸은 너희 것이 아니라고 말하는 셈이며, 아이가 허락하지 않아도 어른들이 아이에게 마음대로 해도 된다고 알려주는 것과 같다고 에머슨은 설명한다. 만약 아이들이 반갑다고 할머니, 할아버지 볼에 **뽀뽀**하는 것을 거부하더라도 당황하지 말자. 억지로 하는 **뽀뽀** 대신에 공중에 **뽀뽀**를 날리거나 손을 흔들 수도 있다. 아이들에겐 무례하다는 비난 없이 신체 접촉을 거부할 권리가 있다! 다음과 같은 '상호 동의를 위한 다섯 가지 규칙'을 알려준다.

* 동의는 자발적이어야 한다. (애원이나 협박에 의한) 양보는 동의가 아니다.

* 동의는 명확해야 한다. 명확하지 않은 표현은 동의가 아니다. 확실히 모르겠다면 상대방에서 이러이러한 행동을 해도 괜찮은지 구체적으로 물어보라.

* 동의할 능력이 있는 사람에 의한 동의여야 한다. 달리 말하면 상대방이 잠들었거나 취했거나 의식이 없거나 (장애나 사고 등의 이유로) 스스로 의사를 표현할 상황이 아닐 때 동의를 얻는 것은 불가능하다.

* 구체적이어야 한다. 특정 인물이 특정 사안이나 순간에 대해 동의해야 한다. 오늘 어떤 일에 대해 동의를 했다고 해서 다른 날 그 행동을 해도 된다는 것은 아니다.

* 동의는 거둬들일 수도 있는 것이다. 이미 뱉은 말이나 시작한 행위라 하더라도 성관계 어느 단계에서든 생각이 바뀌면 언제든 취소할 수 있고 어떤 행동도 거부할 수 있다.

### 강간에 대해 제대로 알기

제대로 싸우려면 강간 문화에 대해 제대로 인식하자. 1970년대 미국에서 정립된 개념인 강간 문화란 여성을 향한 남성의 성적인 공격을 부인하고 정당화하려는 태도와 믿음을 의미한다. 그러나 그 믿음은 대개 거짓이고 그러한 태도는 너무나 멀리 퍼져 있는 데다가 집요한 생명력을 갖는다.[53] 예를 들면 성폭행 피해자들은 거짓으로 가해자를 고소하는 거짓말쟁이라는 이야기를 노상 듣고, 실제도 그런 것처럼 오도되기도 한다. (무고로 성폭력을 신고하는 경우는 전체 사건의 2~10% 정도로,[54] 성폭력이 아닌 다른 사건의 무고 비율과 같은 수준이다.) 또한 아무개가 강간을 당했다는 소식을 들으면 즉각 튀어나오는 '그럴 만도 했다'는 반응 역시 위와 같은 잘못된 믿음과 태도다.(그날 섹시한 의상을 입고 있었다던가 술을 마시고 있었다던가 남자와 데이트 중이었다는 식이다.) 혹은 여성이 '노'라고 대답해도 '예스'라고 받아들이는 태도 역시 이에 속한다.

강간에 관한 이 모든 잘못된 믿음은 적극적으로 피해자에게 죄책감을 지우고(그래서 피해자는 이에 대해 말하는 것을 꺼려 한다.) 가해자의 책임감은 덜어준다.(그 덕에 가해자는 평온하게 자신의 삶을 이어가는 데다가 아무런 처벌도 받지 않는다.) 이런 그릇된 믿음 때문에 우리 사회는 강간 범죄를 최소한으로 축소하며 심지어 참고 견디게까지 만든다. 여기서 문제는 이러한 강간 문화가 아주 심오하게 뿌리내리고 있으며 대중 문화에서 흔하다는 점이다. 이런 상황을 바꾸기 위해 우리는 다음과 같은 행동부터 시작해 볼 수 있다.

* 피해자의 이야기에 관심을 보이자.

* 피해자를 비난하지 말자.

* 성폭력에 대한 습관적인 선입견을 지적하자.(모든 성폭행범이 끔찍한 괴물이라는 것은 오해다. 오히려 너무나 평범한 한 사람일 뿐이다.)

* 아이들에게 절대 누구에게도 성적인 호의를 베풀어선 안 된다고

가르치자.(심지어 상대가 너무나 친절하고, 좋아하는 것이나 선물을

제안하더라도 말이다.)

* 친구 사이라고 믿지 말자. '프렌드 존(friend zone)'이라는 영어

  신조어는 젊은 층에서 자주 사용하는데 두 사람 중 한 명은 연인이

  되고 싶어 하고 다른 한 명은 순수하게 우정을 유지하고 싶어 하는

  경우를 말한다. 그럴 때 사람들은 '프렌드 존에 갇혔다'고 표현한다.

  이러한 개념은 강간 문화를 유지하는 데에 큰 도움이 된다. 왜냐하면

  어느 한 명(대개는 남성)이 한 여성에게 친절하다면 그 친절을 구실로

  상대방과 섹스할 권리를 얻는다는 듯한 인식을 널리 퍼뜨리기

  때문이다. 우리는 텔레비전 드라마나 유튜브 등에서 어김없이 이

  개념을 확인하고, 학교 운동장에서까지 경험하는 지경이 되었다.

강간, 성폭행이 무엇인지 구체적으로 설명해 주자. 슈발리에는 사람들
사이에서 이 개념이 아직도 얼마나 분명하게 인식되지 못하는지 강조한다.
어디까지 해도 될지, 해도 되는지 해서는 안 되는 일인지……. 강연을 하러
다니는 동안 그는 강요된 오럴 섹스를 강간이 아니라 일종의 전희로 여기는
젊은이들을 만난 적도 있었다. 성적인 요소가 결부된 놀이인가 공격인가.
이런 것들이 마구 섞여 있는 것이다. 혼란스러운 상황을 바로잡기 위해 그는
구체적으로 법을 인용하기도 하고, 수강생들에게 익숙한 상황에 빗대어
재연해 보라 권하기도 하면서 본격적으로 자신의 임무를 수행한다. 이
문제를 다룬 뉴스 보도를 인용하기도 하고 직접 토론을 하게 하기도 한다.
그의 가르침에 따르면 우리는 다음과 같은 기준을 세울 수 있다.

* (성기뿐만 아니라 손가락이나 물건을 포함하여) 상대방 동의 없이 삽입하면 강간이다. 다시 말해 감옥에 갈 범죄라는 뜻이다.[55]

* 동의 없이 성행위를 연상시키는 행위를 하면(더듬기, 자위, 성기 노출 등) 비록 신체적 접촉이 없더라도 성폭력에 해당하며 범죄다.

* 성적인 의미가 담긴 행동이나 말로 상대방을 불편하게 하거나 겁을 주거나 수치심이 들게 한다면 이는 성희롱에 해당된다. 이 역시 법으로 처벌받는다.

우리가 쓰는 표현에 대해서도 돌아보자. "우리는 성폭력 문제에 관한 진지한 담론을 시작할 책임이 있어요. 이 주제를 명확하게 이해하지 못하는 성인들도 포함해서요. 어른들이 이런데 어떻게 청소년의 이해를 기대할 수 있겠어요?" 슈발리에는 말한다. 그가 틀렸다고는 할 수 없겠다. 2016년 3월 '트라우마를 겪는 피해자 모임'l'association Mémoire traumatique et victimologie'에서 프랑스인들이 강간을 인식하는 방식에 관한 설문 조사를 실시했다. 응답자 10명 중 2명이, 여성의 '싫어요'는 '좋아요'라 생각한다고 답변했다. 그리고 프랑스 남성 61%와 여성 65%가 '남자는 욕망을 다스리기 더 어렵다'고 대답했다. 기억을 더듬어보자. 성에 관한 고정 관념이 이런 생각을 굳혔다. 한편으로는 '남성적인' 혹은 '여성적인'이라는 표현이 왜 반드시 사라져야 하는지 일찌감치 깨닫게 했다. 우리가 공주 놀이와 기사 놀이를 끝내고 싶어 하는 이유는 우상 파괴의 즐거움 때문이 아니다. 이러한 놀이들이 성폭력의 토대가 되기 때문이다.

4

아이와 함께
몸 알아가기


성교육은 집에서 시작된다

섹스 혁명 이후 50년이 지난 이 시점에도 우리의 성 의식은
차별주의로 얼룩져 있다. 비록 페미니스트 투쟁 덕에 프랑스 여자들은
피임과 낙태에 관한 권한을 갖게 되었지만 여성은 여전히 합당한 존중을
받지 못하는 경우가 허다하고 성 영역에서 여성의 자유는 아직 불투명하다.
이런 현실에서 나는 순진하게도 학교를 의지할 수 있을 거라 기대했다.
학교는 아이들에게 평등에 대하여 가르치고 성 역할 고정 관념이 얼마나
위험한지 알려주고 성폭력에 대한 감수성을 길러주어야 했다. 피해 갈 수
없는 우리 사회의 문제점이니 말이다.

이제 나는 학교가 그 역할을 해내지 못한다는 것을 안다. 이유는 너무나
단순하다. 성교육에 있어 교육 기관이 시대를 따라가지 못하고 있다.
2001년 이래로 프랑스의 초등학교부터 고등학교 학생들은 해마다 연령에
맞는 성교육 과정을 세 번 듣는다. 법으로 규정된 사항이다. 공식적으로
그렇다. 최근 양성평등최고회의 HCE 는 이에 관해 소규모 설문 조사를
실시했다. 2015~2016학년 동안 (9월에 새 학년이 시작되기 때문에 한 학년이 두 해에
걸쳐 있다. - 옮긴이) 4개 초등학교 중 1곳은 필수 과정인 성교육을 실시하지
않았다.(11.3%의 고등학교와 4%의 중학교에서도.) 그나마 홍보 캠페인이 벌어지는
동안에는 대체로 필수 성교육이 일정 수준까지 이루어졌다. '학교에 다니는

소아 청소년 12만 명 중 매해 극소수만이 필수 성교육의 혜택을 받는다'는
뜻이다. 2018년 여름, 양성평등부 장관 마를렌 시아파가 이 사실을 확인했고
곧이어 성교육 수업 규정을 제대로 지킬 것을 지시하는 공문이 각 지방
교육청에 전달되었다.

즉 우리 사회 어느 한 구석에서는 폭력적인 성 이미지가 넘쳐나지만 또 다른
한 편에서는 성에 관해 터무니없을 정도로 정보가 없다. 만약 진심으로
우리 아들들이 균형 잡힌 시각을 갖추기를 바란다면, 그리고 장기적으로
아이들이 훗날 이성과(물론 아이가 이성애자일 경우에) 건강하고 평등한 관계를
갖기를 원한다면 부모인 우리가 성에 대해 대화해야 한다. 문제는 아이들과
섹스에 관해 이야기하는 것이 그리 편하지는 않다는 것. 우리도 예전에는
제대로 아는 것 없이 '어깨 너머로' 배워가며 '장기간에 걸쳐' 스스로 이
문제를 정리하지 않았던가. 사실 이런 이야기를 편하게 할 수 있는 사람은
많지 않다. 성폭력으로 고통 받았거나 어떤 복잡한 관계에 얽혀 말하기
힘든 사람도 있을 것이다. 즉 이 방면에 무지하기도 할 뿐 아니라 그 외에도
피하고 싶은 이유는 수없이 많다. 그 대가로 우리 아이들이 다른 곳에서 답을
찾기 시작한다. 그리고 아이들이 답을 찾아 나서는 곳은 그리 바람직하지
않다.

다행히 요즘에는 도움이 되는 자료들이 제법 많다. 주저하지 말고 그런
자료들을 활용하자. 교육용 영상, 책, 양방향으로 이용 가능한 콘텐츠 등
아이 연령과 상관없이 이러한 자료들은 아이들과 성 문제를 놓고 이야기를
시작할 좋은 계기가 된다. 아이들 역시 부모에게는 차마 묻지 못했던
질문들의 답을 구할 수 있을 것이다.

성교육에는 주변 다른 요소와 관련된 내용이 많아 성 그 자체만으로는

설명하기 어려운 면이 있다. 성교육은 성적인 교감에 대해 깨닫고 자기 몸을 제대로 파악하면서 시작된다. 또한 아주 어린 나이에 '왜', '어쩌다가' 몸이 이렇게 변하는지 궁금한 아이들의 질문에서도 시작된다. "5, 6세 정도 된 아이가 샤워를 하며 이렇게 말하는 경우가 있지요. '이상하네, 왜 여기가 이렇게 딱딱하지?' 그럴 때 아이에게 '그런 말 하는 거 아냐.'라든가 '나중에 다 알게 될 거야.'라고 할 것이 아니라 제대로 대답을 해주어야 합니다."라고 포트 박사는 강조한다.

아이들의 질문에 당황하지 않으며 어떻게 답을 해주어야 할까. 근사한 아동 문학 블로그 '꼬마 단어들 Les Ptits Mots-dits'에서는 다음과 같은 원칙을 제안한다.

* 아이의 질문에 항상 대답한다. 비록 정확한 답변이 준비되지 않았더라도 항상 대답해 주자. 그러면서 부모도 같이 배운다.

* 쉬운 단어로 간단하게 설명한다. 아이 나이에 맞추어 이해할 수 있는 수준의 설명이 필요하다.

* 성기를 가리킬 때는 정확한 용어를 사용한다. 음경, 고환, 외음부, 질 등 정확한 용어를 알려주어야 한다.

* 항상 진실을 말한다. 아이들의 이해 능력을 과소평가하지 말자. 황새나 양배추밭 이야기는 이제 그만!

* 아이의 속도에 맞춘다. 아이의 성장에 따라 나이에 맞는 정보와 언어가 있다. 만반의 준비를 하고 아이의 질문을 기다리자.

* 아이에게 되물어본다. 아이가 제대로 이해했는지 알아보는 방법이다.

* 침착함을 잃지 않는다. 혹시라도 아이가 밖에서 성적이거나 모욕적인 말을 듣고 와서 이에 대해 묻더라도 냉정을 유지해야 한다. 만약 우리

능력 밖의 일이라면 대화를 잠시 미루는 방법도 있다.
* 일상 속 기회를 포착한다. 예를 들어 목욕할 때가 신체 부위의 정확한
   명칭을 가르쳐줄 절호의 기회다.
* 유연하게 행동한다. 우리 몸의 다양성이나 성 정체성에 대해 이야기할
   때 편협하지 않고 차별적이지 않은 태도를 보여준다.

아이들과 신체나 성에 관해 이야기를 할 때, 아이들이 자신을 둘러싼 세상을
더 잘 이해하고 스스로를 파악할 수 있도록 해주자. 장기적으로 볼 때에도
좋은 작전이다. 일단 시작하면 아이들이 성장하면서도 지속적으로 대화를
할 수 있다. 그런데 아이들이 질문할 때 미처 대답하지 못하거나 궁금해하는
것을 한 번에 명쾌하게 설명해주지 못한다면 얼마나 안타까울까! "부모도
틀릴 수 있어요. 그런 건 중요하지 않아요. 그저 스스로를 믿어야 합니다.
부모만의 방식으로 아이들에게 설명해 줄 수 있는 거예요."라고 포트 박사는
다시 한번 강조한다. 여기서 가장 중요한 것은 대화의 문을 활짝 열어두고
금기 없이 자유롭게 이야기 나눌 환경을 만드는 것이다.


### '여자아이들이나 하는 것'에 대해 남자아이들과 이야기하자

남자아이들과 여성의 신체에 대해 이야기해 보자. 여성의 신체
구조와 역할에 대해 이야기해 보자. 여성의 신체를 소중하게 여기자.
여성의 몸은 절대 '더럽지도' '복잡하지도' 않다. 그저 다를 뿐이다. 그게
전부다! 너무 노골적으로 이야기하는 것이 불편할 수도 있다. 하물며
농담이라도 곁들이지 않고는 여성 생식기를 '질'이라고 부르는 것이 얼마나
불편하겠는가. 만약 부모가 '페니스'라는 단어를 아이들 앞에서 주저없이

발음할 수 있다면 외음부나 질이라는 단어 역시 어색하지 않게 느껴질 수 있다. 여성 생식기를 뜻하는 단어들은 외설스러운 것도, 욕설도 아니며 그저 단순히 해부학적인 신체 명칭일 뿐이다. 여성 생식기에 관해 우리가 얼마나 무지한지 깨닫고 나면 제대로 된 명칭을 사용하는 것이야말로 페미니즘의 진정한 쟁점임을 금세 깨닫게 될 것이다.

화제를 바꾸어보자. 2017년부터 텔레비전에서 종종 나오는 의사 미셸 심Michel Cymes은 〈괜찮을 때와 괜찮지 않을 때: 아이들에게 몸에 대해 설명하기(부모에게도!) Quand ça va, quand ça va pas: leur corps expliqué aux enfants(et aux parents!)〉56라는 아동을 위한 책을 냈다. 이 책은 두 페이지에 걸쳐 '고추'에 대해 언급한다. 요도, 음낭, 정자 등 남성 생식 기관과 그 역할을 성실하게 설명한다. 여아 생식기에 관한 설명도 정확하다. 하지만 심 박사에게 있어서 여자아이 생식기란 방광과 요도뿐이다. 클리토리스는?(질이나 자궁은?!) 책이 출간된 후 남녀 생식기에 관한 설명을 본 일부 부모들이 분노했고 심 박사는 좌절감에 의욕을 잃었다. 하지만 그는 무엇이 문제인지 알지 못했다. 그가 보지 못한 문제점을 우리는 보았다. 남성 지배의 오랜 역사는 여성 생식기에 관한 오해를 남겼고 남성 생식기도 여성 생식기만큼이나 제대로 이해되지 못했다. 최초의 클리토리스 초음파 촬영은 2008년, 초등학교 과학 교재에 클리토리스가 정확하게 소개되기 시작한 것이 2017년임을 기억하자. 3학년, 4학년 여학생의 83%와 남학생의 68%가 쾌락을 위해 존재하는 클리스토스의 역할을 제대로 알지 못하는 실정이다. 상황이 이렇다 보니 남자아이들에게 자기 몸의 역할, 그리고 상대 성의 역할을 정확하게 설명해 주는 일이 더욱 중요한 것이다.

아이들에게 월경에 대해 설명해 주자. 반드시 필요하다! 문화적으로 순수하지 못하다는, 불결하다는 이미지가 있다 보니 우리 사회에서 월경은 여전히 부끄러운 일로 취급된다. 게다가 종종 무슨 수치스러운 병이라도 되듯 에둘러 표현된다. '마법에 걸렸다', '대자연' 또는 아주 간단하게 '그날'이라고도 한다. 이 모든 은유는 월경이라는 단어 자체를 입밖에 내지 않는 방법이다. 파란색 혈액을 보여주면서 냄새가 어쩌니 새는 것을 막아주느니 하는 생리 용품 광고처럼 말이다. 이렇다 보니 어린 소녀의 절반가량이 생리를 부끄러워하고 남자아이들은 탐폰 박스를 보고 노골적으로 역겨움을 드러낸다는 사실이 놀랍지 않다.[57] 이에 대해 아이들과 이야기를 나누자. 그래야만 아이들이 월경을 제대로 이해하고(절대 역겨운 일이 아니다.) 평범한 일상으로 받아들일 수 있다.(그렇다, 우리 인류의 절반과 관련 있는 일이다.) 사춘기 시작을 알리는 또 다른 2차 성징, 생식, 성 건강에 관한 모든 대화가 마찬가지다.

아이들에게 피임에 대해 알려주자. 원치 않는 임신을 막기 위해 피임을 하는 것은 여자아이들만의 임무가 아니다. 성생활이 유지되는 한 남자아이들 역시 어느 날 갑자기 아기 아빠가 될 위험을 안고 사는 것이다. 이러한 상황을 방지하기 위해서는 남자아이들 역시 피임에 신경 써야 한다. 모든 피임 도구가 보험으로 환급되는 것도 아니고 그중 어떤 것들은(특히 경구용 피임약) 먹는 이에게 비용 부담을 지우기도 한다. 꼭 여성이, 더구나 어린 소녀들이 전적으로 그 비용을 부담할 필요는 없다. 남자아이들 역시 혜택을 함께 누리는 것이니 비용 일부를 부담할 수도 있을 것이다. 더 좋은 방법은 함께 남성 피임 방법에 대해 이야기를 나누어보는 것이다. 콘돔, 정자를 죽이는 살정제, 호르몬 젤, 피임용 발열 팬티 (음낭의 온도가 일정 수준 이상으로 올라가면 정자가 만들어지지 않는 원리를 이용하여 음낭 부위를 따뜻하게 하는 속옷. - 옮긴이) 등 방법이

다양하지 않고 비용이 들며 귀찮다는 단점이 있기는 하지만 남성 대상 피임 방법은 분명 존재한다. 남자아이들에게 날벼락처럼 찾아올 수도 있는 육아의 세계를 예방하는 최상의 방편은 남성용 피임법을 사용하는 것이다. 의심할 여지는 없다. 남성 우월주의자들의 말은 무시하자.

페미니스트 남성으로

자유롭고 행복한

Part 5

오늘 아침 나는 애착 담요를 끌어안고 자는 지고토의 모습을 바라보다 문득 이 아이는 자라서 어떤 소년이 될까 궁금해졌다. 나는 아직 아이가 무엇을 좋아하는지도 잘 모르겠고 자라면서 어떤 분야에 재능을 보일지도 모르겠다. 아이가 싱크로나이즈드 스위밍을 하고 싶어 할지 혹은 축구를, 아니 어쩌면 이 두 가지를 다 하고 싶어 할지 모른다. 여자아이들과 시간을 보내는 것을 좋아할지 어떤 대가를 치르더라도 여자아이 무리에 끼고 싶어 할지 학교에서 대장 노릇을 하게 될지도 전혀 모르겠다. 하지만 나는 이 아이가 평등 의식이 확고한 부모 손에 자란다는 것, 페미니즘에 관한 책과 대화가 일상에서 큰 부분을 차지하는 가정에서 자란다는 것만은 확신할 수 있다. 또한 강인한 남성상이라는 고정 관념에 굴복하지 않고 자기만의 개성을 키워 나가며 자랄 것을 안다. 그 때문에 종종 아이가 또래와는 너무나 다르게 크지는 않을까 걱정이 되기도 한다.

"나는 아들이 머리를 길러도 상관없어. 하지만 학교에서 다른 애들이랑 너무 동떨어져 놀림 받는 건 질색이야."라고 초등학교 입학을 앞둔 다섯 살 아들의 엄마가 말했다. 그녀처럼 양쪽에 끼어 이러지도 저러지도 못하는 부모들은 나 말고도 제법 많았다. 우리는 아들이 세상에서 가장 자유롭다 느끼며 자라기를 원하지만 동시에 그 아들이 사회적으로 잘 어울려 살기를 바란다. 우리는 아이가 고정 관념으로 양분된 세계를 벗어나길 바라지만 이와 동시에 남자 아이가 무용을 한다든가 분홍색을 좋아한다든가 싸움을 거부한다는 이유로 소외되지나 않을까 두려워하기도 한다. 이 두 가지 절대 명제 사이에서 방황하다, 자식이 또래와 원만히 어울리기를 바라는 소망과 진보적인 가치관 사이에서 적절한 균형점을 찾으려 노력하겠지. 부모가 되면, 더욱이 페미니스트 부모라면 마음 편할 순간이 없다.

아이를 키우는 데 쉬운 순간이란 없다.(혹시나 있다면 아이 키우는 일은 또 얼마나 수월할 것인가.) 우리가 아무리 아이에게 인형이나 공을 권해주고, 고정 관념에서 벗어난 이야기책을 읽어주고 가르치려 노력해도 아이들이 진부한 사고 방식이나 고정 관념에 빠져들 여지는 얼마든지 있다. 우리의 선의와 올바른 원칙에도 불구하고 우리 아들 역시 언젠가는 '다른 남자애들처럼'이나 연예인처럼 꾸미고 싶어 하는 순간이 올 것이다. 그리고 어느 아름다운 아침, <마이 리틀 포니>를 사랑하던 어린 아들은 간 데 없고 GTA(폭력성이 강해 문제작이라는 논란과 함께 역사상 최고로 흥행한 게임 중 하나. - 옮긴이)에 중독된 사춘기 직전 아이가 눈앞에 있음을 깨달을 것이다. 화가 치밀기는 하겠지만 그리 호들갑을 떨 일도 아니다.

페미니스트 남성들과 그들의 인생 역정을 보며 깨달은 점이 하나 있다. 교육에는 무엇 하나 헛된 노력이란 없다는 사실이다. 남자들이 13세, 아니 심지어 20세가 되도록 진부한 교육만 받았기 때문에 평등 의식을 갖추지 못한 것이 아니다. 지나치게 남성중심적인 환경에서 성장하기 때문에 신실한 페미니스트가 되지 못하는 것이다. 그뿐이다. 에드 홀텀 Ed Holtom 을 보자. 남학교에서만 교육을 받은 15세 영국 젊은이 에드 홀텀은 양성평등을 소리 높여 옹호하는 공개 서한을 써서 유명해졌다. 또래 일부가 비웃을 것을 알면서도 실행에 옮겼다. 배우 에마 왓슨 Emma Watson 의 유엔여성총회 연설 며칠 후 작성한 홀텀의 서한은, '히포쉬 캠페인 He for She'(양성평등을 위해 남성 목소리와 참여를 촉구하는 유엔 캠페인. - 옮긴이)과 때를 같이 하여 인터넷에서 반향을 불러일으켰다. 그 충격의 여파로 일간지 <텔레그래프 The Telegraph>는 일요일 판에 편지 전문을 싣기도 했다.[1] "저는 최근 종교학 수업을 들으며 현대 사회에서 성별이 어떤 역할을 하는지에 대해 많은 이야기를 나누었습니다."라고 그는 편지에서 밝혔다. "그리고 전날 밤 양성평등에 관한 에마 왓슨의 연설을 지켜보면서 그녀의 주장에 조목조목 동의하였고 우리 학교 몇몇 남학생들은 얼마나 무지한지 깨닫고 실망했습니다. 저는 하트퍼드셔에 있는 남학교에 재학 중입니다. 저는 성평등에 관해 이야기하고 싶어졌고 비록 제 학우들의 반응이 어떨지는 잘 모르겠으나 어떻게든 제 의견을 함께 나누어야겠다 생각했습니다."

이 젊은이처럼 소년과 남성 들 또한 페미니즘의 가치를 소리 높여 주장하고 있다. 각자의 사회적 위치에서 자기만의 방법으로 남성 지배 사회와 작별하려 애쓰고 있다. 얼핏 그들의 행동이 역설적으로 보일지도 모른다. 남성 페미니스트 중 어떤 이들은 어린 나이에 여성과 남성의 평등 문제를 깨우쳤을 것이다. 또 다른 이들은 끔찍한 성폭력이나 불의의 현장을 직접 목격한 경험이 있어 여성들과 목소리를 함께하는 것일 수도 있다. 페미니스트의 가치를 지지하고 일어선 남성들이 생겨난 것은 성차별에 반대하는 교육의 결실일 수도 있고 아닐 수도 있지만 그들이 평등을 위해 싸우는 데 있어 든든한 원군인 점만은 확실하다. 심지어 절대 없어서는 안 될 귀한 존재다. 남성들이 처한 상황을 바꿔야 여성의 현재 상황을 바꿀 수 있다. 그리고 바로 이런 이유로 우리는 언젠가 우리 아들들이 자라 남성 페미니스트가 될 것이라는 기대와 희망을 키워 나간다.

# 1

# 고독한
# 페미니스트

## 시대의 흐름을 거스르며 아이를 키운다는 것

2016년 가을, 미국의 영문학 교수 앤드루 라이너 Andrew Reiner 는
〈뉴욕 타임스〉에 '아들을 키우는 두려움'이라는 칼럼을 썼다.[2] 이 글에서
그는 5세 아들을 키우는 아버지의 두려움에 대해 이야기했다. 그동안
인터뷰했던 페미니스트 부모들이 보였던 두려움과 흡사했다. 어떻게 하면
남성성이라는 전통 규범에서 벗어나 아들을 교육할 수 있을까 하는 두려움.
그는 아들에게 전승하고 싶은 가치관에 확신이 없어서가 아니라 아들이
성 역할 고정 관념에 길든 세상에서 자라야 한다는 것을 알기에 두렵다고
밝혔다. "우리는 아들에게 자신의 나약한 면을 느낄 줄 알아야 하고 표현도
해야 한다고 가르칠 것입니다. 우리 문화에서 이는 거의 저주라 할 수
있을 정도로 용납되지 않는 사항이지만요." 그는 우리 사회를 이끌어가는
남성성의 틀에 맞추어 아들 키우기를 거부하는 다른 아버지들의 번민을
대표하여 이렇게 썼다.

적지 않은 부모들이 비슷한 문제로 고민한다. 솔직하게 감정을 표현하라고
가르치고, 여전히 여성적이라 여기는 일에도 과감하게 뛰어들라 격려하다
보면 아이들이 자유롭고 성숙한, 게다가 성차별적이지 않은 소년으로
자라는 데 도움이 된다는 점을 우리는 잘 안다. 하지만 끊임없이 소년에게
남자가 되라고, 진짜 남자가 되라고 닦달하는 세상에서 우리 같은 부모는

다른 부모와 괴리감을 종종 느낀다. 집에서는 매니큐어를 칠하고 공주 드레스를 입도록 내버려 두지만 아이 친구들이나 교사들이 꼭 그렇게 열린 마음으로 아이를 대하지는 않을 것이란 것도 안다.

이런 이유로, 성차별적이지 않은 교육에 관해 이야기할 때 자주 등장하는 질문이 있다. 만약 우리가 아이를 일반적인 성별 규범과 다르게 키운다면 아이가 혼란스럽지는 않을까? 아이는 전통적인 성별 도식을 따르는 또래 아이(혹은 어른)와 함께 있을 때 어떻게 행동할 것인가? 페미니스트 교육을 받은 탓에 내 아들은 홀로 동떨어진 존재가 될 것인가?

아동 발달 심리학 교수 베로니크 루와예 Véronique Rouyer 와 통화하며 궁금증이 풀렸다. 가족이란 어떤 방식으로든 여전히 기존 성별 규범에 얽매여 있다. 심지어 그렇지 않아 보이는 가족들조차도 말이다! "성별의 사회화에는 여러 방식이 있어요. 부모가 직접 실천하지만 아이들에게는 굳이 권하지 않는 활동, 아이들에게 전달해 주고 싶은 감정 표현법, 실행 방법을 직접 가르쳐주고 싶은 일들(공 차는 법이나 인형 옷 갈아 입히는 법 등.) 그리고 부모 스스로가 남성 모델, 여성 모델을 만들어둔 행동이 있어요."라고 20년째 아동들을 관찰하며 성별에 따른 자아 형성을 연구한 전문가는 이렇게 말한다.

우리는 남자아이들에게 소꿉놀이를 권하기도 하지만 사실 아이들 눈에 그런 놀이나 집 안 역할 규범이 기존 규범과 그리 달라 보이지 않는다. 밖에서는 어떻든 집에서 엄마는 집안일을 하고 아빠는 자동차를 돌보기 때문일 수 있다. 혹은 엄마는 정기적으로 피부 관리를 받으러 다니지만 아빠는 축구 보는 걸 더 좋아하기 때문일 수도 있다. "페미니스트 가정이라 하더라도 일이 완전히 동등하게 나눠지는 않아요."라고 루와예는 덧붙인다. 따라서 어린이들이 우리 사회의 지배적인 성별 규범과 동떨어질 위험은 전혀 없다고 봐도 된다. 페미니스트 교육을 받는다고 해서 아이들이 외계인으로 자라는 것은 아니다. 그저 단순히 남성 지배 사회의 규칙을 마주했을 때 조금 더 거리를 둘 줄 알고 성차별 반대편에 서는 사람으로 자랄 뿐이다.

### 아이들은 생각보다 유연하다

사실 다른 사안들 역시 성별 구분 문제로 귀결된다. 어려서부터 우리 아이들은 서로 다른 사회 규범과 마주한다. 가끔은 상충하는 규범을 접한다. 그리고 그것에 순응한다. 집에서는 손톱에 매니큐어를 바르고 공주처럼 꾸미는 것을 좋아하는 아이도 친구 집이나 놀이터에서는 항상 그러지 못한다는 사실을 금세 깨닫는다. 아이들은 매의 눈으로 다른 점을 찾아낸다. 아이들은 이 차이점을 이해하려 노력하고 곧 두 세계의 규범을 능숙히 저글링하는 법을 배운다. "제 제자 한 명이 연구 중 직접 겪은 일이에요. 한 소년이 자기는 장미꽃을 좋아하고, 특정 색깔 티셔츠를 좋아해서 집에서는 항상 입는다고 했어요. 하지만 다른 아이들이 놀리기 때문에 학교에 갈 때는 좋아하는 옷을 입지 않는다고 하더라고요." 루와예가 말한다.

사회적인 공간에 따라 해도 되는 것과 금기시되는 것을 구분할 줄 아는 덕에 아이들은 상황에 따라 서로 다른 태도를 보일 수 있다. 아이들의 사회적 지능을 믿자. "아이들은 성별에 따라 빚어낼 수 있는 지점토 반죽이 아니에요. 자기 앞에 놓인 서로 다른 규범들에 따라 스스로 어떤 모습을 드러낼지 어떤 태도를 보여도 되는지 그 경계를 확장해 가는 존재예요. 어떤 이유로든 아이는 환경에 걸맞게 규범에 따라 적절하게 행동할 거예요.

그러면서도 또 다른 이유로 그에 순응하지 않겠다는 결심도 할 거고요."

마치 카멜레온이 환경에 적응하듯 우리 아이들도 적응하고 진화한다. 집에서 받은 페미니스트 교육과 성차별적 바깥 세상 사이에서 아이가 느끼는 격차는 거대하다. 따라서 아이는 자기 나름대로 비판 의식과 적응력을 가다듬으며 자신만의 항로를 거쳐 시험해 보고 관찰한다. 이 정도면 아이의 성장에 이로운 점이 많다 하겠다. 물론 우리가 아이들 스스로 의견을 내도록 존중한다는 전제 하에 말이다.

아이들의 목소리에 귀 기울이자. 아이들이 우리에게 하는 말을 귀담아듣자. 만약 아이들이 바깥세상의 역할 규범에 순응하고 싶어 한다면 아마도 그럴 만한 이유가 충분할 것이다. 루와예는 "아이들을 대상으로 한 성별에 따른 표현과 행동 연구 중 드러난 점이 하나 있어요. 아이들은 아주 어릴 때부터 남들의 시선에 예민하다는 거예요."라고 말을 이었다. 만약 우리 아이가 연보랏빛 운동화를 신고 학교에 가겠다고 우겼는데 다른 아이들 반응이 나쁘지 않았다면 다행이다. 하지만 아이가 집에 돌아와 머리에 핀을 꽂았다고 놀림 받았다며 앞으로 그러고 가지 않겠다고 한다면 그때는 조심해야 한다는 뜻이다.

비록 어떤 아이들은 성별 규범에 순응하지 않으며 커가기도 하지만 또 어떤 아이들은 절대 다수와 자신 사이의 거리감을 힘들게 받아들이기도 한다. 아이의 타고난 성격에 따라 얼마나 상처를 받는지 (심리적으로, 신체적으로, 가정에서, 사회에서) 얼마나 어려움을 겪는지는 개인마다 그 정도와 태도가 다르다. 예를 들어 이미 친구 사귀기가 쉽지 않은 아이라면 학교에서 놀림을 받을 수도 있는 진주 팔찌와 반짝이 티셔츠는 집에 두고 가는 것을 권하는 편이 좋다. '여자아이' 가방을 메고 다닌다는 이유로 학교에서 괴롭힘 당하는 남자아이에게는 가방을 바꾸든가 남의 눈에 덜 띄게 꾸며보라 권해야 할 것이다. 원칙에 얽매이기보다 유연해지자.

## 보수적인 생각을 하는 아이들

아무리 우리가 고정 관념을 타파하려 애를 쓰고 아이들에게 최대한 평등 의식을 심어 주려 한다 해도 분명 언젠가는 우리 아들들도 진부한 사고의 영향을 받을 수 있다. 더 이상 애니메이션 〈카Cars〉나 영화 〈스파이더맨Spider Man〉에 맹목적으로 열광하지 않는 날도 올 것이다. 학교에서 보는 다른 남자아이들처럼 근육을 키우고 하드코어 힙합만 반복해서 들을지도 모른다. 그리고 그런 날이 오면 페미니스트 부모들은 외로워질 마음의 준비를 해야 한다. 아니, 더 바짝 경계 태세를 갖추어야 하는 걸까. 우리가 무언가를 빼먹은 걸까. 아니다, 그런 상황이 오더라도 절대 우리 교육이 실패한 것은 아니다. 그저 아이들의 자아가 형성되어가는 과정의 지극히 정상적인 한 단계일 뿐이다. 성별 규범을 따르는 것은 외적인 요인 때문만은 아니다. 아이의 발달 단계이기도 하다. 5~7세 무렵 아이들은 성별에 따른 역할에 강하게 끌리는 모습을 보인다. 아직 '성 역할 항상성'이라는 개념을 깨우치지 못했기 때문이다. 즉 어린 아이들은 성별도 변한다고 착각할 수 있다는 뜻이다. 아이들은 여자를 그저 머리가 긴 사람 정도로만 생각할 뿐이다. "마치 자신과 주변 사람들의 성별이 외모나 장난감, 행동 등 사회적인 맥락으로 정해진다고 생각해요. 아이들은 성별에 관한 사회적 계약에 아주 세심하게 신경을 쓰거든요. 자신이든 남이든 어떤 경우에도요. 자기가 속한 성별 그룹에 해가 되지 않고, 다른 아이들처럼 자신도 그 그룹의 일원이라는 것을 드러내기 위해서죠."라고 사회심리학 박사 안 다플롱노벨 Anne Dafflon-Novelle 은 자신의 저서 〈소녀와 소년: 차별화된 사회화 과정인가? Filles, garçons: socialisation différenciée?〉[3]에서 밝혔다.

7~12세까지는 고정 관념으로부터 자연스럽게 거리를 두는 시기이며 아이들은 사회가 마음대로 그어놓은 성별의 역할과 경계를 넘나든다. 하지만 사춘기의 시작점이라 할 수 있는 만 12세가 되면 다시 성별 규범에 얽매인다.[4] 이 시기엔 부모와의 대립이 심해지기도 하고 타인의 시선 역시 중요해진다. 다른 사람의 동의와 또래 집단에서의 인정을 열망하는 시기다. 따라서 사춘기 청소년들은 자신이 속한 집단의 코드에 순응하고 그들의 일상을 따른다. 그리고 아이가 순응하게 되는 이 모든 것들은 대개 고정 관념에 영향을 받는다.

우리가 그토록 투쟁하며 없애고자 했던 그 모든 것을 그대로 답습하는 것처럼 보이는 아이들을 보고 있자면 괴로워서 머리를 쥐어뜯고 싶어질지도 모른다. 물론 아이들이 요구하는 모든 것에 동조할 의무는 없다. 하지만 우리 역시 성차별주의를 타도한다는 이름으로 지나치게 경직된 사고에 얽매일 필요도 없다. 아들에게 억지로 분홍색 옷을 입힌다든가 혹은 좀 더 큰 후에는 아이가 아무리 좋아해도 목이 찢어져라 여성 혐오 가사를 뱉어 대는 노래를 듣지 못하게 하는 등의 행동은 오히려 역효과를 낼 여지가 있다. 우리 목표는 일상 속 짜증을 유발하는 성차별주의와 맞서 싸우는 게 아니라 이 문제를 자각하고 깨어 있자는 것 아닌가. "늘 어른들은 아이들에게 설명을 하고 싶어 해요. 하지만 설명하고 싶다면 우선 아이들 의견을 물어야 해요. 이미 준비된 답안을 아이에게 얹어주려고 애쓰기보다는 아이가 이 문제를 어떤 방향에서 바라보는지 물어보는 거예요."라고 루와예는 강조한다. 또한 성 역할 고정 관념에 쉽게 따르더라도 페미니스트 부모의 아이는 이미

평등주의 교육을 받았기 때문에 어떤 단계에 가서는 고정 관념을 가차없이 떨쳐내기도 한다. 아이들이 '얼마나 오래 성차별주의에 동조하는지'가 아니라 동조하고 기준으로 삼을 것이 차별적인 규범뿐이라는 사실이 안타까울 뿐이다.

성차별에 반대하는 관점에서 자란 아이들은 성 역할에서 오는 부담감을 덜 느끼고 성별 규범으로부터 훨씬 자유로운 사고를 한다. 아이들은 또 다른 세상도 가능하다는 것을 보며 자라는 것이다. 하지만 우리 스스로는 아직 남자아이 입장에서 생각하는 데까지는 이르지 못했다. 평등 원칙에 적응하느냐 마느냐의 문제는 전적으로 아이들에게 달렸다. 부모는 진정한 자유와 실현 가능한 평등의 초석을 놓아줄 뿐이다. 우리는 해방의 희망을 담은 씨앗을 뿌리는 것이다. 후일 그것을 수확하는 것은 아이들의 몫이다.

## 2
## 부모가
## 페미니스트면
## 아들도
## 페미니스트인가

### 페미니스트의 아들은 어떻게 자라는가

페미니스트 어머니들보다도 잘못 알려진 존재가 있는지도 모른다. 바로 페미니스트 어머니의 아들이다. 세컨드 웨이브 페미니스트

활동가들의 자녀들은 어떤 사람으로 자랐을까. 그 아이들은 우리가
걱정하듯 집에서 받은 교육 탓에 사회에서 혼란스러웠을까. 아니면 오히려
부모들이 심어주고자 했던 평등의 가치를 받아들였을까. 사회학자 카미유
마스클레는 진작부터 이 문제에 관심을 가졌다. 가족 내 페미니즘 계승에
관한 연구 논문[5]을 준비하면서 그녀는 페미니스트 부모의 아들들을 여럿
만났다. 연구를 진행하며 그녀는 이 남자들이 자신이 받은 교육으로 인한
어떤 트라우마도 없다는 것을 발견했다. "제가 만나본 남자들은 이 주제에
관한 견해와 입장이 다 달라요. 하지만 거부하는 사람은 거의 없었어요."라고
마스클레는 말했다.

정도의 차이는 있지만 모두가 페미니즘의 유산을 지키고 있었다. 심지어
자기 부모에 아주 비판적인 이들조차도 그랬다. 인터뷰이 중 오직 한 명이
페미니즘에 부정적인 입장이었다. 마스클레가 만난 이 중에는 부모의 별거로
상처 받고 공동체 생활에서 좌절을 겪은 아이가 있었다. 68세대 부모의
자녀였다. "그는 가족이 지지하는 가치는 내던지고 그에 반하는 성향으로
자랐어요. 그럼에도 이제는 40대가 된 이 사람은 여전히 페미니즘의 몇몇
원칙은 받아들여요." 그에게 있어 여성이 자신의 신체를 다룰 자유, 낙태를
할 권리 같은 것은 논의의 대상조차 되지 않는 당연한 일이다. "여성에게
중요한 문제들에 있어 제가 간섭할 여지는 없다고 생각해요."[6]라고 그는
자신의 생각을 밝혔다. 그가 받은 교육이 아름다운 족적을 남겼다고
하겠다.

마스클레가 만났던 남자들 중 성차별에 반대하는 가치를 이론으로
받아들인 이도 있고 몸소 실천하는 이도 있다. 그들 모두가 어떤 의미로
봐도 반듯하게 자랐고 그들의 존재 자체는 페미니즘이 남긴 뿌듯한

유산이다. 페미니즘의 유산은 오늘날 다양한 형태로 나타난다. 일단
남자들이 정기적으로 요리를 하는 것으로 평등사상을 실천하기 시작한다.
그들의 아버지들이 예전에 했던 대로 말이다. 그리고 남자들이 자기
몫의 집안일을 제대로 해내는 것으로 이어진다. 한 남성은 세 아이를
돌보기 위해 자발적으로 직장을 그만두었다고 한다. 개인의 성격이나
겪어온 일들, 그들의 인생 여정에 따라 결과물의 형태는 모두 다르지만 이
남성들은 자기가 자란 가정의 정신적 유산을 제대로 지키고 있었다. 사례는
다양하지만 모두가 페미니즘 예법에 충실했다. 집에서의 페미니즘 교육이
그들을 평등 사회를 위한 열혈 투쟁가로 키워내지는 않았더라도 그 교육은
헛되지 않았다.


### 왜 어떤 이들은 강성 페미니스트가 될까

성차별  감수성을 열성적으로 가르친 부모 손에 자라도 모두
같은 양상의 페미니스트가 되지 않는다. 물론 한 사람의 자아란 서로 다른
가족사, 고유한 인생 여정에 따라 형성된다. 하지만 마스클레는 그들이
몸담은 전체적인 환경도 분명 영향을 끼친다고 강조한다. 모든 이가 배운
것을 그대로 실천하며 살지는 않는다는 것이 차이다.
"부모가 이용할 수 있었던 모든 것들(장난감이나 아동 문학 등) 너머에는 훨씬
모호한 그 무언가가 있어 함께 작용하는 거예요. 롤 모델로서 부모 역할,
가정에서의 평등 실천 같은 것들이 주장하는 내용과 항상 일치한다는
보장은 없거든요. 여기에 주변 환경, 예를 들면 어머니에게 페미니스트 여성
친구들이 있었는가 같은 사안도 작용하지요. 어떤 경우에는 가족이라는
테두리 안에서 페미니즘을 접하는 방식에 영향을 받기도 해요. 집 안에 있는

책이나 가족 간 대화 등에 말이죠."라고 마스클레는 구체적으로 설명한다. 이는 우리에게 두 가지 사실을 알려준다. 일단 페미니스트 아들을 키워내는 책임이 부모에게만 있지는 않다는 점, 즉 사회 전체가 그 짐을 함께 짊어지고 나가야 한다는 점이다. 또한 페미니즘으로 향하는 문을 다양한 방향을 향해 항상 열어두어야 한다. 성차별에 반대하는 주제의 연극, 페미니스트 페스티벌, 역사 속 위대한 여성들에 관한 전시회 등이 다방면에서 펼쳐진다면 얼마나 좋겠는가.

여러 해 동안 연구한 결과 마스클레는 가정 밖에서의 연대가 얼마나 중요한지 강조한다.(친척, 친구, 소속 단체, 대학의 젠더 연구소 등.) 가족이라는 영역 안에서 발전된 담론과 실천력에 가정 밖의 지원군 집단 또한 부모의 정신적 유산을 유지, 발전하는 데에 큰 역할을 차지한다는 뜻이다. 아이들은 바깥세상(예를 들면 학교)에 나가는 즉시 집과 완전히 다른 이야기를 듣기 때문에 지원군의 역할은 더더욱 고마울 수밖에 없다. "기억에 남는 소년이 있어요. 부모가 열성적인 페미니스트였는데 아이는 어려서부터 전통적인 의미의 남자아이들, 그러니까 운동을 많이 하고 축구에 목숨 거는 게 당연한 그런 아이들과 가까이 지내며 자랐어요. 결국 그 아이는 고전적인 의미의 남성성을 키워 나가더라고요."라고 마스클레는 말한다.

또 이와는 반대로 부모가 아닌 가까운 사람의 영향을 받아 열렬히 차별에 반대하며 평등을 위해 싸우는 남성 페미니스트들도 존재한다. 자유분방하고 입담 좋은 이모라든가 페미니스트 여자 친구, 헌신적인 인권 운동가 친구, 혼성팀을 열렬히 지지하는 운동 코치 등 "제대로 전승되는 페미니즘의 경우 다양한 각도에서 영향을 받아 견고해지는 경우가 많습니다."라고 그는 덧붙인다. 주위에 페미니스트가 단 한 명도 없는 환경이라 할지라도 손해라고 할 수 없다! 평등에 대한 감수성이 풍부한 소년이라면 작은 사건 하나로도 평등을 위한 전투에 뛰어드는 일이 가끔씩 있기 때문이다. 말도 못 하게 충격적인 사건, 강렬한 책 한 권, 혹은 매력적인 사람과의 만남으로 말이다. 페미니즘이 '노땅들' 혹은 1970년대 케케묵은 활동가들이나 사용하는 용어가 아니라는 것을 아이들에게 알려주자. 페미니즘은 나이지리아 출신 작가 치마만다 응고지 아디치에의 베스트셀러들이며 비르지니 데팡트 Virginie Despentes(유서 깊은 문학상인 공쿠르상 수상 작가이며 열렬한 페미니스트이자 경계로 몰린 이들의 대변자. 2020년 칸 영화제에서, 성폭행으로 유죄 판결을 받은 감독 로만 폴란스키가 수상 후보로 선정되자 이에 반발하여 행사장을 떠난 여배우들의 행동을 지지하는 칼럼을 일간지 <리베라시옹 Libération>에 기고했다. - 옮긴이)의 문학이며 미국 가수 비욘세 Beyonce의 무대 공연이다. 이러한 작품들은 에마 왓슨의 제안이나 마크 러팔로 Mark Ruffalo(<어벤져스>에서 헐크 역을 맡은 배우로 페미니즘이나 LGBT 권익을 옹호하는 데 목소리를 높이기로 유명하다. - 옮긴이), 베리노 Verino(페미니스트로 알려진 프랑스 코미디언. - 옮긴이) 그리고 여성 래퍼 프린세스 노키아 Princess Nokia 만큼이나 강력한 메시지를 전달하는 페미니즘이다. 페미니즘은 현실일 뿐만 아니라 멋지기까지 하다!

## 어쩌다 남자까지 평등을 외치게 되었나

어떤 이들은 놀라고 어떤 이들은 단순히 믿지 않으려 든다. 하지만 남성 페미니스트는 존재한다. 양성평등을 위한 투쟁이 시작된 순간, 즉 19세기 말부터 여성 편에 섰던 남성들이 있었다. 참정권, 낙태 권리, 가사 노동 분담, 가정 폭력 등 모든 투쟁을 거칠 때마다 이들은 남성 지배 사회를 끝내는 데에 영향을 끼쳤고 여전히 영향을 행사한다. 그들은 어쩌다 열성적인 페미니스트 활동가가 되었을까. 생애 어느 순간, 그들에게는 아무 이익도 없어 보이는 투쟁에 뛰어들라고 누군가 등이라도 떠민 걸까. 사회학자 알방 자크마르 Alban Jacquemart는 '통계상 소수이고 사회적으로 일어날 법하지 않은 참여'의 원천을 이해하고자 했다. 그는 논문[7] 하나를 이 주제에 할애해 제3공화국(나폴레옹 3세 몰락 몇 년 후 시작된 공화국으로, 1940년 나치 점령까지 계속되었다. - 옮긴이) 이래 오늘날까지 양성평등에 헌신한 남성들을 다루었다. 열정이 넘치는 데다 교훈적인 논문이다.

이 남성들의 활동 시대, 개인적인 품성에 상관없이 그들의 활동 경로를 따라가보면 두 가지 공통 요소가 드러난다. 일단은 유년, 혹은 청소년 시절 이미 여성들이 주장하는 바에 대한 감수성이 형성되었다는 점이다. "여성들의 세계와 가까이 지냈거나 여성들이 양육했거나 남성 지배 사회의 결과를 가까이서 지켜볼 기회가 있었을 거예요. 또한 일을 하거나 공부를 하면서 여성 동료들이 겪는 불평등을 눈앞에서 보게 된 경우도 있을 테지요. 인생을 살아가면서 제법 다양한 계기를 통해 깨우치는 순간이 있는 거지요."라고 전화 인터뷰에서 자크마르가 밝혔다.

그렇다고 해서 불의를 인식하는 이러한 감수성이 행동으로 이어지는 경로가 설명되지는 않는다. 평등사상에 호의적인 입장을 보이는 것은 어디까지나 가능하다. 하지만 자신의 시간과 에너지를(가끔은 돈까지도) 쓰는 것은 완전히 다른 이야기다. 페미니즘에 열렬히 몸을 던지기로 결심한 남성들은 이미 다른 활동에도 열렬히 몸담았던 적이 있는 경우가 많다. "거의 모든 이가 정당 활동이나 노동조합 같은 사회 운동에 참여한 전적이 있어요. 그리고 이전에 몸담았던 집단에서 활동하던 중 조직적으로 투쟁하는 페미니즘과도 만나게 되는 거지요."라고 그는 말을 이어갔다. 정치에 관심이 많은 가정에서 자랐던지 대학교에서 정치에 흥미가 생겨 노동조합이나 페미니스트 그룹에 참여했던지 간에 그들에게는 커다란 공통점이 있다. 일단 시작은 활동가 단체라는 점이다.

그들이 활동가 단체에 몸담는 것 자체가 성장기의 사회정치학적 맥락과 큰 관련이 있다. 페미니즘 운동이 사람들 눈에 더 잘 띌수록 남성들도 더욱 참가하기가 쉽다. "만약 페미니즘이 몇몇 경계인들의 집단에서 비밀스럽게 유지된다거나 미디어와 정치 분야에서 관심을 보이지 않던 시절이라면 활동가들이 하나의 운동으로서 페미니즘을 만날 기회는 훨씬 적을 거예요."라고 자크마르는 강조한다. 이와 반대로 불같이 끓어오르는 투쟁의 열기는 남성들이 페미니즘 활동에 힘을 모으고 동조하는 데 도움이 될 것이다. 스페인이 그랬다. 긴축 재정 정책에 대한 반발로 결집한 성난 군중의 시위가 페미니스트 투쟁의 도화선에 다시 한번 불을 지폈다.

결국 남성들이 페미니스트 부모 아래에서 자랐는가 아닌가는 페미니즘 투쟁에 참여하고자 하는 욕망과는 큰 관련이 없어 보인다. 자신이 만났던 남자들 중 활동가 어머니를 둔 미성년자는 단 한 명뿐이었다고 자크마르는 지적한다. 그는 입버릇처럼 말한다. "모든 페미니스트 활동가 어머니들이 자녀를 함께 투쟁하도록 키우지 않고, 그와 마찬가지로 모든 활동가들이 페미니스트 어머니를 둔 건 아니에요!" 오히려 영감을 주는 여성 운동가들 곁에서 자라거나 실질적으로 평등한 가정에서 자란 이이들이 전체의 반 가까이 차지한다. 어린 시절에 세워진 기준은 이렇게 인생 여정에 두고두고 영향을 끼친다.

## 페미니스트 활동가들이 바라는 것

그래도 가슴 깊이 의문점이 하나 남는다. 이 전투에서 남성 페미니스트들이 얻는 건 무엇일까. 왜 남성들이 굳이 가부장제와 이에 따르는 남성으로서의 특권을 무너뜨릴 투쟁에 몸을 던지는 걸까. 놀림이나 비판(심지어 일부 페미니스트조차도 그들을 비난한다.)도 감수할 만한 어떤 보람과 성취감이 있는 것일까. 자크마르는 이러한 남성 투쟁가들을 설명해 주는 '분명한 역설paradox apparent' 이론에 관심을 가졌다. 그리고 그들을 조금 더 가까이에서 관찰하며 두 가지 서로 다른 동기에서 뻗어 나온 두 개의 큰 줄기를 발견했다.

한쪽은 뼛속까지 타고난 '휴머니스트'들이다. 이들은 본성적으로 경제적, 사회적, 환경적 불의에 예민하기 때문에 인종 차별이나 동성애 혐오, 아동 권익 보호나 환경 보호 투쟁을 지지하듯 여성 권리를 옹호한다. "넓은 의미로 페미니즘도 정치 프로젝트의 일환이지요. 그들은 더욱 평등하고 살기 좋은 사회, 즉 평등 사회라는 구조물에 주춧돌을 하나 놓았다는 만족감을 느낄 수 있어요."라고 자크마르는 설명한다.

또 다른 한쪽은 '동질감을 느끼는 무리'다. 이들은 무엇보다도 남자와 여자에게 차별적으로 부과되는 사회에서의 역할을 규탄하고 고정 관념 타파를 위해 싸운다. "이들에게 있어서 페미니즘 활동은 참여 정신의 중심에 있는 동지 의식이에요. 이들은 평등의 논리가 주변으로 밀려났음을 믿고 싶어 하지 않지요. 그들 자신만의 경험에서 출발해 페미니즘 투쟁에 뛰어들어요. 그리고 페미니즘이야말로 남녀 할 것 없이 모든 개개인을 성별 규범의 중압감으로부터 해방하고 행복을 가져다준다고 여겨요."라고 자크마르는 말을 이어간다.

이 남성들이 일선에서 물러나는 그날이 부디 오기를 바랄 뿐이다.

페미니스트들과는 달리 양성평등을 향한 그들의 참여는 십중팔구 활동가로서 걷는 여러 여정의 한 단계일 뿐이다. 하지만 활동을 멈추더라도 그들은 여전히 페미니스트로 남는다. 각각 자기만의 방법으로 말이다. "그중 몇몇은 페미니즘 이데올로기에 애착을 보일 겁니다. 그에 대한 연구 결과도 찾아 읽어가며 지속적으로 관심을 가질 거예요. 페미니즘은 이미 그들의 사고 체계에 속했으니까요."라고 자크마르는 다시 한번 확인해 준다. "그리고 또 다른 방식으로 활동을 계속해 나가는 이들이 있어요. 그들은 주로 가정이나 직장 같은 사적인 영역에서 활동하지요. 집안일을 나누어 하거나 부인의 경력에 가족이 걸림돌이 되지 않도록 주의를 기울이면서요." 학습 참관일에 커피 자판기 앞에 옹기종기 모인 몇몇 아버지들처럼 이들은 남녀평등을 지속적으로 옹호해 나간다. 여성의 말을 귀담아듣고 세상의 허튼소리나 차별적인 언사와 맞서 싸우며 아이를 키우고 육아 휴직을 낼 것이다. 이런 사실들만으로도 페미니스트가 되기 위해 반드시 활동가로 나설 필요는 없음을 그들은 잘 보여준다. 뿐만 아니라 여성들을 해치는 폭력과 불평등을 뿌리 뽑는 데 남자들도 함께할 수 있음을, 일상의 작은 행동 하나로 참여할 수 있음을 일깨워 준다.

# 3

# 페미니스트
# 남자들이 만든
# 용어


## 우리에게 꼭 필요한 지원군

2014년 9월 유엔 여성 회의는 '히포쉬' 캠페인[8]을 시작했다. 영화
배우 에마 왓슨이 홍보 대사로 기조 연설을 했고 SNS에서 #heforshe
해쉬태그 릴레이가 시작되었다. 영화배우 맷 데이먼 Matt Damon, 가수 패럴
윌리엄스 Parrel Williams, 전 미국 대통령 버락 오바마 Barack Obama 가 공개적인
지지를 보내는 등 수많은 남성 유명인사들의 지지를 얻으며 양성평등을
위한 남성들의 참여를 촉구했다. 2015년 다시 캠페인이 일어났다. 유엔
여성 회의는 더욱 강력해진 이름으로 (HeForShe Impact 10X10X10!) 재무장을
하고 캠페인을 시작했다. 이번 목표는 정치, 경제 분야, 그리고 대학교
의사 결정권자들의 변화 촉구였다. 그로부터 1년 뒤 프랑스에서 여성 단체
'조르제트 상드 Georgette Sand'[9]가 '남성 페미니스트'[10]라는 캠페인을 시작했다.
향수 광고의 기호 체계를 바꾸고 성차별주의와 여성 혐오에 맞서는 데
앞장선 남성들을 알리는 것이 목적이었다. 페미니즘이 남성들과 연대할 수
있다는 사실을 우리에게 일깨워 주고자 한 것이다. 예를 들면 19세기 말
언론인이자 1870년 설립된 '여성 권리를 위한 조직'의 공동 설립자였던 레옹
리셰 Léon Richer 는 당시 주요 조직책 중 한 명이었다.
그는 페미니즘의 아버지라고 불릴 정도로 활발히 활동했다.(굳이 덧붙이자면

'페미니즘의 어머니'는 누구라고 해야 할지 잘 모르겠다!) 1910년 장 조제프르노<sup>Jean</sup>

<sup>Joseph-Renaud</sup>라는 작가는 당시로서는 페미니스트 교리 문답서라 할 수 있는

유머 가득한 소책자[11]를 발간했다.(이 책은 최근 개정판으로 출간되었다.) 그는

이 책을 통해 여성 혐오를 타파하고자 했다. 또한 남자를 혐오한다느니

여성을 남성화한다느니 혹은 단순히 세상을 멸망시키려 한다는 등 당시의

페미니스트들을 향했던 흔한 비난을 비판했다. 다음 해인 1911년, 인문

중심, 비종교적 사회 참여로 이름을 높인 페르디낭 뷔송<sup>Ferdinand Buisson</sup>이

세 남성과 함께, 여성 고통 문제를 논하는 유권자 연합을 세웠다. 당시

여성은 영원불변의 약자이자 소수였으니 이 남성들이 법률 개정의 필요성을

대중에게 알린 공로는 대단하다 하겠다. 그들은 여성들에겐 배제된

정치·경제·미디어 권력을 재분배하자는 주장을 소리 높여 외쳤다. 여성

운동을 위해 법을 어긴 남성도 있었다. 1970년대 낙태를 원해도 할 수 없었던

여성들을 돕기 위해 '낙태와 피임의 자유를 위한 운동<sup>MLAC</sup>'에 참여했던 남성

의사들이 그 예다.

남성들도 법률상 평등을 위해 함께 싸웠고 여전히 곳곳에서 싸우고 있지만

한 편에서는 실생활에서의 평등을 위한 노력도 지속되었다. 1970년대에

남성들이 설립했던 '남성 피임 연구 발전 연합<sup>Ardecom</sup>'[12]은 임신, 출산 계획이

여자들만의 책임이 되지 않도록 꾸준히 활동하고 있다. 1997년부터

2013년까지 '믹스-시테<sup>Mix-Cité</sup>'라는 단체의 회원들은 수많은 캠페인과

집단 행동(성차별적인 장난감, 살아 있는 모델이 등장하는 쇼윈도, 강간 등을 규탄하는)을

조직하며 성차별과 모든 여성 대상 폭력 문제를 알렸다. 2011년부터

'매매춘에 반대하고 평등을 위해 참여하는 남자들'이 모여 활동하는 집단

'제로 마초<sup>Zéro Macho</sup>'[13]도 있다. 남자들 편에서 보더라도 페미니스트 활동에

일거리가 떨어지는 법은 절대 없다!

남성들이 평등 운동에 헌신하는 상황을 곱게 보지 않는 시선 역시 존재한다. 남성 페미니스트들은 자기 이익을 더 우선시하고, 심지어 여성들의 발언권을 뺏는다는 비난도 듣고 억울하게 역차별당하기도 한다. 이런 이유로 진보적이며 상황을 제대로 파악하는 남자들조차도 우리 사회에서 효율적으로 작동 중인 남성 지배 메커니즘을 재생산하는 데 기여하기도 하고, 가까운 여성들에게 간섭하며 오만한 모습을 보이기도 한다. 이 남성들이 비록 비판의 대상이 될지라도 여전히 세상을 좀 더 공정한 방향으로 움직이려 노력한다는 점이 우리의 희망이다. 페미니스트를 지지하든 성차별이나 가부장제에 반대하든, 혹은 그저 동조하든 순수하게 페미니즘 이론가이든, 어느 경우라도 그들은 페미니즘이 단순히 여자들만의 문제가 아니라는 사실을 깨닫게 한다. 평등이라는 목적지에 도착할 때까지 남자들은 그들 몫의 노력을 해내야 한다. 성차별주의와 남성 지배를 타파하기 위해 할 수 있는 일은 무엇이고 무엇을 해야 하는지 고민하면서 말이다. 남성 하나 하나가 사회 계층 사다리 위에서 자신만의 방법으로 사회를 발전시킬 수 있다.


### 쥘리앵 바이우, 내겐 너무나 당연한 페미니즘

쥘리앵 바이우 Julien Bayou 는 성차별에 맞서 싸우는 남자다. 그는 유럽 생태 녹색당 대변인이자 일드프랑스 지역 고문이며 비영리 단체에서 일한다. 다양한 방면에서 열성적으로 활동하지만[14] 스스로를 '페미니스트'라 밝힌 것은 성인이 될 무렵이었다. 여성과 남성의 평등은 그에게 있어 너무나 '당연한 이치'였다. "우리 집에서는 여성도 남성과 동등한 권리를 갖는다는 게 당연하게 받아들여졌고, 그렇지 못한 경우에도 그런 신념을 갖고 행동해야 했어요." 한 번도 스스로를 페미니스트라고 밝힌 적 없는 그의 할머니는 1960년대 말 프랑스 최초의 여성 시장이었다.(할머니는 14년 동안 작은 마을에서 시장 업무를 맡아왔다.) 그가 자라면서 만나지 못했던 어머니는 1970년대에 낙태의 권리를 위해 투쟁했다. "미처 깨닫진 못했지만 저희 가족에겐 면면히 전해 내려오는 성평등 투쟁 정신이 있었어요."라고 바이우는 말한다.

페미니스트 여성과 커플이 되고 페미니스트 투쟁에 함께 나서는 것은 당연한 수순이었다. "이야기를 나누는 동안 우리는 서로 의견에 동조하는 경우가 많았고 그렇게 나 역시 페미니스트라는 사실을 깨달았어요."라고 그는 전화 인터뷰에서 밝혔다. 이미 다양한 목적을 위한 사회 참여(주거 문제, 청년 인턴의 불안한 고용 현실, 노동자 권익 보호, 환경 문제 등)에 몸을 던져본 그는 자신의 활동사에 새로운 항목을 하나 더한다. "페미니스트 활동가 연대 '페미니즘에 뛰어들라 Osez le féminisme'와 '바르브 la Barbe'에서도 일해봤어요. 그리고 낙태의 자유나 양성 간 동등한 급여 체계 등을 위한 다양한 시위에 참가했지요."라고 밝힌다. 2015년부터 그는 페미니스트 단체 '에프롱테Les Effronté·e·s'의 설립자 파티마 브노마르 Fatima Benomar와 함께 양성평등 의무 불이행으로 유죄 판결을 받은 기업 명단 공개를 위해 싸우고 있다.

그는 환경 보전 운동 한가운데에서 페미니즘과 일맥상통하는 면을 발견했고 2000년대에 들어 페미니스트 운동에 합류했다. "평등 문제를 항상 인식하고 있었지요. 환경 운동가들은 아주 오래전부터 진정으로 평등한 조직을 구성하기 위해 남녀의 머릿수를 맞추어 인원을 구성했어요."라고 말한다. 회의 중 발언권 또한 남녀 모두 공평하게 준다. 같은 방식으로 대변인 역할도 남성과 여성이 번갈아 맡는다. 여러 해 동안 바이우는 상드린 루소Sandrine

Rousseau와 함께 대변인을 맡았다. 상드린 루소는 2016년에 파리 부시장을 지낸 프랑스 하원 부의장 드니 보팽Denis Baupin (유럽 환경 녹색당 당원이다.) 에게 성폭행 당한 사실을 공개한 인물이다. 보팽 스캔들은 큰 혼란과 대소동을 일으켰고 바이우까지 투입되었다. "저는 사건에 대해 입을 연 그녀와 다른 피해자들의 용기에 자극받았고, 한 집단이 그렇게 한몸으로 현실을 외면해 버리는 방식에 충격을 받았어요."라고 바이우는 회상한다. 시간이 지나 그의 행동 반경과 사회 개혁 활동 형태는 달라졌어도 평등을 향한 그의 헌신은 멈추지 않았다. 사회 불평등에 대한 공감과 남성 지배 메커니즘에 대한 깊이 있는 이해는 그의 실제 업무에도 큰 영향을 끼친다. 예를 들면 그는 언론 매체에 등장할 때면 (자주 있는 일이다.) 초대받은 패널이 전원 남성이라는 점을 꼭 언급하거나 자신을 대신할 만한 여성 패널에게 그 자리를 양보한다. 그는 또한 토론에 참여하는 여성 발언자의 말을 중간에 끊지 않으려고 노력한다. '맨터럽팅'[15]과 싸우려는 그만의 투쟁 방식이다. 맨터럽팅이란 여러분이 짐작하는 대로, 남자들이 여자들의 말을 끊는 경향을 말한다. 같은 방식으로, 자신이 몸담은 비정부 단체 가입 지원자와 인터뷰를 할 때면 젠더 문제에 관해 '각별히 긴장한 자세를' 보였다. "여성과 마주할 때면 제 의견을 즉각적으로 내놓지 않으려 합니다. 왜냐하면 남성들과는 반대로 여성 지원자들은 종종 자신의 경험을 축소하려는 경향이 있거든요." 경험에서 나온 말이다.

그는 여전히 '갈 길이 멀기만 하다'고 주저없이 말한다. "저는 남자아이로 자랐어요. 아직 새로이 재구성할 것이 많다는 뜻이지요. 예를 들면 집안일도 모르는 게 많아요. 길에서 마음에 드는 여성에게 말을 걸어보려 했을 때 저 역시도 어쩌면 서투르고 아둔하게 굴었을 수 있어요. 하지만 스스로가 조금씩 나아지고 있기를 바라요." 그가 고백한다. 전화를 끊기 전 그는 이렇게 덧붙였다. "저의 참여 방식에는 용감한 구석이 전혀 없어요. 성직자의 일도 아니고 희생도 아니죠." 그에게 있어 페미니즘이란 너무나 당연한 이치일 뿐이다.

### 토마 랑슬로비아네, 일상의 페미니즘

토마 랑슬로비아네Thomas Lancelot-Viannais는 투쟁 활동가다. 1990년대에 성차별 반대 단체 '믹스시테'를 공동 설립했고, 파리의 한 고등학교에서의 교육감으로 일했다. 2017년 현재 48세이며 두 아이의 아버지이다. 비록 시위대를 조직할 시간이나 성차별적 마케팅을 비난하기 위해 장난감 가게를 점거할 시간은 없지만 그는 심지 굳은 페미니스트이다. 그는 평생을 페미니즘에 몸담은 것은 아니지만 젊은 시절부터 페미니즘에 대한 이해와 감수성은 갖추고 있었다고 말한다.

"저는 중학교는 남학교를 다녔어요. 고등학교는 남부 지방 알비라는 마을의 옛 여학교 건물에 있는 남녀공학으로 진학했는데 전체 학생의 80% 정도가 여학생이었지요. 교칙에 따라 교장 선생님께서 반마다 여학생 한 명과 남학생 한 명을 대표로 지목했는데 너무나 놀랍게도 제가 선택이 된 거예요."라고 그는 회상한다. 나중에는 다른 네 학생들과 함께 학생회에도 선출되었다. 네 명 모두 남학생이었다. 그의 기억에 따르면 전체 학생의 80% 정도가 여학생인 학교에서 말이다. "순간 의구심이 들더군요. 왜 문학 같은 수업에서는 여학생들이 거의 발표하고 과학 같은 과목에서는 그 반대인지처럼요." 그는 말을 이었다. 이 문제의 답을 구하고자 그는 오래도록 고민했고 결국 이에 관한 기록을 남기기 시작했다. 때는 1989년이었고 젊은 랑슬로비아네는 사회에 성차별적인 자기 검열과 분리가 만연하다는 사실을 알게 되었다.

하지만 그보다 한참 전에 여성들 앞에 놓인 장애물에 대해 깨달은 경험이 있었다. 그가 일곱 살이었을 때 어머니는 이혼하고 홀로 삼형제를 키웠다. 어머니는 내세울 학력도 없이 아이들을 키우며 어려움을 겪었다. 어머니는 세 아들을 마초로 키우지 않았고 아이들은 자유롭게 자랐다. "저는 한 번도 강한 소년이 되라고 압박받은 적이 없어요. 아버지처럼 되지 말라는 어머니의 바람이었겠지요."라고 그는 회상한다. 그는 오래도록 양 귀에 귀고리를 하고 머리를 길렀으며 축구도 럭비도 하지 않았다. 군 복무를 해야 할 시점이 왔을 때 그는 국방부의 사무직으로 배치되었다. 그로서는 남성적인 모델들의 주변부에서 자아를 새로이 정립하는 색다른 경험이었다.

오늘날 랑슬로비아네는 자신만의 페미니즘을 일상에서 지켜 나간다. "사적인 영역이야말로 남성 지배의 가장 깨뜨리기 어려운 핵심이라 할 수 있다어요." 몇 해 전 〈리베라시옹〉에 기고한 글에서 그가 밝혔다. 바로 이런 이유로 그는 일상에서 투쟁하기로 결심한 것이다. 시작은 자녀 교육이었다. 아이들에게 하는 잔소리라든가 아이를 위해 골라주는 영화, 활동, 장난감 등에 이르기까지 극도로 주의를 기울이며, 랑슬로비아네와 그의 아내는 성차별적인 고정 관념의 영향을 최소화하려고 노력했다. 긴 호흡이 필요한 마라톤 같았다. "우리가 할 수 있는 모든 방법을 모두 동원했어요. 플레이모빌 때문에 놀란 적도 있었지요." 그는 웃으며 말했다. 성차별적인 표현과의 투쟁은 가족 내에서도 전달될 수 있다는 것을 그는 안다. "제 아들은 분명 저를 롤 모델로, 아버지란 으레 아이를 방과후 수업에 데리고 가거나 하교 때 학교로 데리러 오고, 숙제를 시키는 거라 생각한다고 확신해요." 아버지이기도 한 그는 이렇게 말한다. 랑슬로비아네 가정에서는 전통적으로 사회가 남성과 여성에게 부과하던 역할들을 재배치한다. 이 가정에서 장을 봐 와서 정리하는 일은 아버지 몫인데 그의 관찰에 따르면 이는 마치 학교 학부모 회의 날이랑 같다고 한다. 그 일을 하는 유일한 남자라는 것이다. "제 아내는 저보다 연상이고 교육 수준도 높은 데다 저보다 수입도 많아요. 이런 점이 우리 가족의 구성 형태를 결정한 거지요. 입장을 바꾸어 만약 제 아내가 저보다 사회적으로 우월한 위치가 아니었더라도 각자의 입장에서 양성평등을 실천할 수 있는 방법을 생각했을 거예요."라고 그는 말한다. 그는 주변에서 이런 상황을 자주 본다. 다른 이들이 그의 선택을 항상 이해하는 것 같지는 않다고 한다. "제가 교육감으로 일하는 것이나 아내보다 돈을 적게 벌고 사회적으로 조금 덜 출세했다는 사실이 서로에게 좋은 감정을 품거나 서로를 알아가는 데 영향을 준 것 같지는 않아요."라고 그가 말했다. 그렇다, 남자가 진정으로 평등을 위해 몸을 던진다면 분명 남자라서 누리는 몇몇 특권은 포기할 수밖에 없다. 랑슬로비아네는 이를 자발적으로 받아들인 것이다. "저는 돈을 많이 벌거나 더 좋은 차를 타는 삶을 위해 달리지 않아요. 그런 관심은 진작 내버렸지요." 그러고는 "만약 페미니스트로서 이런 확신이 없었더라면 지금 상황을 당연히 불편해했을 거예요. 처음에는 그저 남성 정체성을 확립하는 데 도움이 될 것 같은 사회 가치를 따라 달렸을 뿐이에요. 하지만 평등과 거칠지 않은 남성성, 둘 모두에 동조하는 입장이니 마음이 아주 평온해요." 하고 말을 이었다. 그는 다시 한번 강조한다. 자신은 페미니스트 남성이라고. 특히 '아주 행복하고 속 편한' 페미니스트 남성이라고.

### 키르크 바야마, 마초의 해체

키르크 바야마 Kirk Bayama가 처음부터 남성 지배 사회에 반발하여 뜻을 세울 의도가 있었던 것은 아니다. 무엇인지 명확하지 않던 개념인 페미니즘은 저널리즘을 공부하던 중 우연히 만났다. 어느 맑은 날 저녁 그는 페이스북 페이지를 어슬렁거리다 '가슴 다림질'에 관한 기사에 빠져들었다. 카메룬에서는 흔하다는 이 의상은 따뜻한 물체, 종종 뜨겁기까지 한 물체가 가슴 부위에 달려 있어 소녀들의 가슴 발육을 방해하는 데 이용된다는 것이다.[16] 사춘기 소녀들이 남자들을 자극하는 것을 방지하기 위해 말이다. 이런 악습의 피해를 입은 소녀가 10%가 넘는다.[17] 그럼에도 우리 중 대부분은 그런 풍습은 들어본 적도 없다. 그는 카메룬에 살았던 시절에도 몰랐다. "프랑스에 오기 전 카메룬에서 13세부터 16세까지 살았거든요." 콩고 민주 공화국의 수도, 킨샤사 출신인 바야마가 말했다. 자신이 알게 된 사실에 다소 놀란 바야마는 그에 관한 정보를 수집하고 자료를 정리했다. 그의 취재는 〈가슴이 우리를 설명해요 Nos seins nous exposent〉라는 다큐멘터리 제작으로 이어졌다.

"미디어 업계에 취직하려고 시작한 프로젝트였어요."라고 바야마가 말했다. 하지만 그 문제는 너무 강렬하게 머릿속에 자리 잡았고 그의 삶 전체를 흔들었다. '가슴 다림질'의 현실에 뛰어들고 피해자들을 만나보면서 바야마는 남성들이 저지르고 다니는 폭력을 목격했다. 카메룬에서는 물론, 다른 곳도 마찬가지였다. "제가 받았던 교육에 의문을 품고 회의하기 시작한 것도 이 주제를 연구하면서부터예요."라고 그는 말한다.

그는 회상한다. "제가 어릴 때에는 식사가 준비되지 않았다고 해서, 혹은 집안일이 제대로 되지 않았다고 해서 남편이 부인을 때리는 일이 흔했어요.

무슨 일이든 부인이 남편 말에 복종하는 것도 당연했고요. 모든 결정은 남자가 했지요. 이렇게 해, 그걸로 끝." 어린 그의 눈에도 당연하게 보일 정도로 남편이 부인 옷을 골라줬고, 이런 규칙을 따르지 않는 여자들은 모욕을 당하곤 했다. 이러한 남성 우월주의적인 행동을 그 자신도 한때 저질렀고, 오늘날 그는 더 이상 그러지 않으려 투쟁 중이다. 그는 그때부터 여성 대상 폭력이 일상 속 성차별과 마찬가지로 습관적인 반복의 결과인 것을 깨달았다. "'가슴 다림질' 같은 야만적인 행동은 그 일련의 과정에서 생겨난 거예요. 결과물이라고요. 하지만 어떻게 인간이 한 점 의구심도 없이 그런 폭력을 저지르는 지경에 이른 걸까요?"라고 그는 묻는다.

현실에 눈을 뜬 바야마는 여성을 향한 폭력을 정당화하는 지배 논리를 거부하고 이에 맞서 싸우기 시작했다. 이를 위해 여성 대상 폭력에 맞서 싸우는 '모두 단결 Tous unis'이라는 단체를 설립했다. 이들은 가정 폭력이나 페미니즘에 관한 이야기들을 모아 일반 남성들의 주의를 끌고자 한다. 남성 지배 사회의 폐해에 대해 함께 이야기하고 고민하도록 남성들을 격려하는 것이다. 그리고 맞서 싸우기까지 한다면 더 바랄 것이 없겠다. 여성에게 가해지는 폭력을 진정 끝내고자 한다면 타도의 대상은 바로 가부장제의 심장부이기 때문이다. 그러니 이 일을 시작하는 데에 남자들보다 효과적인 이가 어디 있겠는가?

바야마 자신도 남성 지배 해체를 위해 첫 삽을 들었다. 그에게도 그렇게 쉽지만은 않은 일이었다. 그도 왕년에 '대단한 마초'였던 시절이 있었다. 한때 자신은 우아한 어투로 차별적이고 공격적인 말을 쉽게 하던 남자였다고 부끄러워하며 고백한다. 따라서 오늘날 그는 오랜 반사신경을 재구성하기 위해 소프트웨어를 변환하는 데 힘을 쏟고 있다. "예전에는 여성들에게 신체에 관한 이야기를 자주 했어요. 요즘에는 그러고 싶은 생각이 들 때마다 자제하지요." 여성을 바라보는 시선이 변한 것이다. 여성들을 대하는 태도 역시 달라졌다. "여성들의 말을 자르지 말고 이야기하도록 둘 것, 차별적이거나 모욕적인 말은 이제 입에 담지 않기 등의 노력을 하는 거지요." 커플 사이에서도 그는 자신에게 익숙한 것들을 되돌아보았다. 그는 자신의 파트너와도 더 이상 예전 습관에 머무르지 않기 위해 노력한다. 특히 자신이 틀렸을 경우에는 먼저 들으려 한다. 가끔씩 어느 장단에 맞추어 춤을 추어야 할지 감을 못 잡는 경우가 있기는 하지만 말이다. 그가 희망하는 것이 한 가지 있다. "여성들과 남성 지배 사회에 대해 대화할 때는 반응하기 전에 천 번은 숙고해요. 예전에 했던 실수를 이제는 절대 하지 않으려고요. 제자리를 찾는 게 쉽지만은 않지요. 하지만 시간이 지나면서 점점 더 자연스러워질 거라 생각해요."

게다가 페미니즘과 만난 후로 달라진 것은 여성들과의 관계만이 아니다. 페미니즘은 그와 남성들의 관계도 완전히 뒤바꾸어 놓았다. "남자들 사이에서 대화가 여자 이야기로 흘러가면 차별적인 언사나 여성을 비하하는 말들이 종종 들려요. 더 이상은 그런 이야기에 맞장구치지 않아요. 그럴 때면 즉시 제 생각을 말하고, 이유를 자세히 설명합니다."라고 그는 털어놓는다. 다른 이들에게까지 성차별적 언사를 강요하는 남자들, 진정한 여성 혐오자들로부터 양성평등을 지켜내는 좋은 방법이다. 그리고 바야마는 이를 제대로 이해했다. "제 임무는 여성들이 왜 페미니스트가 되어야 하는지 설명하는 게 아니에요. 저 스스로를 남성들에게 알리는 거지요." 그가 말을 이었다. 이처럼 지난날의 마초는 페미니즘의 복음을 전파하는 전도사가 되었다. 마치 세상을 바꾸는 일은 언제 시작해도 절대 늦지 않는다는 듯 말이다.

잘못을 뉘우치는 남성들이건 페미니스트의 아들들이건 혹은 미디어 활동가들이거나 그 누구라도 이제는 남성들이 성차별적 시스템을 해체하고 있다. 주변의 놀림과 놀란 시선에도 불구하고 (가끔은 감탄 어린 시선도 있기는 하다.) 그들은 계속 버티며 학교에 아이를 데리러 가고 자기가 맡은 가사일을 해낼 것이며 성차별적인 단짝 친구를 교육하고 여성들의 말을 귀하게 여기려 할 것이다. 요약하자면 그들은 그들만의 방식으로 양성평등의 원칙을 실천하려 노력하고 있다. 이는 절대, 완벽한 남자성들끼리의 계급 놀이가 아니다. 너무 완벽해서 현실 세계에는 존재하지 않는 그런 남자들 이야기가 아니다. 성차별적인 세계에서 페미니스트 남성으로 산다는 것은 그들 앞에 많은 제약이 나타난다는 뜻이다. 특히 페미니스트라는 이유로, 차별적인 교육을 받던 옛 시절에 대한 책임까지 떠맡는다면 더욱 부담이다. 하지만 이러한 변화는 그들에게 많은 이점을 가져다주기도 한다. 무엇보다도 페미니즘은 씩씩하고 남자다워야 한다는 강압에서 그들을 해방해 준다. 성별이라는 굴레에 갇히기를 거부하고, 성과를 보여주어야만 한다는 압박 따위는 잊고, 이들은 훨씬 유연하고 부드러운 남성성을 키워 나갈 수 있을 것이다. 굳이 여성을 비하하지 않아도 당당하고 굳건한 남성성. 결국엔 진정 평등한 세상을 이루는 것을 가능하게 해줄 그런 남성성 말이다.

## 맺음말

　　유리컵이 반이나 비었다고 생각하는 비관주의자들은 양성 간 평등이 실현되려면 아직도 멀었다고 말할지 모르겠다. 하지만 아직 유리컵 반이 차 있다고 여기는 이들은 진정한 평등이 불가능하지 않다는 것을 안다. 우리 아들들은 억지로 남성 지배의 굴레를 이어가지 않을 것이며 더구나 남성성을 왜곡하는 편협한 시각에 갇혀 사는 일은 없을 것이다. 우리가 요술봉을 휘둘러 성차별을 한순간에 사라지게 할 능력은 없지만 소년들이 거친 남성성이라는 틀에서 벗어나 자유롭게 자라나도록 도울 수 있다. 또한 일상 속의 차별과 고정 관념을 헤쳐 나가며, 우리는 남자아이들이 짊어져야 할 짐을 덜어주고, 그들이 세상의 다양한 활동을 맛보며 잠재력을 발전시키고, 타고난 성품을 한껏 표현할 수 있도록 해줄 것이다. 신성불가침과도 같은 강한 남성의 모습, 성과 제일주의, 그리고 남성 지배와는 거리를 두면서, 사회에 해악을 끼치는 남성성의 덫에 떨어지지 않도록 도와줄 것이다. 이성 관계에 있어 신화와 미망에서 벗어나 아이들이 훨씬 평등하고 여유로운 태도로 이성을 대할 수 있도록 키울 것이다. 아들에게 페미니즘 교육을 시킨다는 것은 성차별에 관한 감수성만 키워준다는 뜻이 아니다. 자유로운 남성으로 자라날 기회를 준다는 뜻이다. 우리 아들들은 다원적이면서도 부드러운 남성성을 온몸으로 체득하는 남자로 자랄 것이다. 이타심도, 평등사상도 두려워하지 않는 남자로 자라도록 할 것이다. 말하자면 세상을 바꾸는 데 적합한 남자로 자랄 것이다. 전통적인 '소년 공장' 체계에 문제를 제기하는 일은 긴 호흡이 필요한 마라톤이다. 그리고 일상의 전투이기도 하다. 다른 방식은 없는 것일까? 이야말로 혁명이 필요한 부분이다. 우리 삶과 밀접한, 고요한 혁명이다. 인식의 틀을 바꾸는 일은 순조롭지 않지만 꼭 필요한 일이다. 이런 변화 없이는 평등도 이루어질 수 없다. 와인스타인 사건이나 #미투 운동이 우리에게 깨우쳐주지 않았던가. 아무리 여자아이들을 잘 보호한다 한들 남자아이들을 남성 지배 사회의 포식자로 키운다면 무슨 소용일까. 남자들이 자기 몫을 책임지고 해내지 않는다면 불평등한 가사일 분담은 어떻게 해결할 것인가. 우리가 계속해서 아들을 성차별적인 틀 안에서 키운다면 평등한 세상을 만드는 일은 어떻게 도모할 것인가. 질문은 많지만 대답은 명백히 하나다. 이 일에 아들을 참여시키지 않고서는 절대 목표에 도달하지 못한다는 사실이다. 다시 말해, 여성에게 가해지는 폭력과 여성 불평등을 끝내느냐 끝내지 못하느냐는 문제의 주체였던 우리 아들들의 손에 달렸다.

남성성에 관한 혁명은 닿지 못할 유토피아가 아니다. 혁명은 이미 시작되었다. 우리 사회 곳곳에서 남성들은 성차별적인 규범에 문제를 제기하고 거친 남성상에 순응하기를 거부하며 사적인 영역에서처럼 직장에서도 평등한 사고와 행동을 실천하고 있다. "저는 우리가 뭔가 비상한 일에 동참한다 생각했어요. 아버지 노릇에 대한 대전환을요. 유럽과 북미에서는 자기 아버지와는 다르게 행동하는 젊은 아빠들이 점점 더 많아지잖아요. 그 젊은 아빠들은 파트너의 일을 가끔 도와주는 정도로는 만족하지 않아요. 그들은 똑같이 해내고 싶어 하죠."[1] 캐나다 출신 학자이자 페미니스트인 마이클 코프먼<sup>Michael Kaufman</sup>은 최근 〈르 몽드〉와의 인터뷰에서 신이 나서 이야기했다. 이 아버지들은 평등을 위한 전투에서 없어서는 안 될 역할을 맡고 있다. 그들은 존재 자체로 역할 모델이 되었고, 아이들에게 전수하는 교육을 통해 다음 세대 소년들이 피어나도록 초석을 깔아준 1세대이다. 이전 세대 아버지들보다 덜 차별적이고 평등 의식에 민감하다. 아마도 다음 세대 소년들은 스스로를 위해 페미니즘 가치를 실천해 낼 것이다. 이는 의심할 여지 없이 우리가 소년들에게 바랄 수 있는 최고의 일이다. 여성의 이익을 위해서, 또한 남성의 이익을 위해서.

# 감사의 말

취재를 위해 만난 저에게 지혜와 경험을 나누어주시고, 자신감을 심어주신 여러 부모님, 유아 교육 관련 종사자, 연구자와 현장 활동가들께 감사 말씀 드립니다.

글, 말, 그리고 투쟁을 통해 매일매일 저를 키워주시고 영감을 주신 모든 여성들께 감사 말씀 드립니다.

사려 깊은 조언과 호의를 베풀어준 올리비아에게

격려와 자매애로 똘똘 뭉친 '셀룰라이트보다는 두뇌가 여성스러운' 나의 여성 동료들에게

자유로운 여성으로 자라게 해주신 나의 부모님께

염려해 주고 도움의 손길을 주는 나의 친구들에게

날마다 강렬한 모험을 일상으로 삼는 알릭스에게

그리고 특히, 헤아릴 수 없이 귀한 신뢰와 너무나도 값진 지지를 보내주는 마르시알에게.

## 옮긴이의 말

소설가 폴 오스터는 "이야기는 이를 풀어낼 수 있는 사람에게만 일어난다.(Stories only happen to those who can tell them.)"라고 말한다. 이 책과의 시작은 우연이었다. 2년 전 여성정책연구원에서 일하는 친구가 제네바 유엔 본부로 출장을 갔다가 구내 서점에서 책 표지를 찍어 SNS에 올렸다. 'Tu seras un homme féministe mon fils', 자신의 아들이 페미니스트가 될 것이라는 직설적인 제목. 아들 셋을 키우는 엄마 입장에서 솔깃하지 않을 수가 없었다. 그 친구는 아들이 둘. '우리 둘이 합쳐 아들이 다섯인데 누군가 이런 책 좀 내주어야 하지 않겠니.'라고 장난처럼 댓글을 올린 그날 밤, 누군가가 그 책을 꼭 좀 내주었으면 싶겠다는 생각이 머리를 떠나지 않았고, 관심을 보일 만한 편집자 두어 명이 떠올랐다. 다음 날, 바쁜 출장길의 친구에게 미안하지만 "그 책 한 권 사다 줄 수 있겠느냐."라고 부탁했고, 그렇게 내 손에 책이 들어왔다.

편집자 두어 명을 떠올렸다고는 하지만 진작부터 염두에 둔 이가 있었다. 나는 그가 이 책에 욕심을 낼 줄 진작 알았던 걸까. 그는 번역 샘플을 받아 보기도 전에 판권 문의를 시작했고, 역자 수소문을 해보라는 내 말에 "왜 직접 안 하시고요? 이 좋은 이야기를 남 주려고요?"라며 나를 부추겼다. 외고 불어과를 나와 대학에서 불문학을 전공했다고는 하나, 나는 주로 영어 번역을 한다. 불어로는 10페이지 기사 정도를 번역한 적은 있지만 책의 분량은 아닌 데다가 무엇보다 불어는 영어만큼 자신이 없었다. 그래서 일단 서문과 첫 챕터 번역을 해보고 다시 이야기하자 했는데, 샘플 번역을 하다

보니 저자의 문장이 간결하고 깔끔한 것이 그리 어렵지 않았다. 읽다 보니
내용이 기대한 것 이상으로 마음에 들어 자꾸 욕심이 생겨 덥석 이 번역을
맡아버렸다.

국내 페미니즘 운동은 다소 강성한 주장이 부각된 탓에 그 목소리가 전부인
듯 오해를 받기도 하고, 이 때문에 대중들에게 비호감을 주기도 한다.
가부장제 전통이 강하게 남아 있는 사회이니 페미니스트들이 강한 목소리를
내야 할 이유도 있다. 하지만 페미니즘의 본질이 무엇인가. 양성 간 평등을
찾자는 주장 아닌가. 그런 관점에서 이 책은 페미니즘이 남성과 여성 사이
밥그릇 싸움이 아니라, 남녀가 나란히 손잡고 한 상 잘 차려보자는 의미로
다가왔다. 이 책이 이야기하는 바는 간단하다. 페미니즘은 여성만의 문제가
아니라 남성 삶의 질과도 직결된 문제라는 것. 우리가 사회를 조금씩 바꾸며
평등을 이룩해 갈 때, 그 아름다운 세상은 여성만이 아니라 남녀 모두, 즉
인류 전체가 함께 누릴 수 있다는 것.

오랜만에 마주한 불어 책은 간결했으나 여전히 부담스러웠고, 초반에는
쉬운 단어조차 기억이 안 나 사전을 찾기도 했다. 더운 날씨에 원고와
씨름을 하며(게다가 코로나 팬데믹 시대였지 않은가.) '나는 왜 주제도 모르고 이걸
맡았던가.' 하며 후회한 순간도 있었다. 나태해질 때마다 스스로를 다독이던
말이 있었다. '꼭 필요한 이야기니까, 한 명이라도 더 읽히고 싶으니까 하는
거다.' 저자는 잡지 에디터 출신답게, 인터넷 검색과 도서관 자료로만 글을
쓰지 않고 발로 뛰어 다양한 사람과 만나 생생한 목소리를 전하며 책을
완성했다. 덕분에 두껍지 않은 분량이지만 시작부터 끝까지 과하지 않게
탄탄한 긴장감을 유지한다. 리듬이 처지거나 힘이 빠지는 순간이 없다. 또한
문제만 지적하다 끝나지 않고 우리가 일상에서 응용할 수 있는 대안을

세세하게 제시해 주어 부모들이 일상의 작은 변화로 아이들에게 조금이나마 나은 세상을 남겨줄 수 있다는 희망을 준다.

아무 사전 지식 없이 붙잡은 책에서 한국 출신 아티스트 윤정미의 작품이 언급된 것 또한 반가운 우연이었다. 책에 소개된 윤정미 작가의 작품을 서울 전시에서 직접 본 터라 이야기 한 줄 한 줄이 머리에 쏙쏙 들어왔다. 뉴욕과 서울에서 활동하는 작가의 작품이 파리에 사는 작가 글에서 언급되다니. 새삼 한국인 예술가들의 묵직한 저력이 느껴져 기쁜 동시에, 양성 평등이라는 과제는 인종과 공간을 초월하여 온 인류가 함께 풀어야 하는 숙제라는 책임감의 무게가 전해졌다.

이 책의 또 다른 우연은 저자, 편집자, 역자가 모두 잡지 에디터 출신이라는 점이다. 게다가 모두 아들 엄마다. 페미니즘 석학이나 열혈 활동가는 아니지만, 아니 그래서 좀 더 일상적이고 생활에 밀착된, 당장 써먹을 수 있는 이야기의 가치를 알아볼 수 있었다. 그리고 세 아들, 초등, 중등, 고등학교에 다니는 아들을 골고루 둔 엄마 입장에서 이 책이 딸, 아들 할 것 없이 모든 아이 키우는 어머니들 머리맡의 육아 필독서가 되었으면 하는 작은 소망이 생겼다. 그런 기대로 지난한 여름과 가을, 겨울을 보내고 새봄에 책이 나온다.

끝으로 도움 주신 여러 분들께 감사 인사를 전하고 싶다. 바쁜 출장길에 주책스러운 친구 부탁으로 책까지 사 온 소중한 친구 장은하 박사, 부편집자라 할 만큼 여러 방면으로 도움 주신 가족 같은 선배 서안 님, 좋은 세상 욕심에 판권부터 사버린 이나래 대표, 원고만 잡으면 사나워지는 엄마의 성격을 너그럽게 이해해 준 우리 집의 잠재적 페미니스트들, 컴맹에 가까운 내게 컴퓨터 기기와 관련해 도움 준 친구들, 재택근무 하며 평소보다 훨씬 많은 집안일을 처리해 가며 말없이 도와준 남편 서성인 님, 무얼 해도 항상 칭찬과 격려만 해주시는 세 분 부모님께 감사 인사를 전한다.

주

1 ELFE(프랑스평생수명연구학회)가 INED(국립인구문제연구소), INSERM(국립보건의학연구소), EFS(프랑스혈액원)와 공동으로 진행한 2014년 연구 결과.

2 INSEE(국립통계경제연구소), 2010.

3 Nils Muižnieks, "Les avortements sélectifs en fonction du sexe sont discriminatoires et doivent être interdits(성별에 따른 선택적 임신 중절은 차별적 행위이므로 금지되어야 한다)" Conseil de l'Europe, 15 Janviers 2014.

4 Christophes Z. Guilmoto, 'La masculinisation des naissances. Etat des lieux et des connaissances(출생 성별의 남성화. 상황 안내와 현실 인식)', <Population>, vol. 70, INED, 2015.

5 "Fille ou garçon(아들인가 딸인가)", IPSOS, 3 novembre 1994.

6 Près d'un parent sur deux souhaite d'abord un garçon(전체 부모 중 반은 아들을 우선적으로 원하는 현실)', www.20min.ch, 17 avril 2013.

7 'Les parents féministes ne devraient-ils pas être heureux d'élever des garçons?(페미니스트 부모들은 아들을 키우면서 행복할 수는 없는 것일까?)', Slate.fr, 13 mars 2017.

8 https://pouletrotique.com. 클라랑스 에드가로사(Clarence Edgard-Rosa)는 <Les Gros Mots(욕설)>, <Abécédaire joyeusement moderne du féminisme(즐거운 페미니즘의 기초)>(Hugo & Cie, 2016)의 저자이기도 하다.

9 De filles en mères. La seconde vague du féminism et la maternité(딸이 어머니가 되기까지. 세컨드 웨이브 페미니즘과 모성)', <Clio>, 1997.

10 Camille Masclet, "Sociologie des féministes des années 1970. Analyse localisée, incidences biographiques et transmission familiale d'un engagement pour la cause des femmes en France(1970년대 프랑스 페미니즘의 사회학. 지엽적인 분석과 인구학적 파급 효과, 그리고 프랑스 여성의 대의를 위한 가족 내 참여 정신의 계승)", thèse en science politique et sociologie, universités de Lausanne et de Paris VIII, 2017. 'Camille Masclet et la transmission familiale du féminisme(카미유 마스클레와 페미니즘의 가족 내 계승)', <Nouvelles Questions féministes>, no.1, vol.37, 2008, www.cairn.info/revue-nouvelles-questions-feministes-2018-1-page-124.htm

11 Ouvrage collectif, "Femmes et hommes, l'égalité en question(여성과 남성, 화제의 평등사상)", INSEE, 2017. https://www.insee.fr/fr/statistiques/2586548

12 <Chère Ijeawele, ou un manifeste pour une éducation féministe>, Editions Gallimard, 2017.

13 < Du côté des petites filles>, Editions des femmes, 1994.

14 "Chiffres clés 2017 des inégalités entre les femmes et les hommes(양성간 불평등에 관한 2017년 통계)", Secrétariat chargé de l'égalité entre les hommes et les femmes.(www.egalite-femmes-hommes.gouv.fr/les-chiffres-2017-des-inegalites-femmes-hommes/).

15 Clara Champagne, Ariane Pailhé et Anne Solaz, "Le temps domestique et parental des hommes et des femmes: quels facteurs d'évolutions en 25ans?(남녀에 따른 가사 활동 및 육아 시간. 25년 동안 얼마나 변했는가?)", in Economie et Statistique, INESS, 2015.

16 'Why I'm raising my kids to be feminists(나는 왜 아이들을 페미니스트로 키우는가)', Marieclaire.com, 11 octobre 2017.

1  J. Z. Rubin, F. J. Provenzano et Z. Luria, "The Eye of the Beholder: Parents' Views on Sex of Newborns(모든 것은 보는 이의 눈에 달리기 마련: 신생아의 성별에 대한 부모의 시각)", <American Journal of Orthopsychiatry>, 1974.

2  J. Condry, S. Condry, "Sex Differences: A study of the Eye of the Beholder(성별의 차이: 보는 이의 시각에 달려 있다)", <Child Development>, 1976.

3  D. Reby, F. Levréro, E. Gustafsson, N. Mathevon, "Sex Stereotypes Influence Adults' Perception of Babies Cries(아기 울음에 관한 부모의 인식에 성 역할 고정 관념이 끼치는 영향)", <BMC Psychology>, 14 avril 2016.

4  Andrée Pomerleau, Gérard Malcuit, <L'Enfant et son environnement: une étude fonctionnelle de la première enfance(아동과 환경: 유아기의 역할에 대한 연구)>, Edition Mardaga, 1983.

5  Véronique Rouyer <La Construction de l'identité sexuée(성별에 따른 정체성 형성)>, Armand Colin, 2007.

6  L. W. Hoffman, "Changes in Family Roles, Socialization, and sex differences(가족 내 역할, 사회화, 성별 차이의 변화)", <American Psychologist>, no. 32, vol.8, 1977.

7  <주5>에서 언급된 베로니크 루와이에(Véronique Rouyer)의 저서 참조.

8  "Formation à l'égalité filles-garçons: faire des personnels enseignants et d'éducation les moteurs de l'apprentissage et de l'expérience de l'égalité(소녀-소년 간 평등 형성: 교육 종사자들로 하여금 평등을 이해하고 경험하게 해야 한다)", HCE, 2017.

9  "Egalité des filles et des garçons dans les modes d'accueil de la petite enfance(유아기 소녀-소년 간 평등 의식 수용)", IGAS, 2012.

10  A. Campbell, L. Shirley, C. Crook, C. Heywood, "Infants' Visual Preference for Sex-Congruent Babies, Children, Toys and Activities: A Longitudinal Study(장난감, 활동에 있어서 성별 역할 구분에 대한 유아기의 시각적 선호도)", <British Journal of Developmental Psychology>, 2010.

11  Jean-François Bouvet, <Le Camion et la poupée: l'homme et la femme ont-ils un cerveau différent?(트럭과 인형: 남성과 여성의 뇌는 서로 다를까?)>, Flammarion, 2012.

12  <Vénus en feu, Mars de glace(불타는 금성, 얼어붙은 화성)>, Michel Lafon, 2010.

13  Rebecca Jordan-Young, <Hormones, sexe et cerveau(호르몬, 섹스, 그리고 두뇌)>, Belin, 2016.

14  'En science, les différences hommes-femmes méritent mieux que des caricatures(과학적으로는 남성과 여성의 차이가 그리 크지 않다)', lemonde.fr, 18 avril 2016.

15  'Le cerveau féminin réagit davantage à la générosité(여성의 두뇌는 이타심에 먼저 반응한다)', Tribunedegeneve.ch, 9 octobre 2017.

16  'Pourquoi les femmes sont plus bavardes que les hommes(왜 여자는 남자보다 수다스러울까)', Slate.fr, 23 février 2013.

17  'L'homme plus intelligent que la femme?(남자가 여자보다 더 지적이라고?)', Sputniknews.com, 16 avril 2017.

18  영상 자료. 'Le cerveau des hommes serait plus monotâche, celui des femmes plus multitâche(남자의 두뇌는 여성과 달리 멀티태스킹에 취약하다)', Franceinfo.fr, 3 décembre 2013.

19  Philippe Testard-Vaillant, 'Combien y a-t-il de sexes?(성별에는 몇 가지가 있는가?)', CNRS Le Journal, 2 août 2016.

20　Scarlett Beauvalet-Boutouyrie et Emmanuel Berthiaud, <Le rose et le Bleu. La fabrique du féminin et du masculin(분홍색과 푸른색. 여성성과 남성성의 창조)>, Belin, 2015.

21　<'Conversations' avec Françoise Héritier(프랑수아즈 에리티에와의 '대화')>, Patric Jean 감독, Black Moon, 2015.

22　Françoise Héritier, <Une pensée en mouvement(행동하는 사상)>, p.169, Odile Jacob, 2013.

23　K. Parker, J. Menasce Horowitz et R. Stepler, "On Gender Differences, No Consensus on Nature vs. Nurture(성별 차이에 관하여, 타고나는가 양육 문제인가에 대한 의견 일치는 쉽지 않다)", Pew Research Center, décembre, 2017.

24　하지만 모든 소년이 페니스를 가지고 태어나지는 않는다는 점도 잊지 말도록 하자.(예를 들어 선천적인 생식기 기형으로 출생 당시에는 여성으로 잘못 분류되어 고생을 하는 경우도 있다.)

25　'Jouets et stéréotypes de genre, (un peu) moins de clichés en 2017(장난감과 성 역할 고정 관념, 조금 나아진 2017년)', www.francebleu.fr, 24 novembre 2017.

26　"Jouets, la première initiation à l'égalité(장난감, 처음 만나는 평등의 개념)", Informations du Sénat, 2014.

27　'A Noël, on peut lutter contre les jouets sexistes(크리스마스에는 성차별적인 장난감과 맞서 싸워요)', TV5 Monde, 2014.

28　'Mon fils, tu ne porteras pas de rose(아들아, 너는 부디 분홍색은 입지 말아 다오.) #infographie #halteauxstereotypes', Womenology.fr, 3 mars 2014.

29　Jo B. Paolatti, <Pink and Blue: Telling the Girls from the Boys in America(분홍색과 푸른색: 미국에서 소녀와 소년을 구별하는 방법)>, Indiana University Press, 2012.

30　Scarlett Beauvalet-Boutouyrie et Emmanuelle Berthiaud, <Le rose et le Bleu. La fabrique du masculin et du féminin(분홍색과 푸른색. 여성성과 남성성의 창조)>, Belin, 2015.

31　Marie Duru-Bellat, "L'école sexiste par abstention. Production/reproduction des stéréotype sexués: quelle responsabilité de l'école mixte?(기권에 의한 성차별. 성 역할에 대한 고정 관념의 생산과 재생산. 이에 관해 남녀공학은 어떤 책임이 있는가?)", La Documentation Française, 2012.

32　'평등을 위한 위타(Ouiti pour l'égalité)'에는 어린이집 교사에게 도움이 될 만한 내용이 가득하다. 그리고 프랑스 정부 교육부 사이트(www.reseau-canope.fr)에 들어가면 교육 종사자에게 도움이 되는 자료가 있으며 아데카시옹이나 에갈리곤이 설립된 배경도 알 수 있다.

33　보르도 대학교 아동 발달 심리학 교수, 베로니크 루와이예(Véronique Rouyer)와의 인터뷰. Anne Dafflon-Novelle, <Filles, garçons: socialisation différenciée?(소녀, 소년: 차별화된 사회화?)>, PUG, 2006.

34　Fayard, 2017.

35　Maïa Mazaurette, 'Clitoridiennes de tous les pays, unissez-vous!(클리토리스를 가진 세계인이여, 단결하라!)', <Le Monde>, 17 décembre 2017.

36　Guillemette Faure, 'Les enfants, premiers de corvée(아이들, 첫 번째 심부름)', lemonade.fr, 20 avril 2015.

37　'Faire participer son enfant aux tâches ménagères renforce les liens familiaux(아이를 가사일에 참여시키면 가족 간 유대가 강해진다)', leparisien.fr, 21 février 2018.

38　"Que regardent nos enfants?(우리 아이들은 어떤 프로그램을 보는가?)" IPSOS/Gulli, 10 novembre 2015.

39　Rivka S., 'Une journée devant Gulli(귈리 앞에서 보낸 하루)', 'Le cinéma est politique(영화는 정치다)', www.lecinemaestpolitique.fr/une-journee-devant-gulli/, 2016.

1   프레토의 앨범 <치유(Cure)>는 2018년 3월, 프랑스 전체 음반 판매 순위 1위를 차지했다.
    www.chartsinfrance.net/Eddy-de-Pretto/news-106318.html

2   Jean-Baptiste Fonssagrives, <L'Education physique des jeunes filles ou avis aux mères sur l'art de diriger
    leur santé et leur développement(어린 아가씨의 신체에 관한 교육, 혹은 그들의 건강과 발달에 관해
    어머니께 드리는 조언)>, Hachette, 1869.

3   Mlle Clarisse Juranville, <Manuel d'éducation morale et d'instruction civique, à l'usage des jeunes
    filles(어린 아가씨들을 위한 시민-도덕 교육)>, 7번째 개정판, Larousse, 1911.(http://gallica.bnf.fr/ark:/12148/
    bpt6k1247409/f5.image.texteImage)

4   Alain Corbin et Jean-Jacques Courtine, <Histoire de la virilité(남성성의 역사)> 1, 2, 3. Points Seuil, 2015.

5   Anne-Marie Sohn, <La Fabrique des garçons. L'éducation de 1820 à nos jours(소년 공장. 1820년에서
    오늘날까지의 교육)>, Textuel, 2015.

6   Maurice Godelier, <la Production des grands hommes. Pouvoirs et domination masculine chez les
    Baruya de Nouvelle-Guinée(위대한 남성의 탄생. 뉴기니 바루아 족에서의 남성 권력과 지배)>, Flammarion,
    2009.

7   Olivia Gazalé, <Le Mythe de la virilité. Un piège pour les deux sexes(남성성의 신화. 양성 모두를 향한
    올가미)>, Robert Laffont, 2017.

8   Pierre Bourdieu, 'Esquisse d'une théorie de la pratique(행동 이론에 관한 스케치)', <Points Seuils>, 2015.
    'La Domination masculine(남성 지배)', <Points Seuils>, 2014.

9   올리비아 가잘레, <주7>에서 인용한 저서.

10   Eric Zemmour, <Le premier sexe(제1의 성)>, J'ai lu, 2009.

11   올리비아 가잘레, <주7>에서 인용한 저서.

12   Hanna Rosin, <The End of Men and the Rise of Women(남성의 종말과 여성의 약진)>, Penguin, 2013.

13   Michael Kimmel, <Guyland. The Perilous World Where Boys Become Men(가이랜드. 소년이 남자가
    되는 미묘한 세계)>, Harper Perennial, 2009.

14   Mas Weber, <L'Ethique protestante et l'éthique du capitalisme(프로테스탄트 윤리와 자본주의 윤리)>,
    Presses électroniques de France, 2013.

15   "Le regard des Françaises et des Français sur l'égalité entre les femmes et les hommes(양성 평등에 관한
    프랑스 여성과 남성의 시각 차이)", La Fondation des Femmes(여성연구재단)을 위한 연구, 2018.

16   Jennifer Siebel Newsom , <The Mask You Live In(당신이 숨어 사는 가면)>, 2015.

17   www.youtube.com/watch?v=kVDzho4aHtI

18   www.youtube.com/watch?v=aSAeOhCrv_s

19   Observatoire national du suicide, 2016.

20   Philippe Roy, 'Je n'ai pas de honte à avoir besoin d'aide: la négociation des normes masculines chez les
    hommes suicidaires(나는 도움이 필요하다는 사실이 부끄럽지 않다: 자살 충동을 가진 남자들을 위한
    남성 규범과의 화해)', <Intervention>, no. 135, 2008.

21~23   "Sécurité routière(도로 위 안전)", Ministère de l'Intérieur, 2018.

24   "Statistique mensuelle des personnes écrouées et détenues en France(프랑스 국내 월별 수감자 현황
    통계), Ministère de la Justice, juin 2018.

25 http://stop-violences-femmes.gouv.fr/IMG/pdf/Lettre_ONVF_8_-_Violences_faites_aux_femmes_princ
ipales_donnes_-_nov15.pdf

26 'Les décès par surdose. Etat des lieux en France et comparaisons européennes(과다 복용의 시대. 프랑스
내 상황과 다른 유럽 국가 간 비교)', <Observatoire français des drogues et des toxicomanies>, p.31,
2016.(2013년 자료)

27 "The ABC of Gender Equality in Education. Aptitude, Behaviour, Confidence(교육에서 양성평등으로의
첫 걸음. 적성, 행동, 자신감)", OCDE, 2012.

28 Lawrence Cohen, <Qui veut jouer avec moi?(누구 나하고 놀 사람?)>, JC Lattès, 2013.

29 <주7>에 인용한 올리비아 가잘레의 저서.

30 www.cairn.info/revue-terrains-et-travaux-2015-2-page-151.htm

31 Michael Kimmel, <Angry White Men: American Masculinity at the End of an Era(성난 백인 남자들:
시대의 끝자락에 선 미국의 남성성)>, Nationl Books, 2015.

32 https://lemexpliqueur.wordpress.com/

33 레베카 솔닛(Rebecca Solnit)의 책 <남자들은 자꾸 나를 가르치려 든다(Men Explain Things to Me)>에서
처음 소개 이후 유명해졌다. 2008년 출간한 이 책에서는 일화 하나가 소개된다. 그녀는 영국인 사진 작가에
관한 책을 쓴 적이 있는데, 이 책에 대해 말을 꺼내자 한 남자가 조급하게 말을 끊으며 그 사진 작가와 책에
대해 장황하게 설명하기 시작했다. 자신이 얘기하는 상대가 레베카 솔닛 본인인 줄도 모른 채 말이다!


Part 4

1 Larence Arlaud, 'Il était une fois Des femmes, Des hommes, Des contes(옛날 옛적에 여자들과, 남자들과,
이야기가 있었습니다)', mémoire de fin d'études(연구를 마치며 남긴 기억들), IEP de Lyon, 2004~2005.

2 그림(Grimm) 형제 판에서는 디즈니에서처럼 왕자가 키스로 공주를 깨우지 않는다. 왕자는 오로라 공주를
겁탈하고, 공주는 그의 두 아이를 낳으면서 잠에서 깨어난다.

3 Kevin Diter, 'L'amour c'est pas pour les garçons(사랑, 그건 남자애들에게는 해당이 없는데)', Les Couilles
sur la table, 28 Septembre 2017.

4 Kevin Diter, 'Je l'aime, un peu, beaucoup, à la folie······ pas du tout! La socialisation des garçons aux
sentiments amoureux(나는 걔를 사랑해, 약간, 많이, 미치도록······ 아니, 전혀! 사랑이라는 감정에 대한
남자아이들의 사회화 과정)' Terrains&Travaux, vol. 27, no.2, p21~40, 2015.

5 'La galanterie est une forme de sexism(기사도는 성차별의 한 유형이다)', crepegeorgette.com, 9 avril 2013.

6 'Représentation des femmes dans les publicités télévisées(텔레비전 광고 속 여성 묘사)', CSA, 2017.

7 http://headlesswomenofhollywood.com

8 www.thewrap.com/women-given-little-to-say-in-hollywoods-biggest-films-of-2013-guest-blog/

9 Karen E. Dill, Kathryn P. Thill, 'Video Game Characters and the Socialization of Gender Roles: Young
People's Perceptions Mirror Sexist Media Depictions(비디오 게임 캐릭터와 성 역할의 사회화: 젊은이들이
성차별적인 미디어 묘사를 받아들이는 방법)', <Sex Roles>, vol. 57, p.851~864, 2007.

10 'Les liaisons dangeureuse entre jeux vidéo et sexisme(비디오 게임과 성차별주의의 위험한 관계)',
Lepoint.fr, 17 mars 2017.

11  Laurent Bègue, Elisa Sarda, Douglas A. Gentile, Clementine Bry, Sebastian Roché, 'Video Games Exposure and Sexisme in a Representative Sample of Adolescents(청소년 집단에서의 비디오 게임 노출과 성차별주의)', <Frontiers in Psychology>, vol.8, no.466, 2017.

12  Dr. Kpote, <Génération Q(Q 세대)>, La ville brûle, 2018.

13  Natalie Bajos, Michel Bozon, 'Enquête sur la sexualité en France. Pratiques, genre et santé(프랑스 성 의식에 관한 설문조사. 실행, 젠더, 건강의 관점에서)', <La Découverte>, Paris, 2008.

14  Enquête sur l'impact de la pornographie dans le rapport au corps des Français(프랑스인들의 육체 관계에 포르노 영화가 끼치는 영향에 관한 설문 조사), IFOP, 2014.

15  Philippe Brenot, 'Les Femmes, le sexe et l'amour(여성, 섹스, 그리고 사랑)', <Les Arènes>, 2012. Enquête réalisée auprès de 3404 femmes hétérosexuelles de 15 à 80ans vivant en couple(커플로 살고 있는 15세에서 80세 사이 이성애자 여성 3,404명을 대상으로 실시한 설문 조사).

16  Olivia Gazalé, <Le Mythe de la virilité. Un piège pour les deux sexes(남성성의 신화. 양성 모두를 향한 올가미)>, Fayard, 2017.

17  www.20minutes.fr/societe/2159983-2071106-norme-virile-valorise-penetrant-stigmatise-penetre-deplore-philosophe-olivia-gazale

18  Sophie Ruel, "Filles et garçons à l'heure de la récréation: la cour de récréation, lieu de construction des identifications sexuées(쉬는 시간의 소년과 소녀: 놀이터, 자아에 성별을 부여하는 공간)", CNRS, 2006. Edith Maruejouls, "La mixité à l'épreuve du loisir des jeunes dans trois communes(어려움을 겪는 3개 군 내 어린이들의 혼성 놀이 시간)", Agora Débats/Jeunesse, no.59, 2011. <Espace d'Elénor Gilbert(엘레노르 질베르의 공간)>(2014)이라는 짧은 다큐멘터리 영화도 참고해 보자. 영화 속 주인공인 어린 소녀는 쉬는 시간 운동장에서 남자아이와 여자아이 들이 따로 노는 상황에 대해 설명해 준다.

19  지리학자 Yves Raibaud의 연구, "La ville faite par et pour les hommes(남자들이 만든, 남자들을 위한 도시)" 추천. Belin, 2015.

20  'Incivilité des hommes dans les tranports: non au 'menspreading'!(대중 교통 이용 시 남성들의 무례함: '멘스프레딩'은 그만!)', Femmeatuelle.fr, 14 novembre 2017.

21  "L'âge au premier rapport sexuel(첫 번째 성관계를 하는 나이)", INED, 2010.

22  '4 ados sur 5 déjà confrontés à des images pornographiques(청소년 5명 중 4명은 이미 포르노를 보았다)', elle.fr, 10 Janvier 2012.

23, 24  "Les ados et le porno: vers une génération Youporn?(청소년과 포르노: 유포르노 세대로?)", IFOP, mars 2017.

25, 26  2017년에 발표된 Ovidie(프랑스 포르노 배우 출신 감독이자 작가, 언론인.-옮긴이)의 다큐멘터리, <Pornocratie, les nouvelles multinationales du sexe(포르노크라티, 새로운 성의 다국적기업)> 참조.

27  이 연구에 대해 더 알고 싶다면 Ovidie, <A un clic du pire. La protection des mineurs à l'épreuve d'Internet(최악의 클릭 한 번에. 미성년들을 인터넷의 시련으로부터 보호하는 법)> 참조, Anne Carrière, 2018.

28  la Fondation pour l'innovation politique, la Fondation Gabriel Péri, le Fonds Actions Addictions, IPSOS 설문 조사, 'Les addictions chez les jeunes(14~24ans)(젊은 층(14~24세)에서의 중독)', juin 2018.

29  Christine Mateus, 'Ados et porno, l'inquiétante dérive(청소년과 포르노, 걱정스러운 일탈)', Leparisien.fr, 7 juin 2018.

30  'Protéger les mineurs des infractions sexuelles(미성년자들을 성범죄로부터 보호하기)', 7 février 2018.

31, 32   Ovidie, 'Quoi que vous fassiez, vos enfants verront du porno(부모들이 무슨 방법을 동원하더라도 아이들은 포르노를 보게 될 거예요!)', lepoint.fr, 23 février 2018.

33   다큐멘터리 <Rhabillage(옷수선)> 대본 참조. Ovidie 연출, Jean-Jacques Beinex 제작. 2011.

34   '13ans, encore puceau et déjà harceleur de pornstar(13살, 아직 동정이면서 포르노 스타를 성희롱하다)', Vice.fr, 24 mai 2018.

35   유뷰트와 페이스북에서 시청이 가능하다.

36   A. B. Francken, H. B. M. Van de Wiel, M. F. Van Driel, W. C. M. Weijimar Schultz, 'What importance Women attribute to the Size of the penis?(페니스 사이즈가 여성들에게 왜 중요할까?)', <European Urology>, Novembre, 2002.

37   Laina Y. Bay Cheng, Alyssa N. Zucker, 'Feminism between the Sheets: Sexual Attitudes Among Feminists, Non-Feminists and Egalitarians(이불 속 페미니즘: 페미니스트, 반페미니스트, 평등주의자 간 성적인 태도 차이)', <Psychology of Women Quaterly>, vol.31, no.2, mai 2007.

38   Laurie A. Rudman, Julie E. Phelan, 'The interpersonal Power of Feminism: Is Feminism Good for Romantic Relationships?(페미니즘의 대인 관계 역량: 페미니즘은 로맨틱한 연애 관계에 도움이 될까?)', <Sex Roles>, vol.51, no.11, décembre 2007.

39   M. D. Johnson, N. L. Galambos, J. R. Anderson, 'Skip the Dishes? Not so Fast! Sex and Housework Revisited(설거지는 건너뛰어? 그렇게 빨리는 말고! 섹스와 가사일 돌아보기)', <Family Psychology>, vol.30, no.2, p.203~213, mars 2016.

40   M. M. Peixoto, P. Nobre, 'Dysfunctional Sexual Beliefs: a Comparative Study of Heterosexual Men and Women, Gay Men, and Lesbian Women With and Without Sexual Problems(제 기능을 못 하는 섹스에 관한 믿음: 성생활에 문제가 있거나 없는 이성애자 남성과 여성, 남성 게이, 레즈비언 여성들)', <Journal of Sex Medicine>, novembre 2014.

41   Marlène Schiappa, <Où sont les violeurs? Essai sur la culture du viol(강간범들은 모두 어디로 갔는가? 강간 문화에 관한 에세이)>, L'Aube, 2017.

42   성폭력 보고서 'Violence et rapports de genre(폭력과 성별의 관계)', INED, 2016.

43   'Insécurite et délinquance en 2017: Premier bilan statistique(2017년 발생한 불안과 범죄: 첫 번째 통계 결산)', Interstat, 2017.

44   'Avis sur le harcèlement sexiste et les violences sexuelles dans les transports(대중교통 내 성희롱과 성폭력에 관한 의견)', Haut Conseil à l'égalité entre les femmes et les hommes, 16 avril 2015.

45   'Cornell International survey on street harassement(노상에서의 성희롱에 관한 코넬 국제 조사)', mai 2015. 16,600명을 대상으로 42개 도시에서 시행.

46   http://www.contreleviol.fr/les-chiffres/

47   J. Loverr, L. Kelly, "Different System, Similar Outcomes? Tracking Attrition In Reported Rape Cases in Eleven Countries(다른 시스템, 비슷한 결과? 11개 국가에서 보고된 강간 사건 추적)", Child and Woman Abuse Studies Unit, 2009.

48   Diana Scully, 'Profile of Convicted Rapists(유죄 판결을 받은 강간범의 프로파일)', 'Undestanding Sexual Violence: a Study of Convicted Rapists(성폭력 이해: 유죄 판결을 받은 강간범 연구)', <Psychology Press>, 1994.

49   'Rape Myth Acceptance and Rape Proclivity. Expected Dominance Versus Expected Arousal as Mediators in Acquaintance-Rape Situations(강간 신화의 수용과 강간 성향. 지인 강간 상황에서의 예상된

지배욕 vs 예상된 흥분)', <Journal of Interpersonal Violence>, avril 2014.

50  Noémie Renard, <En finir avec la culture du viol(강간 문화 끝내기)>, Les petits matins, 2018.

51  Carina Kolodny, 'La conversation que vous devez avoir avec votre fils à propos du viol(강간에 대해 아들과 반드시 해야 할 이야기)'. Huffingtonpost.fr, 10 juin 2016.

52  'Douzième rapport au gouvernement et au Parlement(정부와 의회 제출을 위한 12번째 보고서)', Observatoire Nationale de la Protection de l'Enfance, décembre 2017.

53  Kimberly A. Lonsway, Louise F. Fitzgerald, 'Rape Myths(강간 신화)' 1994.

54  다음 자료를 주목할 것: Kimberly A. Lonsway, Sgt. Joane Archanbault, Dr. David Lisak, 'False reports: Mouving beyond the issue to successfully investigate and prosecute non-stranger sexual assault(거짓 보고서: 논쟁을 넘어서 면식범에 의한 성폭력을 성공적으로 수사, 기소하려면', The National Center for the prosecution of violence against women, 2009. 'Les fausses allégations de viol sont rares(거짓 강간 고발은 아주 드물다)', Crepegeorgette.com, 13 octobre 2014.

55  적어도 이론적으로는 그렇다. 사실 피해자가 고발하는 경우는 몹시 드물다.(성추행 피해자의 2%, 강간 피해자의 13%만이 고발한다.) 게다가 고발된 사건의 15~25%만이 처벌로 이어진다.(앞서 인용한 노에미 르나르 참조.) 여성대상폭력국립관측소(Observaoire National des violences faites aux femmes)에 따르면 2016년에는 성인 혹은 미성년 대상 강간으로 1,012명만이 처벌을 받았다.

56  Michel Cymes, <Quand ça va, quand ça va pas: leur corps expliqué aux enfants(et aux parents!)(괜찮을 때와 괜찮지 않을 때: 아이들에게 몸에 대해 설명하기(부모에게도!)>, Clochette, 2017.

57  "Period Poverty and Stigma(월경 빈곤층과 상처)", Plan International UK, décembre 2017. https://plan-uk.org/media-centre/plan-international-uks-research-on-period-poverty-and-stigma 참조.


Part 5

1  '15-year-old boy's 'magnificent' letter about Emma Watson's speech(에마 왓슨의 유엔 연설을 듣고 15세 소년이 쓴 '좌중을 압도하는' 서한)', <The Telegraph>, 28 septembre 2014.

2  Andrew Reiner, 'The Fear of Having a Son(아들을 키우는 두려움)', <The New York Times>, 14 octobre 2016.

3, 4  Anne Dafflon-Novelle, <Filles, garçons: socialisation différenciée?(소녀와 소년: 차별화된 사회화 과정인가?)>, PUG, 2006.

5  Camille Masclet, "Sociologie des féministes des années 1970. Analyse localisée, incidences biographiques et transmission familiale d'un engagement pour la cause des femmes en France(1970년대 페미니스트들의 사회학. 세부적인 분석과 일대기적 사건 기술 그리고 프랑스 여성들을 위한 사회 참여의 가정 내 계승)", 정치사회학 논문, universités de Lausanne et de Paris VIII, 2017.

6  Camille Masclet, 'Le féminisme en héritage? Enfants de militantes de la deuxième vague(유산으로서의 페미니즘? 세컨드 웨이브 페미니스트 활동가의 자녀들)', <Politix>, De Boeck, no. 109, p.45~68, janvier 2015.

7  Alban Jacquemart, "Les hommes dans les movements féminists français(1870~2010). Sociologie d'un engagement improbable(프랑스 페미니스트 운동에서의 남성들(1870~2010). 일어날 법하지 않은 참여의 사회학)", Ecole des hautes études en sciences sociales, 2011.

8 www.heforshe.org

9 <Ni vues, ni connues(본 적도, 만난 적도 없는)>(Hugo Doc, 2017)라는 책을 펴낸 여성 단체. 여성용 샴푸, 면도기 같은 생활 용품, 심지어 장난감까지도 남성용 제품에 비해 불필요하게 비싸게 책정되는 '핑크 택스'에 반대하는 저서다. www.georgettesand.org

10 Lhommefeministe.tumblr.com

11 Jean Joseph-Renaud 글, Pénélope Bagieu 삽화, <Petit Bréviaire du parfait féministe, ou comment répondre une bonne fois pour toutes aux arguments misogynes(완벽한 페미니스트의 작은 지침서, 모든 여성 혐오의 질문에 단 한 번이라도 제대로 답변하는 법)>, Autrement, 2015.

12 www.contraceptionmasculine.fr

13 http://zeromacho.wordpress.com

14 비정규직 청년들의 권익을 위한 단체 '불안한 세대(Génération précaire)'와 비영리 단체 '사무직 직원 연합(Syndicat Action des salariés du secteur associatif )'의 공동 창립자다. 집값 폭등과 부동산 거품을 규탄하기 위해 2006년 설립된 단체 '검은 목요일(Jeudi noir)'에서 활동했고 노동법 개정안 반대 시위 '잠 못 이루는 밤(Nuit debout)'에 참가했으며 '기본 소득' 보장과 '난민 구호'를 주장하는 활동 중이다.

15 맨(man, 남자)과 인터럽팅(interrupting, 끼어들다)을 합성한 신조어. 2015년 미국 언론인 제시카 베넷(Jessica Bennett)이 기사에서 처음으로 사용했다. 하지만 사회 과학 분야에서는 오래전부터 주목해 온 현상이다. 에이드리엔 B. 행콕(Adrienne B. Hancock)과 벤저민 B. 루빈(Benjamin A. Rubin)의 연구를 비롯한 많은 연구가, 남자들은 상대 여성의 말을 자주 끊고 덜 듣는다는 사실을 밝혔다.

16 카메룬과 더불어 적도 아프리카 국가들에서 아직도 자행되고 있다.

17 "Etude sur la pratique du rapassage des seins au Cameroun(카메룬에서 행해지는 가슴 다림질에 관한 연구)", INESCO, 2013.

## 맺음말

1 'Nous assistions à une chose extraordinaire, les transformation de la paternité(우리가 뭔가 비상한 일에 동참한다 생각했어요. 아버지 노릇에 대한 대전환을요.)'. Lemonde.fr, 19 juillet 2018.

나의 아들은　　　페미니스트로　　　자랄 것이다

**초판 1쇄 발행**　2021년 4월 5일


**지은이**　오렐리아 블랑
**옮긴이**　허원


**펴낸곳**　브.레드
**책임 편집**　이나래
**표지 디자인**　마음 스튜디오
**본문 디자인**　성홍연
**마케팅**　김태정
**인쇄**　(주)상지사P&B


**출판 신고**　2017년 6월 8일 제2017-000113호
**주소**　서울시 중구 퇴계로 41길 39 303호
**전화**　02-6242-9516
**팩스**　02-6280-9517
**이메일**　breadbook.info@gmail.com


ISBN 979-11-90920-08-7-03300
값 16,000원

옮긴이 **허원**

이화여자대학교 불어불문학과를 졸업하고 중앙M&B(현 제이콘텐트리)에서 에디터로 일했다.
옮긴 책으로 〈하우스 와이프 2.0〉, 〈온라인 걸 1, 2〉 등이 있다.